生活因阅读而精彩

生活因阅读而精彩

# 儒家精神

## 听庞朴讲传统文化

庞朴 著
冯建国 编选

中国華僑出版社

**图书在版编目(CIP)数据**

儒家精神：听庞朴讲传统文化 /庞朴著.—北京：中国华侨出版社,2013.12

ISBN 978-7-5113-4338-3

Ⅰ.①儒… Ⅱ.①庞… Ⅲ.①儒家-研究 Ⅳ.①B222.05

中国版本图书馆 CIP 数据核字(2013)第302674 号

**儒家精神：听庞朴讲传统文化**

**著　　者** / 庞　朴
**编　　选** / 冯建国
**责任编辑** / 高文喆
**责任校对** / 孙　丽
**经　　销** / 新华书店
**开　　本** / 787 毫米×1092 毫米　1/16　印张/17　字数/200 千字
**印　　刷** / 北京军迪印刷有限责任公司
**版　　次** / 2014 年 1 月第 1 版　2020 年 5 月第 2 次印刷
**书　　号** / ISBN 978-7-5113-4338-3
**定　　价** / 51.00 元

中国华侨出版社　北京市朝阳区静安里 26 号通成达大厦 3 层　邮编：100028
**法律顾问：陈鹰律师事务所**
编辑部：(010)64443056　64443979
发行部：(010)64443051　传真：(010)64439708
网址：www.oveaschin.com
E-mail：oveaschin@sina.com

# 目录
CONTENTS


壹 ○ 忧乐圆融——中国的人文精神 / 001

贰 ○ 文化传统与传统文化 / 027

叁 ○ 儒家辩证法研究 / 038

肆 ○ 儒道周行 / 156

伍 ○ 孔孟之间——郭店楚简中的儒家心性说 / 181

陆 ○ 论孔子思想中心 / 192

柒 ○ 仁义：儒家哲学的基本范畴 / 225

捌 ○ 释《论语》“民之于仁” / 244

玖 ○ 中庸：古代中国人的核心价值观 / 248

# 壹○忧乐圆融

## ——中国的人文精神

中庸之为德也，其至矣乎？

民鲜能久矣！

——孔丘

有一位学者指出，中国文化的深层特质在于“忧患意识”；另一位学者声言，中国文化是“乐感文化”。一忧一乐，两个几乎全然不同的学说，分别于1962年和1985年先后推出，在中国文化研究的圈子里，都发生了强烈影响。

千百年来，人们一直在试图寻找一个简明的概念，来概括显然具有自己鲜明特色的中国文化。起先用的是“仁心”，是“中道”；而后有了和西方对比的机会，又改用“静的文化”（钟天纬）、“道的文化”（薛福成）、“精神文化”（梁启超）、“孝的文化”（钱穆）等等之类，去和被想象为西方文化特征的“动的文化”、“器的文化”、“物质文化”、“爱的文化”相区别。所有这些，都可算作是从文化的意识层面或心理层面来辨认中国文化的。也有从文化的器物层面着眼，称中国文化为农耕文化的；或以文化的制度层面为主，称中国文化为家庭本位的专制文化的。更有从一元进化论的观点出发，统称中国文化为封建文化或中世纪文化的。

凡此种种，如果不计它们赋予的或由之引申的价值含义的话，似乎都能或浅或深地捉住中国文化的某些特质，给人们的认识以一定导向。它们彼此虽也互有差别，但这些差别仿佛只不过在概念的大小宽窄或主从本末之间，因而大家还是相容的、互补的，或者说，是并行不悖的。

没料到继之而起的两种新说，一主“忧”，一主“乐”，其两极对峙的状况，除了在“五四”前后那些纯价值判断的文章中所可仅见外，此外任何对中国文化作整体研究的地方，都还难得碰到。

于是，分析一下这一对都已颇具影响的学说，无疑是一件饶有趣味的事。

万一通过分析而竟然多少接触到了中国文化的特质，那时，对于中国文化如何现代化的伟大历史课题，岂不也算在尽一点绵力么?

## 一

“忧患意识”说是徐复观先生于1962年在《中国人性论史》中提出的；翌年，牟宗三先生在《中国哲学的特质》讲演中曾予阐释。

他们认为，中国的人文精神躁动于殷周之际，其基本动力便是忧患意识。此前之“尚鬼”的殷人，沉浸在原始的恐怖与绝望气氛中，总是感到人类过分渺小，一凭外在的神鬼为自己作决定；因而人的行动脱离了自己意志主动或理智导引，没有道德可言，周人革掉殷人的命，成为胜利者，并未表现出趾高气扬的架势，相反，从商革夏命和周革殷命的历史嬗变中，发现了吉凶成败与当事者行为有密切关系，及当事者在行为上应负的责任，从而形成了所谓的“忧患意识”（取词于《易·系辞下》：“易之兴也，其当殷之末世、周之盛德耶?”“作易者其有忧患乎?”）。这是某种欲以己力突破困难而尚未突破时的心理状态，或者说是一种坚强的意志和奋发的精神，是人对自己行为的谨慎与努力。因而这是一种道德意识，是人确立其主体性之始，它引起人自身的发现，人自身的把握以及人自身的升进，与形成耶、佛二教的恐怖意识和苦业意识决然不同。忧患意识在周初表现为“敬”，此后则融入于“礼”，尔后更升进为“仁”。从表面看来，人是通过“敬”等工夫而肯定自己的；本质地说，实乃天命、天道通过“敬”等工夫而步步下贯，贯注到人的身上，作为人的本体，成为人的“真实的主体性”。他们相信，基于忧患意识为基础的心性之学，不仅是儒家思想的基本品格，也是中国文化的基础，是孔、孟、老、庄以至宋明理学乃至中国化了以后的佛学的一条大纲维之所在。（见《中国人性论史》第二章，《中国哲学的特质》第二、三讲及《徐复观文录（二）.中国文化复兴的若干观念问题》）

“乐感文化”说是李泽厚先生于 1985 年春在一次题为《中国的智慧》讲演中提出的，收录在《中国古代思想史论》中，后来在《华夏美学》中又有所发挥；而这一说法的理论前提，早在他 1980 年的《孔子再评价》中，便已形成了。

其说认为，由于氏族宗法血亲传统遗风的强固力量及长期延续，以及农业家庭小生产为基础的社会生活和社会结构的牢固保持，决定了中国文化具有一种“实践理性”或“实用理性”的倾向或特征。它曾被孔子概括在仁学的模式中。后来慢慢由思想理论积淀并转化为心理结构，内容积淀为形式，成为汉民族的一种无意识的集体原型现象。这种由文化转变来的心理结构，被称为“文化心理结构”，或人的心理本体；虽历经阶级的分野与时代的变迁，它却保有其某种形式结构的稳定性。实用理性引导人们对人生和世界持肯定的执着态度，为生命和生活而积极活动，并在这种活动中保持人际的和谐、人与自然的和谐；既不使情感越出人际界限而狂暴倾泄，在消灭欲望的痛苦折磨中追求灵魂的超升，也不使理智越出经验界限而自由翱翔，于抽象思辨的概念体系中探索无限的奥秘；而只求在现实的世俗生活中取得精神的平宁和幸福，即在人世快乐中求得超越，在此生有限中去得到无限。这种极端重视感性心理和自然生命的人生观念和生活信仰，是知与行统一、体与用不二、灵与肉融合的审美境界，表现出中国文化是一种不同于西方的乐感文化。据说这个所谓“乐”，还不只是心理的情感原则，而且是伦理学、世界观、宇宙论的基石；它在中国哲学中，是天人合一的成果和表现，是以身心与宇宙自然合一为依归的最大快乐的人生极致，是巨大深厚无可抵挡的乐观力量，是人的心理本体，那个最后的实在。（见《中国古代思想史论》的《孔子再评价》和《中国的智慧》、《华夏美学》）

## 二

乍一看去，以“忧”、“乐”二义统领中国文化，其势当如水火，绝无相容余地。但稍加寻绎，却可看出，两说偏又颇多共同之处。

首先，二者都表现出强烈的文化认同感。众所周知，中国之由古代社会向现代社会蜕变，是在剧烈的外部原因干扰下发生的。时代变迁引起的震撼，将“适应外来的文化”与“认同自己的传统”二端，尖锐而鲜明地摆在每一个中国人尤其是其知识分子面前，并随二者的不同拼合而形成为几条可供选择的前进道路。时至20世纪下半叶，随着局势的剧变，情况益加复杂起来。即以这里讨论的“忧”、“乐”二说为例，它们明显都是想以文化认同为主的办法，在今天和过去之间构建某种理想的承续关系，以度过时代冲击的震荡，为自己的灵魂和民族的命运定立方位。当然，二说的社会背景大不相同，视角也颇有歧异，从而立论遂扬镳分道，但其对于自己所属文化的挚爱和信心，或他们在文化认同上，却几乎难分轩轾。

因此，第二，毫不奇怪，二者都以儒家思想为母体，由之引出一个原则来，来说明整个中国文化的属性。这种做法也确有它的道理，因为无论就先后还是就主从说，儒家思想在全部中国文化中，都占据着无比优越的地位，其施于其他各家和整个民族文化的影响，无疑是巨大的；儒家思想的某种心态，因此规定了整个中国文化的特质，是完全可能的，尽管二说已有见仁见智之不同，但它们全都认准了以原始儒家思想作为主要出发点，则是可以信赖的。

当然，如果有人埋怨两家很少理会非儒家思想在中国文化特质之形成中留下作用，特别像道家那样深邃且曾煊赫而绵延的思想，这种埋怨也不无道理。

第三，“忧”、“乐”二说都强调中国文化之非宗教性，并以各自的方式证明它的人文性。“忧”说区分恐怖意识与忧患意识在心理上的不同，证明二者分别造就了国外的否定人生的种种宗教与中国的肯定人生的人文文化。“乐”说则从实用理性与思辨理性以及反理性的区别着手，证明中国人较少去空想地追求精神天国，虽幻想成仙或求神拜佛，都还只是为了现实地保持或追求世间的幸福与快乐。当然否认中国文化为宗教不等于否认它具有超越的理念或超越的境界，二说都极力证明这种超越的存在。“忧”说认为，天命或天道是超越的，天降命于人或天道贯注于人身时，又内在于人而成为人性，使人有道德属性。人通过基于忧患意识而起的道德实践即尽

人之性，便可以领悟到天命或天道的存在，体验到道德自我（不同于生理的、心理的乃至思考的自我）的存在，而到达超越的境界。这便是性与天命的贯通，天与人的合一。与这种降命和尽性不同，“乐”说更重视审美的直觉。它认为，超越、无限之类不在别处，即在当下的现实和人际关系之中，在“工商耕稼”、“伦常日用”之中，甚至就是“伦常日用”本身。这种“即实在处得超越，在人世间获道体”的禅意甚浓的办法，说白了，就是“在人生快乐中求得超越”，对人生抱现实而乐观的态度。而由于宇宙本体也被认定

为乐的（“生生”、“天行健”），于是乐观的人生态度也即是主观心理上的天人合一。在追求天人合一上，“忧”、“乐”二说又殊途同归了。

## 三

当然，“忧”、“乐”二说相互不同之处，比起它们的相同来，要更加明显而且重要。无此则它们将无以共存，无此则无以见中国文化之博大精深：所谓“横看成岭侧成峰”者是也。

首先，“忧患意识”说所欲寻求的，是中国文化的“基本动力”。正是这个动力的推动，在殷周之际有了人文精神之跃动，尔后得有各大思想流派之次第出现以及中华文明之悠久辉煌；今天，它则预示着中国人文精神之重建，并将焕发其普照世界之光。这个基本动力，不是别的，便是“忧患意识”。正如中国哲学的传统习惯那样，这个动力不仅是“能”，更且被视为“质”，所以“忧患意识”有时也被说成是人类精神，或者叫理想主义者才有的悲悯之情，一种宇宙的悲情。

“乐感文化”说所要探讨的是汉民族的文化心理结构，或曰民族性、国民性。它不是心理学所研究的一般心理结构，而是积淀有文化传统于其中的那个心理结构，更精确点说，是由文化传统积淀而成的心理结构，是人格化了的文化传统，或民族的文化性格。据说这个结构或性格以原始氏族传统为基础，成形于孔子与儒家的塑造，作用于悠久的历史，并在今天的现实中存在。研究它在适应现代生活中的不足和裕如，将有助于改进和发展我们民族的智慧，有助于主动去创造历史。

就这样，一个说动力，一个谈性格；一个指功能，一个是结构：二者之不同乃至对反，是一目了然的。而且，此动力（忧），又完全不是此性格（乐）之运用；此结构（乐），也完全不是此功能（忧）之所体。二者同属对于中国文化之运思，不意南辕北辙而如此！

其次，“忧患意识”的内涵不管怎样界定，总之它是一种“意识”。意识，按通常的非佛学的了解，是指所察觉的心理状态，尤其是指对心理状态的自觉。所谓忧患意识，又不只是对忧患的知觉或他觉；而是知其为忧患遂因应生起来一种意志、或当前虽无忧患存在亦能存有此种意志（居安思危）的那样一种觉识。它意味着力求克服种种困难，力求实现某种理想，并深知自己行为的关系与责任之所在。并且，按照他们的规定，此种“忧患并非如杞人忧天之无聊，更非如患得患失之庸俗”，“所忧的不是财货权势的未足，而是德之不修与学之未讲”。就是说，忧患意识其实乃是对于仁心或善性的某种自觉。因而，忧患意识只能是知识精英所具有的意识。苏东坡有诗云：“人生识字忧患始”，“开卷惝恍令人愁”，便已道出其中三昧了。

与此相映成趣的是，“乐感文化”所表示的文化心理结构，据作者说，是全民族性的，它是汉民族的一种无意识的集体原型现象。这也就是说，足以用来标志中国文化之类型的，不是任何一种意识，而应该是无意识；当然也不是哪位个人的无意识，而是全民族的集体无意识。从而，它便不止于为民族的某些人例如知识精英所专有，而是普存于民族的每一成员心理之中。所谓“集体无意识”，据发明者荣格(C.G.Jung)说，是指同一种族的人们在心理上先天具备的、由进化和遗传积淀而成的、利于个体适应其即将进入的那个社会的诸心灵意象( Virtual images)；这些意象是一种无内容的形式，是一种倾向或可能性，可以分门别类为种种原型( archetypes)。有人将这一套中国啰唆的说法简化为四个字，叫作“种族记忆”。这样说来，与“忧患意识”之作为一种具有明确内容的、自觉的意识相反，“乐感文化”不能被理解为“欢乐意识”或“快乐意识”；它不是意识，而是无意识；它不具现实的内容，而只是可能的形式；它不是精英们的自觉，而不过是种种“百姓日用而不知”

的心态罢了。

由此，第三，“忧患意识”说认为忧患意识本身已具有“最高的道德价值”，且能引申出种种道德信念来，而成为中国哲学与文化重道德性的总根源。而这种道德心灵，如一切道德心灵一样，乃是人生与世界之主。未经道德心灵照耀之生活与世界，只是一堆偶然的存在者；必待道德心灵肯定认可其为当存在，并自觉地求其应存在，然后其存在始为必然的存在，真实的存在。换句话说，美与真，如未通过善之自觉认可，仍不过是些浮游无根飘忽不定之灵气而已；唯善为大，是它赋予了生活和世界以和谐、秩序、真实。

“乐感文化”说则超越诸如此类的道德灵光，更以审美的态度观照人生和宇宙。它认为，道德境界固然是人生的一大境界，道德性固然是中国文化的一大特色，但中国人并不岸然地止步于“应该如何”的宗教追求。中国人更惯于快慰地把握现在，乐观地眺望未来，在感性生活中积淀着理性精神，于人生快乐中获得神志超越。因而，审美境界是中国人生的最高境界，审美主题是中国哲学与文化的最高标的；而“乐感”，这一为审美所必备的心态，则是中国人的心理本体所在。

## 四

同是研究一个对象，而有“忧”、“乐”二说之如此不同，不能不使我们首先想到的是为说者之际遇的重大差异。栖身海外的徐复观，早就有“花果飘零”之叹，而成熟于大陆的李泽厚，却欣逢“开放改革”之春。一叹一欣，投射于观照对象，其所感所觉，自会仁智互见。何况，二人得以塑成自我的学养与个性，又复大不相同也难得相同哩！

本文在此不拟评论二说的曲直长短，也不打算就前两节所已罗列的同异作过多分析，而只想借助于所已提出的忧患与乐感二者，作为文化的心理因素，看看它们如何表现了并影响了中国文化的特性，从而指出二说的偏颇，希望得到一个更如实的看法，请同好者公鉴。

忧患意识说认为，正是由于对忧患的自觉，引出了中国哲学的道德性和中国文化的人文性；此事始于殷周之际，成于孔孟之手，波及各家各派，蔓延至历朝历代。被举来作证的主要有《易·系辞》的三段话和周诰、《论》、《孟》中的一些章节。

其实忧患意识作为一种心态，在中国文化中，未必始于殷周之际“周文王与殷纣间的微妙而困难的处境”①。早在此前的《盘庚中》，述盘庚决定迁都时对百姓的训戒中便有：“今予将试以汝迁，安定厥邦。汝不忧朕心之攸困，乃咸大不宣（和）乃心……汝不谋长（远虑），以思乃灾，汝诞（大）勸（助长）忧。”这里在斥责百姓不为安邦定国而怀忧，以至大大助长了殷王的忧国忧民之忧。这当然是忧患意识；并且从语气看，这种意识不属盘庚所专有，也为百姓所应有。所以下文又曰：“呜呼！今予告汝不易（迁都计划不变）。永敬（警）大恤（忧），无胥（相）绝远。”这个时间，早于殷周之际至少二百年。再往前三百年，在《汤誓》里可以读到：“今尔有众汝曰：‘我后不恤我众，舍我穑事而割正（讨伐）夏。’”商民因将伐夏而埋怨成汤不忧民众，显然是以“我后”本应有忧民“穑事”的意识为预设前提。《汤誓》成篇的时间虽不可确指，不像《盘庚》那样已有公论，但也绝非空穴来风，恐无疑问。殷人固然尚鬼，宗教意识浓烈而普遍，但对吉凶祸福与人之深谋远虑的关系，岂能了无认识？上列引文足以证明，殷人也可以而且确已具有忧患意识了。限定中国文化的“基本动力”始于文武周公，见于《易传·系辞》，莫非囿于道统观念所使然？

① 《中国人性论史》，台湾商务书馆1990年版，第21页。

忧患意识确实大成于孔孟。孔子忧“德之不修，学之不讲，闻义不能徙，不善不能改”，孟子更说“君子有终身之忧”。无论从内容的深度上还是要求的强度上看，儒家都将忧患的情感和理智大大突出，作为学说的基本，悬为做人的鹄的，这是毫无疑问的。这一点，也可以从儒家的反对者方面反证出来。老子所说的“绝学无忧”，庄子所说的“彼仁人何其多忧也”，便都是当时人对愁容骑士——儒者的批评。老庄当然都知道儒家所忧的并非区区小事和私事，而是现实世界与他们那理想世界之差距及其如何缩短和消灭的头等大事；但在老庄眼里，儒家的价值追求和价值焦虑，实在毫无价值，无异于忧鹤胫之长，患凫胫之短，都是些违反自然之情的杞人之忧，“仲尼语之以为博”的那些“仁人之所忧”，不过是不知海洋之阔的河伯式的自恋之辞而已（《庄子·秋水》）；老庄自视，比孔孟豁达之多，直不可以道里计。

“忧”说作者当然也熟知老庄的这些言论，懂得反证的逻辑威力；但他们轻轻放过了。其所以如此，盖由于他们欲以“忧患意识”织成一面恢恢之网，作为“一条大纲维之所在”，将一切中国文化包括道家悉数网罗无余。这种一元论的办法，做起来当然会很费力的。所以当我们读到他们所谓的“先秦道家，也是想从深刻的忧患中，超脱出来，以求得人生的安顿”[①]时，便很难循着所指引的道家也在大纲维之中的思路前进，相反要超脱出来，承认道家为反忧患意识者。想来其他读者也会这样做的。因为既已明言道家在忧患之外安顿人生，还有何忧患意识可言呢！

还需指出的有，忧患意识在儒家思想体系中，最具特色的，恐怕不在于身居“困难的处境”时，“自己担当起问题的责任”，如徐复观所强调的那样，而在于一种居安思危的理性精神。据记载，当着真的陷入困难的处境时，

---

① 《中国人性论史》，台湾商务书馆1990年版，第327页。

如孔子畏于匡、颜回居陋巷那样，儒者倒会显出一副乐天知命的神情，达观起来，而找不到此时此地有任何自己应该担当的责任。相反在并不困难的处境，在相当顺利的时光，才是忧患意识大行其道的场合。所谓安而不忘危，存而不忘亡，治而不忘乱，得而不忘丧。这些所不忘的危亡乱丧，便是“忧患”，而能不忘，便是“意识”，对忧患的意识。而在安存治得的顺境中，具有忧患意识，便是一种理性精神，一种基于对人生和宇宙的透彻了解、并为理想之实现而动心忍性的智慧，或者说，是融合了工具理性和价值理性于一身的理性精神。诗云“如临深渊，如履薄冰”，要点全在一个“如”字上。未临深渊而如临，未履薄冰而如履，这才叫忧患意识；真的临深而履薄了，斯时需要的便不再是忧患意识，而恰恰是它的对立面——临危不惧、履险如夷、乐以忘忧之类的理智、情感和意志了。因为按照儒家的辩证法，忧患之作为真正的忧患，或忧患的本体，并不在忧患者之中，倒是在它的对立面，在安乐者之中；一旦安于所安，乐于所乐，真正的忧患便开始了，临近了。所谓死于安乐，所谓阴不在阳之对，而在阳之内者是也。

忧患意识说者放过了儒家思想的这一精髓，放过了自律之忧而强调他律之忧，买椟还珠，殊为可惜。联系到他们的花果飘零之感，他们的蔽于危而不知安的处境，人们还是能够体谅的。

与此相连，为说者对于儒家明确宣布而且一再重复的“仁者不忧”、“君子不忧不惧”之类乐感的言论，全然不予理会，也就没有什么奇怪了。而对乐的把握和品味，分别物欲之乐和心情之乐、感性之乐和理性之乐、独乐和共乐、先天下之乐和后天下之乐，以及探讨乐对人身与人生的活力作用，及由之助成的生活的种种情趣、种种方式，倒的的确确也是儒家思想和中国文化的重大特征，中国人文主义的重要内涵。正是由于对这一个侧面的特别关注，有了李泽厚的“乐感文化”说。

## 五

李泽厚从他的“人类学本体论哲学”、“儒学的实用理性”体系中，提出一个“乐感文化”命题来，为的就是要同“忧患意识”说以及流行的西方文化乃“罪感文化”之说相颉颃。作者说：“因为西方文化被称为‘罪感文化’，于是有人以‘耻感文化’或‘忧患意识’来相对照以概括中国文化。我以为这仍不免模拟‘罪感’之意，不如用‘乐感文化’为更恰当。”①这里说到“对照”和“模拟”，其意以为，因“罪感”而生“耻感”、“忧患”之说，是出于模拟，而不成对照，不如改用“乐感”，方能恰当概括中国文化，并标示其与西方文化的根本对立。

前提是中西文化的对立。此论由来久矣，眼下尚有势力。说句公道话，“耻感”与“忧患”，本意也有表示中西文化对立在内。据他们说，耻感文化靠外部的约束力（社会的评判）来行善，而罪感文化靠内部的服罪心（良知的启发）来行善。②这便是对立。他们还说，罪感文化是从人生的负面入手，引向对自己存在的彻底否定；而忧患意识则从人生的正面入手，在自己的真正主体中肯定自己（见《中国哲学的特质》第三讲）。这也是对立。

当然如果从更高一层俯视，我们确然也可以看到，耻辱、忧患、罪悔，尽管或有外部内部推动、正面负面入手之别，无论如何，它们都是负值的或消极的人类情感，用纯中国的术语来说，它们都属“阴”，则是没有疑义的。

---

①李泽厚：《中国古代思想史论》，人民出版社 1985 年版，第 311 页。

②见本尼·迪克特《菊与刀》第十章。这种西方优越感的说法，在中国虽偶有人信服（如《中国文化的“深层结构”》）。在日本已大大地引起了他们的“耻感”，斥之为皮相之见（参汤浅泰雄《东洋文化の深层》第 80~88 页所引各说）。

与之相反，快乐或乐感，属于“阳”的一方。在这个意义上并以此为限，李泽厚认定他们在模拟而非对照，因而模糊了中西文化之根本对立，也有他的道理的。

但是这样就必须先推敲那个前提：用二分法来剖分东西或中西文化，视之为对立的两极，到底有多大真理性？

我们知道，近代以来，中国学人一直是这样做的，本文开篇曾约略举过一些。如果说彼时之二分中西，还由于观察之浮泛，难免隔靴之苦的话；那么，随着西学之更深东渐，西人固有之绝对二元的观点和二分东西文化的结论，慢慢也左右着我们学者的眼和手，并以之与中国的实践相结合，写出许多视中西文化如水火的著作来。①忧患意识说强调自己与罪感文化说的对立，乐感文化说又认为它们无别而自己别居于对立地位，也可以说是西人二元观点与二元方法的一种运用。

值得庆幸的是，近年来，随着人类认识的进一步深入，以及随着西方中心主义的式微，二分法颇呈春去也之势。多元法正在崛起。儒家的三分法，佛学的一心三观，慢慢被回忆起并被相信为更能提供给人以复杂世界的近似画面；波普尔的“世界 3”理论的出现，应该并非偶然。

当然这需要解释。我所理解和主张的三分法，并非如二分法将世界及其各个领域统统一分为二的绝对手法那样，将一切都分为三份，像黑格尔的得意之笔所陈（黑氏的体系，仍然是二元的）；而是想要指出，二分法错在对世界作了静化的处理，将一切都固化为对立的两极，未看到彼此间双向的互动作用。所谓三分法，在承认两极是真实的同时，更指出由于两极的互动，在两极之间，必有一种或种种兼具两极性质的色调（也可以说是不具两极性质

---

①钱穆先生晚年论中国文化与中国学术的著作最为典型。

和色调）的中间实在。从静态的二分观点来看，它们常被看成是不稳定的乃至不真实的，有时叫作动摇的、暂存的、折中的、妥协的，以及诸如此类的种种否定性规定；但是不管怎样贬低它，它仍然存在着，而且是真实的。在许多场合，最具生命力的，或代表统一体性质的，恰恰正是这些中间部分，因为它们兼有两极的长处，避免或补正了两极的短处，而且往往为数最多。从一个事物的全局来说，对立两极得以共存于一体，正由于两极都具有相成性，即互相吸引、互相容忍、互相依赖、互相过渡、互相包含其对立成分于自身之中的属性。在简单事物中，这些成分有似于两极间的第三者；在复杂事物中，这些成分便外化为实在的第三者，成为两极的黏合剂和缓冲剂，直至成为整个事物的统一代表。在中国学术中，从思辨上对这一切分析得最精的是佛学的种种中观说和三观说，从实践上对这一切强调得最力的是儒学的中庸之道。

用三分观点看世界文化，文化便未必如惯于以二分法看世界的西方人想象的或所见的幻象那样，壁垒分明或水火难容。纵然二分者自己爱好偏激常自居于一端，或时而从一个极端跃向另一极端；而具有三分传统和中庸之道的中国文化，却不愿使自己僻处一隅，放弃大本之中与达道之和而不由，除非它尚无从认识到两端的存在。因此，简单地认为中国文化必处处与西方文化势若泾渭，西方是动的、中国必是静的，西方是物质的、中国必是精神的，西方是定量的、中国必是定性的，西方是开放的、中国必是封闭的，西方尚分析、中国必尚综合，西方尚理智、中国必尚直觉，西方尚现实、中国必尚空灵，西方尚变异、中国必尚转化，西方尚空间的权力与向外伸展、中国必尚时间的生长与自我绵延，以及如此等等，都只有形式上的对称趣味，充其量也只是局部的静观，而未必捉住了双方尤其是中国文化的特性。如果进而拿这种格局去处置中国文化，用不是人文必反人文、不是罪感必是乐感之类的二分法来裁割，由于中国文化素以时中圆融为鹄的，便更将捉襟见肘、险象丛生。

所以，当乐感文化说蓄意与忧患意识说相对待，实际是和对待者相一致即自居于一端时，它便不得不极力回避中国文化中许多明若观火的谈忧抒情的思想和情采，一如忧患意识说之绕开谈乐养怡那样，使自己置身于宽广的中国文化大道之一侧，侧身前进。及至势不得已之时，又禁不住向对方招手，引忧患意识作为同路人，如谈礼乐传统之非酒神型时[①]，谈华夏美学中的人道精神时[②]。可见，蔽于乐而不知忧，也是难办的。

## 六

忧乐本是共存共荣的，共存共荣于人身和人生之中。按儒家的分类法，人身有欲、情、性之不同（参《孟子·尽心上》“广土众民”章），“欲”是逐物外驰的，“性”是循理内含的，“情”则介乎二者之间，是欲之据理收敛，性之感物而动。儒家在孔子时代，主要探讨的，便是情，所谓爱人知人，亲亲尊尊，立人达人，都是围绕或发端于一个情字，或其外在化成的人际关系。低于情的欲，子所罕言；高于情的性，弟子也不可得而闻。到了孟子方大谈其性，那是因为学术发展了，而且别的学派都在谈性，逼得他也不得不谈之故。不过孟子把性落实为“心”，而心统性情，所以他那些“恻隐之心”、“羞恶之心”、“辞让之心”、“是非之心”，虽说是善性，是人之异于禽兽之性，也可以说是情，是人之待人乃至待物的基本感情。

人有种种情，而有一情必有另一情与之相待，如喜与怒、爱与憎。忧与

---

① 《华夏美学》，人民出版社 1989 年版，第 26 页。

② 《华夏美学》，人民出版社 1989 年版，第 45~48 页。

乐也是一对情；只是自佛典定七情为喜怒哀乐爱恶欲以后，乐与忧的对立，似鲜为人注意。其在先秦，乐与忧，本属一对；如孔子说自己能“乐以忘忧”，孟子说人们常“生于忧患而死于安乐”，《易·乾·文言》有“乐则行之，忧则违之”之类皆是。乐与忧既为一对感情，在人生中，就有它的合理性与必要性。因此，按儒家的哲学，在人生态度上便不应扬此抑彼，畸轻畸重，只乐不忧，或是忧非乐；也不会言不及义，不对忧乐进行他们的理性主义的说明与规定。

儒家将忧分为两类：一为外感的，因困难挫折而招致的忧，亦即物欲或难满足之忧；一为内发的，欲实现理想而生起的忧，亦即善性力图扩充之忧。前者如在陈绝粮，如箪食瓢饮，这类外忧，是平常人心目中的忧，也是君子作平淡想时的忧。但当君子自觉其为君子时，或能达性命之情时，这一类的忧便不足为忧或不复为忧；所以有“仁者不忧”、“君子不忧不惧”、“乐以忘忧”等否拒和排除忧的说法和办法。因为这类外忧都是“命”的安排，是“莫之致而至者”、自己无可奈其何，也无所负其责，因而也就无需动其情、用其忧；既来之，则安之，视同天理自然。不仅此也，既然这类外忧乃命的安排，“有性焉，君子不谓命也”，何不据性之善秉，视外忧为“天将降大任”的征兆，化外忧为成贤希圣的动力？一念及此，乐之唯恐不及，更何忧之有！

君子所真正当忧的，是内忧，不妨叫自寻烦恼。如“德之不修，学之不讲，闻义不能徙，不善不能改”（《论语·述而》），如“舜人也，我亦人也；舜为法于天下，可传于后世，我犹未免为乡人也”（《孟子·离娄下》），以及先天下之忧而忧，思出民于水火而登衽席之忧，总之是种种内圣外王之忧。这类内忧，觉之则有，迷之则无，是良心善性之见于感情者，也是为学修身之结果，是君子之所以为君子的情感所在。

简而言之：前者是物质的忧，起于欲，后者是精神的忧，生于性；前者是外感的忧，非我所致，后者是内发的忧，乃我所求。物质上的不足谓之“贫”，精神所追求者谓之“道”，“君子忧道不忧贫”（《论语·卫灵公》）。外感的忧叫作“患”，应该不动乎心，内发的忧才是“忧”，必须念兹在兹，所谓“君子有终身之忧，无一朝之患”者是也。这就是儒家的“忧”论。

必须附带提及的是，除了物质的与精神的忧而外，儒家也谈到了制度的忧，即“不顺于父母”（《孟子·万章上》）和“人皆有兄弟，我独亡”（《论语·颜渊》）的宗法之忧。像一切关于制度的具体主张都缺乏普遍性意义一样，这些宗法之忧的言论也无大价值。暂且放过了。

儒家将乐也分为两类：一为感性的乐，近于欲；一为理性的乐，偏于性。儒家不是禁欲主义者，不排斥悦耳愉目佚体赏心之乐，但要求节制，因为它对人有损（“损者三乐”），不仁者久耽则乱（“不仁者不可长处乐”）；而且，这种乐不宜独享，应该与民同乐（《孟子·梁惠王上》），因为这样做了的结果，百姓既可得到实惠，君子也以此使原来的感性之乐上升到理性，这叫作“君子乐得其道，小人乐得其欲”（《礼记·乐记》）。

儒家所津津乐道的，是理性的快乐。谁都知道《论语》是以乐开篇的。学而时习之悦，有朋远来之乐，人不知而不愠，便都是理性之乐。《孟子》有所谓君子的三乐，其“父母俱在、兄弟无故”即后来称之为天伦之乐者，是宗法制度所规范的乐，没有多少普遍意义。最要紧的是“仰不愧于天，俯不怍于人”之乐，或者叫“反身而诚”之乐。所谓不愧、不怍，也就是诚，或者叫实实在在。为什么会有实实在在的感觉？那是因为“万物皆备于我”，也就是体悟到自己已经与道合一、与天地同体了。这种超越之乐，自然无以复加；虽朝得而夕死，亦无憾恨。这便是他们的极乐世界。这种乐当然也不应独享，但又不是凡民可得与共，所以要“得天下英才而教育之”，那也是一乐，为同登乐土而服务的乐。

进而言之，这种得道之乐，也正就是那念念不忘的修德之忧。因为道体至大，德无止境，修德的开始便已意味着在得道，得道再深也不保证修德可以暂停；修德与得道，都是工夫，也都是境界；向过去的自己看，现在已得道，向未来的自己看，现在正修德。忧国忧民之心也正就是反身而诚之情。泰州学派人物说得好：“君子终身忧之也；是其忧也，乃所以为其乐也。”（《明儒学案》卷三十二）此中忧乐合一之妙，非寻常之小忧小乐两相对峙可比，也非未亲身实践者可得玩味的。

理性的快乐还可以化解那些因物质匮乏或困难处境而引起的外感之忧，即化解那些应该称作“贫”和“患”的忧。“一箪食，一瓢饮，在陋巷”，在常人看来，是一种忧，甚至是不堪之忧；但对颜回来说，它不过是“贫”，安贫便是乐道，乐道始能安贫，既已万物皆备于我，何在乎一箪一瓢？孔子畏于匡，陷入困境，在常人看来，也是一种忧，是性命攸关之忧；但孔子看出这不过是外来的“患”，能够由之悟到“天之未丧斯文也”，立即便得乐天之乐，而且此乐便在此忧之中，甚至即是此忧本身。

这种即忧即乐、化忧为乐的体悟，这种高扬理性之乐的原则，便是宋儒所孜孜以求的“孔颜乐处”[1]。

## 七

不料儒家这种自寻其忧自得其乐的理性主义的忧乐观，却遭到了另一家更为超脱的道家学派的迎头痛击。

---

①王通以“迹”说忧，以“心”说乐，尚未达一间（见《中说》卷五《问易篇》）。

道家主张任自然[1]。他们相信，万物的大小久暂，人生的祸福寿夭，言论的是非美恶，原是自然如此的状态，“性”即如此，“天”使其然，“道”在其中。人类无须妄逞自己的聪明才智，去将它们分别彼此，也不必卖弄自己的廉价感情，倾泻无端的哀乐喜怒；当然也就不致为此而趋吉避凶、劝善惩恶，闹得天下嚣嚣了。他们主张，应有的人生态度，就是还自然以自然，听其自然，齐万物，一死生，泯是非，等美恶，寄世以容身，乘物而游心。这叫作乐天，叫作返性，叫作得道；到达这种境界的人，便叫作真人——真正的人，真实的人。

因此，在道家看来，儒家那种戒惧敬慎，“见善如不及，见不善如探汤”的修己工夫，那种栖栖遑遑，“思天下有饥者，犹己饥之也”的悯人态度，以及“知其不可而为之”、“死去犹能作鬼雄”的苦斗精神，固然是不知天道而自讨苦吃，不自量力而忧有应得；即使像孔子那种三月不知肉味的闻《韶》之乐，颜回那种安贫乐道的陋巷之乐，孟子那种“王天下不与存焉”的君子三乐，究其实也是一忧，因为他们都还有所待、有所求、有所用，都还不曾忘身、不能无己 、不知事天，被外在之物和外驰之心牵着鼻子奔波！因此，与儒家自我感觉良好的“仁者不忧”的断语正好相反，道家对儒家的批评便十分轻蔑：“彼仁人何其多忧也！”（《庄子·骈拇》）道家批评儒家多忧，并不证明它自己“少年不识愁滋味”，恰恰相反，而是因为它已然“识尽愁滋味”了！跟悬着理想抱着希望担着风险尝着挫折即所谓“长怀千岁忧”的儒家不同，道家对于变革世界的前景和世界变革的现实，早就绝望和失望了。它不

①道家所谓的“自然”，不是我们今天通常所理解的nature，即种种未着人力的，隐含着有待人力去认识之、利用之、征服之的客观实体，而是“自己如此”、“本来样子”，不容干涉的意思。

再忧愁，因为它已“识尽”也就是看透了天地间的一切，包括看透了忧愁本身。在他们看来，天地万物、人事盛衰，本来都是自然的；忧愁之起起于自以为是的人用其心智于自然，也就是说，起于有知识；因此对策是“绝学无忧”（《老子》第十九章）。“人生识字忧患始”云云，也可看作是对道家忧愁说的发挥。

“绝学无忧”和孔子的“学而时习之不亦说乎”形成鲜明对照。这当然并不证明老子和苏东坡之流不学无术，谁都知道他们都是饱学之士；也不能简单看作他们反对学习，须知他们反对的是“知”而不“识”、“智”而不“慧”，是学习未曾学到底，学到家，或者说，他们反对的是“小知”状态。“小知间间”（《庄子·齐物论》），见木而不见林，知物而不知道，唯知道者，才了然于万物都是自己如此，都应是它本来的样子；才不至于以自己或人类作中心为标准，去追逐种种事功的与道德的目的，而酿成无穷无尽的患得患失的忧愁：这叫作“大知闲闲”（同上），如闲云野鹤，悠哉游哉。

根据同样的道理，大知或得道的人不止于无忧，也没有通常意义上的得之则喜的乐。这种“心不忧乐”的境界，据说便是道家心目中的“至乐”状态（《庄子·至乐》）。这是绝不同于声色犬马的世俗之乐和思辨谈说的世雅之乐的乐，它是自事其心的快乐，是物物而不物于物的快乐，是独与天地精神相往来的快乐，因而是最大的快乐。在这个意义上，道家不仅不反对乐，而且大谈其乐，大享其乐，是最大的乐观主义者，有名的濠梁之上的辩论，不是以乐为题的么！庄子见鲦鱼出游从容，而知鱼之乐。这是因为鲦鱼自得其得、心无忧乐，而庄子又能以物观物的结果。惠施以人观物、以己观人，既不能知鱼之乐，也不能懂庄子之乐，于是引发了一番大辩论，也给后人留下了玩味无穷的濠上之思。

人们往往批评道家式的乐观主义为阿 Q 精神，那多少有点误解和冤枉。

阿Q有阿Q的主义，即追求精神上的胜利；而道家的乐观，并不为了胜利或由于胜利，而只是观其自然。因为在道家看来，胜利并没有什么快乐，它仍是某种逐物驰心，是心情失去平衡未得自然而受累于物的倒悬状态。而且，胜利意味着对手失败，以及自己过去曾经失败和将来可能失败，这种“誉尧而非桀”的是此非彼的无休止的纠缠，远不如“两忘而闭其所誉”（《庄子·外物》）来得干净和宁静。因此，道家的乐观是对胜利心的“胜利”，是藐视胜利、超越胜败和一切功利的“胜利”；与“老子当年比你阔多了”之类，完全不可同日而语。人们将二者等量齐观，毋宁说是把道家看高了，因为它连阿Q那点好胜心也都没有；当然更恰当地说，是把道家看低了，因为它已奔逸绝尘，抵达超越境界，批评者不免瞠乎其后矣。

道家的乐观与阿Q式胜利迥异，却同它的对立者儒家有着相通之处。因为儒家认为人是社会的存在，人的社会性便是“自然”；理性快乐来自对人的善性即社会性即“自然”的体悟，即是任自然的结果乃至任自然本身。道家认为人是生命的存在，人的自然性的实现，包括它在遭遇的既定的社会条件（在道家眼里，这也是自然）下的尽其可能的实现，便是快乐，便是任自然的结果乃至任自然本身。虽然儒道两家对人的理解根本歧异，但在快乐在于任自然这一点上，他们相通了。

所以，人们常谈“颜氏之儒”与道家的渊源关系，这不仅因为颜回在《论语》中有安贫乐道的记录，因为《庄子》至少在十一篇里谈到了颜回，其“心斋”、“坐忘”两节已完全成了道家的“真人”；最根本的，恐怕在于，箪食瓢饮的颜回，与隐几丧我的庄周之间，有一种异时皆然的必然关系。庄周就是战国时代的颜回，颜回正是春秋时代的庄周。孔颜的理性之乐的情趣，到庄周手里已发挥成了一套乐天主义的哲学。从此以后，人们在习惯上便以庄子的道家思想作为中国文化的乐观的代表；而儒家的乐感既流入道家去发扬光大，剩下的忧患意识，便特别引人注目了。

## 八

西汉以来，儒道两家思想轮番地、混合地、谐和地在中国文化中起着主导作用，后来更熔化了外来的佛学于一炉，成就了中国文化的新的统一体；而其精神，或可即以“忧乐”二字给予概括。

所谓“忧”，展现为如临如履、奋发图强、致君尧舜、取义成仁等等之类的积极用世态度；而所谓“乐”，则包含有啜菽饮水、白首松云、虚与委蛇、遂性率真等等之类的逍遥自得情怀。

这两种精神，由于各种条件的凑合，有时分别统领了两个不同时代的文化风貌，如西汉的雄浑与魏晋的清远。由于人物性格和身世的差别，有时又常常分别代表着不同人士的神韵情采，如杜甫之沉郁与李白的飘逸，范仲淹的“进亦忧，退亦忧”与金圣叹的“好快刀”[①]。甚至同一个人，在一个时期里会意气风发，受“忧”的精神鼓舞，而“猛志固常在”，志在四方；到另个时期里又超然物外，本“乐”的精神为怀，而“悠然见南山”，采菊东篱下。以致诗人常兴“懊恼人心不如石，少时东去复西来”之叹。也有人在政治领域里兢兢业业，在艺术天地中则云淡风轻，不同空间发挥不同风格。或者在忧中作乐，高唱“人生不满百，何不秉烛游”；或者因乐而生忧，由兰亭盛会感一死生、齐彭殇之虚妄。如此种种，不一而足。由此想到，作为史学家的徐复观以“忧患意识”概括中国文化精髓，而作为美学家的李泽厚却从传统中抽绎出个“乐感文化”来，是否也有点受到了所事文化领域的反作用，抑“君子所性”各异，“虽大行不加，虽穷居不损”而有以致之欤？

---

①传说金圣叹含笑受刑、身首分离时，犹呼“好快刀”。

以上种种忧乐杂陈的状况，不能归结为我们的文化传统不具完整的性格，或人们的个性常是双重的、分裂的；相反，它们恰好表明了中国文化同时兼备这两种精神，即由儒家思想流传下来的忧患精神和由道家思想流传下来的怡乐精神。

这两种精神的理想结合，便构成了中国人的理想的人格。所谓“穷则独善其身，达则兼善天下”，所谓“帝乡明日到，犹自梦渔樵”，所谓“以出世的精神，干入世的事业”（朱光潜），两千多年来的人格设计方案，大都如此。而在这方面说得最为深入浅出的，大概要推孔子的自白：“发愤忘食，乐以忘忧，不知老之将至”（《论语·述而》）了。第一句“发愤忘食”是忧，第二句“乐以忘忧”是乐；至于这第三句，既可以说是由“忘食”而引发来忘年的伏枥之志，也可以说是由“忘忧”而不觉岁月匆匆之自得之情；或者，此志此情已浑成一心，可以从其所欲而无往不适。此志乃修德所养，亦得道表现，因而忧即是乐；而此情乃得道之貌，即修德结果，因而乐即是忧。如果再进一步推敲，“不知老之将至”中，还有从忘食忘忧而到达忘我的意思，那么在此境界中，便又无忧无乐可言，进入“高峰体验”（Peak experiences，马斯洛）之中，自己与世界同一而无特定情感了。

当然完整地做到这一切，绝非易事，那将是“尽性”了，“唯天下至诚为能尽其性”；通常都只是做到了某一方面，即所谓“致曲”（《中庸》）。不过若“曲能有诚”，则虽非至诚，也就可以了。孔子说的“殷有三人焉”，便是如此。其“比干谏而死”，属于忘食的忧派；“微子去之”，属于忘忧的乐派；“箕子为之奴”，谏而不纳，装傻卖呆，不死不去，动机和效果都介乎两派之间，当然他们离高峰体验都还有很大一节路程。

孔子的自白和对三仁的称许，经过孟子的条理化，形成了规整的人格范型。孟子称伊尹为“圣之任者”，因为他能以天下为己任。“思天下之民，匹夫匹妇有不与被尧舜之泽者，若己推而纳之沟中”，那是标准的忧国忧民的情操。其称伯夷为“圣之清者”，因为他洁身自好，“非其君不事，非其民不使”，“纣之时，居北海之滨，以待天下之清”，是一位乐天知命的逍遥派。称柳下惠为“圣之和者”，因为他“不羞污君，不辞小官”，三次免职也不离父母之邦，高高兴兴地同别人混在一起，和光同尘，是一位亦忧亦乐派。这三位，随其性之所秉与境之所遇，各各具现了人生态度的一个方面，都足以为百世师。因而都是圣人。不过有所执必有所失，伊尹嫉恶如仇，甚至不怕担流放大甲（殷王）的骂名，弄不好将成为“篡”（《孟子·尽心上》）。伯夷不事王侯，高尚其事，但独善其身，不免流于“隘”（《孟子·公孙丑上》）。柳下惠随遇而安，固未丧失原则，但容易变成玩世不恭（同上）。所以三人虽都是圣人之行，却都不及孔子能集三人之大成，而成为“圣之时者”。所谓“时”，是进退、出处、远近、迟速，都能因其所宜而为之，不拘于一曲，不名于一德，无所不备，无所不可，金声玉振，渊渊其渊，圣而不可知之谓，这是统摄忧乐而又超越忧乐的境界。

孟子归纳的这一人格系列，充分显现了中国式的辩证法的神采。它不同于古希腊辩证法的两极对峙，也有别于黑格尔辩证法的正反加合；它不是来自对自然界以及对人和自然界的关系的静态直观，而是建基于对宇宙中最为复杂的现象——人文现象的透辟理解；因而，它能更全面、更深刻、更细腻地反映着客观法则，为人的智慧升华架设了天梯。

所以不是偶然的，在庄子谈到人格类型时，我们也看到了任、清、和、时的影子。不同的是，庄子将它们放在一个人身上，作为德的不同显现，更强调到达最高境界的人的“神”气而已。在《应帝王》篇中，有一位壶子，能显四种相，其一是“地文”或“杜德机”，属寂而不动之相（参成玄英疏），相当于孟子的“圣之清”；其次是“天壤”或“善者机”，属动而不寂之相，相当于“圣之任”；再次是“太冲莫胜（朕）”或“衡气机”，属动寂平和之相，相当于“圣之和”；最后也是最高的相叫“未始出吾宗”或“圆机”（据《盗跖》），是一种无相之相，无机之机，它动寂双遣，本迹两忘，相当于“圣之时”。读者想已注意到，庄子所列次序有一项与孟子不同，即第一和第二作了颠倒。这一点非同寻常，它恰好表明了儒道两家的兴趣所归和重点所在，儒家重人世即任即忧，道家重出世或游世即杜德即乐；各人将自己所重放在第一，这一似非偶然的颠倒，告白了一个后来已成公论的差别，是值得认真注意的。

在《庄子·齐物论》中，这个方法或对境界的看法，又运用以齐一物之彼此与论之是非，即整个客观世界与主观世界，而有所谓“物无非彼、物无非是（此）”的现象界（“地文”），有所谓“方生方死、方死方生”之动态界，它意味着现象的否定（“天壤”），以及“彼亦一是非、此亦一是非”的折中平衡（“太冲莫联”），和最终的“果且有彼是乎哉”的客主双遣乃至“果且无彼是乎哉”的对双遣之遣，随说随扫，想入“非非”，这最高的境界，称作“得其环中”（“圆机”）。

正由于中国文化中不乏此种精到的辩证传统，所以后来佛学传来的某些纯思辨东西，便不难被吸纳被融化了。佛学有所谓四门诀——无门、有门、亦有亦无门、非有非无门，与孟子的四圣、庄子的四相，完全是一个套子。天台宗的中观于“假”（实际）、“空”（真际）之外，将“中”分为“隔历之中”与“圆融之中”，或“但中”与“不但中”。其隔历之中（但中）谓中在有无或假空之外，绝待而有；圆融之中（不但中）谓假空中本一法之异名，即假即空即中。这两种“中”的不同，也就是孟子的“和”与“时”的不同，庄子的“太冲莫联”与“环中”的不同。而所谓假与空，则不过是“任”与“清”、“天壤”与“地文”的佛学说法而已。而这一切，又都可以化约为阴和阳或忧和乐，归之于阴阳的统一和忧乐的圆融。

圆融既被推为儒道各自学说的最后一言和人格的最高境界，于是两家虽仍存有偏忧偏乐的差异乃至对立，恰正好成了检验他们的学说能否贯彻到底和考验他们的人格能否臻于至上的试金之石。所以，他们走了“仇必和而解”的光明大道，互相圆融起来建成中国文化的独特传统，而将偏至旁行者及其彼此的坚决斗争到底视为末流了。

圆融也成为一种优势，使得中国文化能顺利迎接外来的佛学，不因它的迷狂和辨析而盲从和自馁，相反却以圆融去容纳和包涵，论证和充实，并终于汇成了源远流长的、雄峙东方的忧乐圆融的中国人文精神。

这是一种“精神”，不同于意识和集体无意识。精神是受到称道与景仰的集体意识，它代表着这个集体并培育着这个集体，凝聚着这个集体也传承着这个集体。它不是先验的，既不先于这个集体的经验而为人的本性或天道所固有，也不先于每个个人经验而由这个集体的族类所积淀。它源于生活并塑造着生活，来自历史也构成着历史，保存在传统文化之中并流衍而为文化传统。它既有内容也有形式，既有结构也发生功能，既受精英所仰止也为百姓所追求，并且达到圆融的状态。

这个人文精神作为文化传统，铸就了我们民族的基本性格；它在各个不同时代有其不同的变异，呈现为不同的时代精神。但在近代以前，变化是不大的。时至今日，它正迎接着新的挑战。我们相信，正是圆融本身，可以促使它不泥于一曲，不止于故步，不扬彼抑此，不厚古薄今；可以保证它取长补短而不崇洋媚外，革故鼎新而不妄自菲薄，适应时代而不数典忘祖，认同自己而不唯我独尊。

我们久已有了这种精神，我们应该敬重这种精神，我们正在发扬这种精神。

# 贰○文化传统与传统文化

经过了一个多世纪的代价巨大的社会实验，中国人终于懂得了一个真理：未来的陷阱原来不是过去，倒是对过去的不屑一顾。就是说，为了走向未来，需要的不是同过去的一切彻底决裂，甚至将过去彻底砸烂；而应该妥善地利用过去，在过去这块既定的地基上构筑未来大厦。如果眼高于顶，只愿在白纸上描绘未来，那么，所走向的绝不会是真正的未来，而只能是过去的某些最糟糕的角落。

这里所要讨论的“过去”，当然不是纯时间的范畴。在社会、文化的意义上，过去主要指的是传统，即那个在已往的历史中形成的、铸造了过去、诞生了现在、孕育着未来的民族精神及其表现。

一个民族的传统无疑与其文化密不可分。离开了文化，无从寻觅和捉摸什么传统；没有了传统，也不成其为民族的文化。于是在许多著作中、文章中、报告中乃至政策性的文件中，常常看到“文化传统”、“传统文化”的字样。惹人麻烦的是，这些概念，往往交叉使用，内容含糊；特别是当着那些著作等向读者提出任务，要大家来批判、继承、发扬或弘扬传统的时候，更有无所适从、无可施技之感。因为，至少从字面上看来，文化传统与传统文化并不一样；如果进而追究内容，则差别之大，几乎可以跟蜜蜂和蜂蜜的差别媲美。

## 传统文化

传统文化的全称大概是传统的文化( Traditional culture)，落脚在文化，对应于当代文化和外来文化而谓。其内容当为历代存在过的种种物质的、制度的和精神的文化实体和文化意识。例如说民族服饰、生活习俗、古典诗文、忠孝观念之类，也就是通常所谓的文化遗产。

传统文化产生于过去，带有过去时代的烙印；传统文化创成于本民族祖先，带有自己民族的色彩。文化的时代性和民族性，在传统文化身上表现得最为鲜明。

各传统文化在其各自发生的当时，本系应运而生的，因而在历史上都起过积极作用。及至事过境迁，它们或者与时俱进，演化出新的内容与形式；或者抱残守缺，固化为明日的黄花和垢土。也有的播迁他邦，重振雄风，礼失而之野；也有的生不逢辰，昙花一现，未老而先夭。但是，不管怎样，不管它们内容的深浅，作用的大小，时间的久暂，空间的广狭，只要它们存在过，它们便都是传统文化。

凡是存在过的，都曾经是合理的，分别在于理之正逆。凡是存在过的，都有其影响，问题在于影响的大小。因此，对后人来说，就有一个对传统文化进行分析批判的任务，以明辨其时代风貌，以确认其历史地位，以受拒其余风影响。在我国，所谓的发掘抢救、整理清理、批判继承、古为今用等那一套办法和方针，都是针对传统文化而言的；所有的吃人的礼教、东方的智慧等一大摞贬褒不一的议论，也多是围绕着传统文化而发。对此大家耳熟能详，无待赘述。现在需要仔细讨论的是文化传统。

# 文化传统

文化传统的全称大概是文化的传统( Cultural tradition)，落脚在传统。文化传统与传统文化不同，它不具有形的实体，不可抚摸，仿佛无所在；但它却无所不在，既在一切传统文化之中，也在一切现实文化之中，而且还在你我的灵魂之中。如愿套用一下古老的说法，可以说，文化传统是形而上的道，传统文化是形而下的器；道在器中，器不离道。

文化传统是不死的民族魂。它产生于民族的历代生活，成长于民族的重复实践，形成为民族的集体意识和集体无意识。简单说来，文化传统就是民族精神。

一个民族有一个民族的共同生活、共同语言，从而也就有共同的意识和无意识，或者叫共同心理状态。民族的每个成员，正是在这种共同生活中诞生、成长，通过这种语言来认识世界、体验生活、形成意识、表达愿望的。因而，生活对于他们就是一片园地，语言对于他们便是一种工具，大凡在这种生活里不存在的现象和愿望，由这种生活导不出的方式和方法，为这种语言未曾表达过的意念，用这种语言无法道出来的思想，自不会形成为这一民族的共同心理；纵或民族的某个或某些成员有时会酿出某些独特的心理，也往往由于禁忌、孤立等社会力量的威慑，不是迅速销声匿迹，便是陷于孤芳自赏，而很难挤进民族的共同圈子里去；除非有了变化着的共同生活作后盾。唯有那些为这一民族生活所孕育、所熟悉、所崇尚的心理，始能时刻得到鼓励和提倡，包括社会的推崇和个人的向往，而互相激荡，其道大行，成为巨大的精神财富和物质力量。这样，日积月累，暑往寒来，文化传统于是乎形成。

所以，一般说来，文化传统是一种惰性力量。它范围着人们的思维方法，支配着人们的行为习俗，控制着人们的情感抒发，左右着人们的审美趣味，规定着人们的价值取向，悬置着人们的终极关怀（灵魂归宿）。个人的意志自由，在这里没有多少绝对意义，正像肉体超不出皮肤一样，个人意志超不出文化传统之外。但也正因如此，文化传统便成了一种无声的指令，凝聚的力量，集团的象征。没有文化传统，我们很难想象一个民族能够如何得以存在，一个社会能够如何不涣散，一个国家能够如何不崩解。

当然这并非说文化传统是不变的。因为时间在前进，生活在交替，经验在累积，知识在更新，传统中某些成分会变得无所可用而逐渐淡化以致衰亡；生活中某些新的因素会慢慢积淀，并经过筛选整合而成为传统的新成分。但是必须注意，文化传统的变化无论如何总是缓慢的、渐进的，不会发生一蹴而就的奇迹；虽在社会急剧变幻的革命时期也是如此。

当然这也并非说文化传统不会接受外部世界的影响，以变化自己的内容。不同民族不同文化只要存在，便可能有接触；只要有接触，便有交流；只要有交流，便有变化。但是，从接触到交流到变化，中间有着一系列复杂的过程。大体说来，两种不同文化（带着自己的文化传统）由于婚媾、交通、贸易、扩张、侵略等原因而接触而互播时，起先往往互相惊奇，彼此观望；尔后则互相攻讦，彼此拒斥；最后乃互相学习，彼此交流。而学习所取、交流所得，仍待经过自己文化传统这个“有机体”的咀嚼、消化和吸收，或者叫作整合，才会加入为传统的一个新成分，带来传统的变化。这时候，反观其与原形的同异，虽未必面目全非，常难免橘枳之感。这是历史和现实所已反复证明了并仍在证明着的。

不同的民族拥有不同的文化传统，其不同程度视生活的差异程度和发展阶段而定。不同文化传统之间可以进行比较，但很难作出绝对的价值判断；因为每个传统对于自己民族来说，都是自如的，因而也是合适的；不同民族之间，并无一个绝对标准，所谓的人类标准。形形色色的民族主义者将自己的传统吹嘘为人类的，强迫或诱使别人接受，是没有根据的，也难以奏效；除去证明他自己的无知或狂妄。民族内部某些成员鼓动大家效法外族传统，民族领袖规定人民遵循外族传统，都只能停留在宣传上或法令上，而难以深入人心；除非生活已经变化得有了接受的土壤。

就一个民族自己的文化传统来说，当然可以自我评价，一分为三，剖分出哪些成分为优，哪些成分为劣，哪些不优不劣。但这种剖分只有相对的意义，而且要借助于时代推出的新生活和新认识，以作为标准；否则，将是不可能的。因为对于自己的时代来说，既然形成而为传统，就有它的必要性。“一切现实的，都是合理的。”（黑格尔）

历史上有所谓文化危机、精神危机、信仰危机时代，那是说文化传统发生了问题。究其原因，或由于强烈的政治震撼，或由于深刻的社会变革，或由于风靡的文化干扰。其来源，主要来自共同体的内部，外部的刺激有时也起很大作用。危机的消除，有待于传统的重振和重组，任何武力的、政治的、经济的、宗教的强制措施最终都是无效的。而所谓重振和重组，绝不是全面复旧，无视政治、社会、文化上的新局面；也不是作茧自缚，排拒一切驰入舶来的新东西。这时需要的是冷静分析，分析传统中哪些成分变得无理了，现实中哪些因素是合理的。抛弃不合理的，传统方不致一足落网而全身受缚；接受合理的，传统始得与现实相安于无事。这叫作“一切合理的，都应该成为现实的”（恩格斯）。

是否有不受时代生活的局限、不被民族性格所约束的成分存在于某个或某些文化传统之中呢？就是说，在文化传统中，有无超越历史、超越民族的成分，非时代性非民族性的成分，或人类性的成分呢？应该承认，这种成分是有的。因为作为动物的人类，彼此是相同的；作为人性的人类，存在和发展的样式也大体相似。因而，不同的人群在各自圈子里形成的传统，必然要有相同和相似的成分。这些成分，或适用于全人类，或适用于全历史，而成为民族传统中的超民族超历史者。这是不难理解的。值得注意的是．这些超越的成分，正以其超越，而失去了个性，不能成为民族性格的标志、时代精神的象征。真正代表各民族文化传统的，恰恰是那些专属于该民族、使其得以同其他民族区别开来的那些基本成分；真正代表时代面貌的，恰恰是那些为该时代所专有、使其得以同其他民族区别开来的那些基本成分。超越成分的存在，是不同民族能够相互理解的根据，是不同时代得以前后传承的基因。但民族之间要想真正理解，必须去理解那些不易理解、为各民族精神所独具的基本成分。所谓民族文化交流，所谓民族互相学习，都是就这点成分而言。时代之间如需加以比较，如需相互区别，也是要抓住各自的特殊成分方有可能。

## 体与用

文化改革上有所谓体与用问题，曾经争个不亦乐乎。照我理解，所谓体，应该就是文化传统，就是某一民族之所以成其为某一民族的那些品格、精神；而所谓用，则是这个体的功能、作用、外在表现，就是某一民族之用以显现其为某一民族的那些传统文化。当年严复强调的牛体不能有马用，在这个意义上，是对的。

但是如果由此得出结论，认为必先自己变幻为马体，然后始得用马之用，倒也又不尽然。因为用固赖体而现，无此体则无此用；但用既为外在表现，或既已表现在外，则人人得而见之，人人亦可得而法之，所谓“拿来”者是。牛固不能“有”马之用，牛却可以“用”马之用。这在今天已是不争的事实。从哲理上说，有，和是、存在同义，乃本体上的事；用，停在现象界。移花接木，甚至掐下花来插在头上，总是能办得到的。

但是如果由此又得出结论，认为一切拿来之用，都将如原封未动般地发挥其效用，却也又不尽然。因为，马用在这里终究是安在牛体上，牛体本身受用不受用，一来取决于用之为物，看它在原体上属于哪个层面：物质层面的，移用较易；制度层面的，移用较难，因为它要受体作相应的变化；精神层面的，移用更难，因为这往往触动受体的深层。二来取决于体之为物，要看此受体的开放性与承受力，以及它自身的发展阶段，它与授体的差异程度。

千言万语说到底，体是根本的决定力量，体是民族的魂。拿近代历史看，在日本，只能是和魂汉才或和魂洋才；在中国，只能是中体西用，把外来的东西中国化。和魂和中体，各自的发展阶段不一，开放性上亦有差异，故影响着接受新事物的速度和深度；但必得以自己的体为体，一切外来之用方能有所安顿，这一点上，彼此又是共同的。否则，再美的用，也只是出墙的红杏，可嗅而不可及，海上的楼市，可望而不可登也。

人们有埋怨自己民族的文化传统如何如何封闭保守加落后的，也有吹嘘它怎样怎样悠久辉煌加美妙的。不管怎样说，埋怨它，也只好面对现实，无法另换一个体，至少因为这是民族的共同体。某一个人也许能做到脱胎换骨、洗心革面，跳出三界外，彻底决裂于传统；整个民族却无法做到。吹嘘它，也无力阻止它与时俱进，随世界浪涛激荡，抛弃需要抛弃的东西，吸纳应当吸纳的东西。由于无法另换一个体，所以西体中用说是不着边际的。由于体在与时俱进，所以中西互为体用说是没有意义的。

值得讨论的倒是用对体的反作用，特别是拿来之用对拿者之体的反作用，比如说，西用对中体的反作用。鲁迅当年强调开放时曾奚落保守分子道：人吃了牛肉，绝不会因之变为牛。他忘了补充一句：人常“用”牛肉，身“体”的确会壮实起来。西用之与中体，亦可作如是观；一切有益之用，对于受体，都应作如是观。谁都知道，飞机、电信的引用，不仅方便了交往，而且也加快了生活节奏，开拓了眼界耳疆，改变了时空观念，冲垮了坞屏壁障。这些，已足以激起长期逗留在自然经济条件下所形成的文化传统的不安，而不得不作因应变化；更不用说那些制度性的、观念性的拿来之物所施加于体要求于体的变化了。

但是，反作用也只不过是反作用，第一性的决定作用者仍在体本身。这一点，前面已经反复说到了。

## 两个传统

民族有上层人士与下层平民之别，社会有剥削阶级与劳动群众之分，国家有统治集团与人民大众之殊，于是，研究者们不免要琢磨：文化是否也有两套传统?

列宁有过两种民族文化的说法，说每个民族都有一些民主主义和社会主义的文化成分，而占统治地位的则总是资产阶级文化。这是就文化而言的。就传统而言的，则有所谓大传统与小传统，或精英传统与民间传统的说法。

如果依此类推，还可以举出雅文化、俗文化，政统、道统，上帝的事、恺撒的事等提法。

所有这些分别确然是存在的。不注意它们将无从分析一个民族的纷繁复杂的文化面貌，无法理清民族文化的绵延演进的历史过程，也无力规划未来文化的灿烂前景。这大概应无争议。但所有这些分别都还不是我们这里所讨论的文化传统。

文化传统是全民族的，是民族之所以为该民族的气质、品格、精神、灵魂。它的成分可能很复杂，有土生土长的，有外部潜入的，有尘封蛛网的，有崭新锃亮的；但它并不因此而支离破碎，七拼八凑。因为它是整全，它能整合，各种成分经过整合而彼此相安，彼此相需，形成一个完整而和谐的统一体，一个独具特色的个体。

其土生土长的成分，就其显现而为文化看，在文明社会即存在着劳心劳力、统治被统治的社会里，常呈现出雅俗之分；并进而在衍化上各自承续，出现所谓的大小传统之别。但必须指出，这里所说的只是文化，只是传统文化；而不是传统，不是文化传统。就是说，这些分别只是民族精神在不同阶层的不同表现，还不是其所以表现的那个民族精神。在民族精神方面，二者是共同的，一源的。这一点，从雅俗文化之间、大小传统之间川流不息的交换、渗透，乃至有意识地进行的采风观俗、化民成俗之类的行动之所以必需和能够成功的事实，足可以得到证明。

其外部潜入的成分，本是经过筛选了的；否则将潜而不能入，入而不能居。用以选择的大筛，便是本民族固有的文化传统，包括它的价值取向和时代感、开放性。合则留，不合则拒，是这里的铁则，像一切有机体对待外物的原则一样。既已选入或接纳以后，这些成分虽不免仍带有“客家”的风采，但已然是新的大家庭的一员，便不可能独立寒秋，自成一系，与居停主分庭抗礼，形成独自的传统；而只会是入乡随俗，舍己从人，化为受体的有机部分。就是说，从这个角度来考察，两个传统的事，也是不会发生的。

有人喜欢说“五四”以后的中国形成了一种新传统：反传统的传统。此说在此至少有这样两点需从理论上讨论的内容：“五四”后的中国文化有两个传统；这个新传统是从外部传入的。

大家知道，“五四”时代有许许多多西洋新说蜂拥而来，其中不少说法和做法曾被广泛宣传，乃至付诸经验；宣传者、试验者无疑曾是爱国的、赤诚的，很多还是具有献身精神的。但是真正被中国文化接受的，为人民大众信服的，却为数了了。个中原因，可以举出许多，而文化传统的筛选，或许起着举足轻重的作用。中外好多学者分析过马克思主义能在中国安家的根据，也有人探讨过“五四”所以采取全面反传统手法的原因，结论都认为，其根据和原因，仍在中国的文化传统身上，是中国传统的思维方法、行为规范、价值观念和马克思列宁主义有相通相容之处，是中国有把政和道、真和善捆在一起的传统，因而才有马克思主义的中国化，才有“五四”的全面反传统。这也就是说，“五四”引入的新说，都还不过是一些“用”，它们只因和中国文化传统能相容，被中国文化传统所承认，所接纳，从而附着于中国文化的“体”上，才得以掀起波澜，发生作用；否则，将只是一些动听好看而无所作用的天方夜谭而已。

因此，这也就是说，“五四”并未在中国造出新传统。“五四”以后也未形成新传统；“五四”以来所发生的，不过是老传统适应新世纪、翻出新花样而已。两个传统的事，本质上是不可能的。

## 财富和包袱

设想一下，如果某个民族没有自己的传统文化和文化传统，每一天都在从头开始去练习生存本领……其情景当然是不堪设想也不忍设想的。因之，称传统文化为祖宗的丰富遗产，说文化传统是我们的宝贵财富，应该是不为过分的。

但是如果忘记，传统是一种惰性的力量，保守的因素，它具有钳制人们思想、范围人们行动的本性，易于造成原地踏步的局面，也将出现某种不堪设想和不忍设想的后果。因之，说传统是民族沉重的负荷，社会前进的包袱，也是不为过分的。

既是财富，又是包袱。辩证地了解和掌握传统的这两重属性，运用它而不被其吞没，防止它而不拒之千里，是一大学问，是一种艺术，是人类发挥其主观能动作用的重要表现和广阔场所。

能理解这一点和做到这一点，看来并非易事。我们容易看到的，常常是与之相左的情况。比如说，一种人以为传统像服装，并认为服装以入时为美，而去追求时髦，日日新，又日新。这时，具有惰性的传统，只会被斥为阻碍趋时的包袱。另一种人以为传统像文物，文物唯古是尚，应该保护其斑驳陆离，切忌来刮垢磨光。这时，传统所不幸具有的惰性，倒又成了他们心目中的财富。

传统的确是财富，但财富不在它的惰性；传统也的确是包袱，但包袱也不因它非时装。传统不是可以逐气温而穿脱的外衣，甚至都不是可以因发育而定期蜕除的角质表皮。传统是内在物，是人体和虫体本身；精确点说，是人群共同体的品格和精神。它无法随手扔掉，难以彻底决裂，除非谁打算自戕或自焚。

但是传统也不是神赐的天生的，它原是人们共同生活的产物，必定也会随共同生活的变化而更新。抽刀断水水更流，谁要想拉住传统前进的脚步，阻挡传统文化的趋势，纵或得逞于一时，终将不止徒劳无功而已，更往往要激起逆反心理，促成精神危机。这是有史可稽的。

那么人们是否只能坐享其成、静观其变呢？倒也又不是。

这里似乎用得上“创化论”。创化和进化的不同，主要在进化论认为变化是受动的、机械的，而创化论则认为进化是生命冲动的绵延，是创造性的。创化论能否解释生物和生命现象，还可以争下去；若借以解说与意志的人密切相关的文化传统，也许倒合适。传统随生活的进化而进化，但无论生活的进化还是传统的进化，都离不开人的意志，或者叫人的主观能动作用。在传统的进化上，被传统笼罩着的人们并非总是无能为力的。问题在于人们在多高多大的程度上认清了未来和过去，从而拿出什么样的对策，以及在多广多深的程度上动员了群众，一起来实行创造性的进化。

一味喊彻底决裂，已经公认为无济于事了；单纯提发扬弘扬，是否便能促进进步呢？至于那个熟悉的二分模式：批判其……继承其……，果否能保证批糟粕时不殃及精华、继精华时不夹带糟粕么？难道精华、糟粕是分装在两个匣子里、而不往往是一物的两面么？更勿论那二分法的牺牲品既非精华又非糟粕者的处境和下场了。

正是：剪不断（彻底决裂无济于事），理还乱（精华糟粕纠缠不清），是离愁（传统现代离合悲欢）；别是一番滋味，在心头！

# 叁○儒家辩证法研究

## 引论

由孔丘开创并以他为代表的儒家学派，不仅是中国先秦时期的显学，而且自汉武帝定之为国学之后. 直至五四运动打倒孔家店为止，统治了中国思想界整整两千年之久，成为中华文化的传统精神。

一种学派能够统治一个伟大的民族达两千余年，其原因固然由于这个民族的经济政治结构没有发生什么根本的变化，另一方面，也未尝不是由于这种学派本身含有某些为人们无法否定的内容。不承认这后一点，不仅对于历史是不公正的；对于现实来说，恐怕也有碍于如何估价目前和规划未来的文化。

的确，传统是一种惰性的力量。为了跃出传统的束缚，迎接新文化的曙光，“五四”时期乃至此前此后的一些志士仁人，曾为之引吭振臂，直至献出宝贵的生命；但是，传统又是一种不可抗拒的力量，人们只有充分承认它的合理内容，才有可能否定它或者说吸收它，进入一个新的境界。

史实证明，宣布传统是惰性的、应该摧毁的力量，并起而摧毁之，虽说需要刚健的毅力，但总还比较容易；而承认传统中有合理的内容，用吸收它的办法来否定它，由之推出一个新文化来，却不那样轻而易举。这里不仅需要智慧，而且需要历史条件。马克思说过：

所谓的历史发展总是建立在这样的基础上的：最后的形式总是把过去的形式看成是向着自己发展的各个阶段，并且因为它很少而且只是在特定条件下才能够进行自我批判——这里当然不是指作为崩溃时期出现的那样的历史时期——所以总是对过去的形式作片面的理解。基督教只有在它的自我批判在一定程度上，所谓在可能范围内准备好时，才有助于对早期神话作客观的理解。同样，资产阶级经济只有在资产阶级社会的自我批判已经开始时，才能理解封建社会、古代社会和东方社会。①

这里告诉我们，要能对过去的社会历史免去片面的理解，承认它的存在之合理性和继承其合理内容的必要性，不把它简单诅咒为历史的误会，需要自己能够进行自我批判，而这种时期是很少的，并且是在特定条件下的。尽管历史总是在发展一段以后，会停下脚步来进行各种程度上的自我批判；尽管无产阶级在进行这种自我批判时，做得更为自觉和更为无私，但总得需要那个“很少”而且“特定”的条件出现时，方有可能。这是不可强求的。

中国无产阶级在自己除旧布新的伟大历史行程里，碰到过好几次这样的条件，而最近的一次，表现得尤为醒目和充分。它要求我们全面地理解过去历史，理解民族文化，以便更有效地开创社会主义现代化建设的新局面。其中，自然也包括对曾经成为中华文化传统的儒家学说的理解在内。

儒家学说作为一种社会政治理论和伦理道德思想，是显而易见并为人公

---

①《经济学手稿·导言》，《马克思恩格斯全集》第12卷，人民出版社1962年版，第756~757页；又第46卷上，第43~44页。

认的。如果要说儒家学说里有辩证法思想，并进而提出一个“儒家辩证法”的命题，这能否得到学术界的普遍承认，就很不乐观。因为：第一，习惯上，人们只把马克思主义辩证法和黑格尔的唯心辩证法叫作辩证法，而把古代的辩证法叫作朴素辩证法；那意思是说，古代的辩证法还不够完善，不够自觉，如未雕之大朴。它意味着，只有我们今天的这种以三大规律为主要内容的辩证法，才称得起完善，算得上自觉；古人思想中的辩证法，顶多是一些天才的猜测，零碎的片断，而且多半又受着形而上学体系的窒息，如此等等。仔细想来，这种说法，正是马克思所说的“最后的形式总是把过去的形式看成是向着自己发展的各个阶段”，是一种以我为主的、自封为绝对的、缺乏自我批判精神的独断。当然，这也难怪，它的出现，可以说是不以人们意志为转移的，因为“历史发展总是建立在这样的基础上的”。譬诸积薪，后者居上。我们今天所达到的对于客观辩证法的认识，无疑大大高于古人；正如一切认识领域和一切实践领域里的情况一样。但是，如果由此以为只有我们的辩证法才叫辩证法，如果进而以为我们的辩证法知识已经十分完善了，如果傲然以为只有我们才是自觉者，或者只有像我们这样去认识才叫做自觉，那都只会贻笑后哲。“后之视今，亦犹今之视昔”，若干年后，人们完全有更充分的理由，把我们今天的三大规律的辩证法，按我们对待古人的办法——如果他们也不作自我批判的话——贬之为朴素辩证法的。

第二，具体到儒家身上，提出“儒家辩证法”的命题，麻烦又会更多些。在我们的学术里，仿佛习惯于只承认道家和兵家有朴素辩证法思想；至于儒家哩，除掉《易传》所包含的对立变化观念以外，一般是定为折中主义者或形而上学者的。

这里边有一个很重要的原因，出在我们学术界流行的对于辩证法的理解上。人们通常认为，只有主张对立两极不可调和的学说才是辩证的，否则便是折中调和的形而上学；只有主张不平衡为发展唯一的形式的学说才是辩证的，否则便是平滑进化的形而上学，等等。而儒家学说，正是主张调和与平衡的。其实，如果要以此为准来判定形而上学的话，那么，形而上学将不在别处而恰恰正在这种认识本身。请看恩格斯是怎样说的：

正是那些过去被认为是不可调和的和不能解决的两极对立，正是那些强制规定的分界线和类的区别，使现代的理论自然科学带上狭隘的形而上学的性质。这些对立和区别，虽然存在于自然界中，可是只具有相对意义，相反地，它们那些被设想的固定性和绝对意义，则不过是被我们人的反思带进自然界的。①

自然界如此，社会里和人类思维中也是一样，两极对立都只有相对意义，因为它们本是同一个东西的两极，仅此一端，就决定了对立是同一的或调和的②。至于平衡，它本是事物发展的一种形式和条件。任何个别运动总是趋向平衡，正是这种平衡，既是发展的结果，又为新的发展准备着必不可少的条件，带来了事物的必不可免的发展；而发展或整体的运动，又打破了个别的平衡③。任何只谈对立两极不可调和、发展只是不平衡的说法，都不是客观辩证法的反映，而是人们加到客观上去的一种反思，其性质，是形而上学的。至于儒家学说，确有其形而上学之处，这一方面，以后将逐步谈到；但绝非由于它在涉及对立两极时主张调和与平衡。我们绝不能以调和与平衡的罪名，轻易把“儒家辩证法”的命题否定掉。

同我们的习惯比较起来，老黑格尔似乎要宽容得多。尽管他自视甚高，仿佛绝对精神全都装在他的荷包里；但在谈到古希腊哲学家时，他却不仅承

---

①《反杜林论》三版序言，《马克思恩格斯全集》第20卷，人民出版社1958年版，第16页。

②参见《马克思恩格斯全集》第20卷，人民出版社1958年版，第554、558页。

③参见《马克思恩格斯全集》第20卷，人民出版社1958年版，第589页。

认那主张一切都是生成的赫拉克利特的辩证法，而且承认有反对运动的埃利亚学派的辩证法，唯心主义者柏拉图的辩证法，以及“把一切确定的东西都消解了”[①]的怀疑派的辩证法。平心而论，黑格尔的这种做法大概是对的。因为“就本来的意义说，辩证法就是研究对象的本质自身中的矛盾”[②]。因而，无论是从运动的真实性看到了矛盾的赫拉克利特，还是因为矛盾而否定了运动“真实性”（区别于“可感性”）的埃利亚学派，都可以有自己的辩证法；同样的，柏拉图把世界归之于“理念”，怀疑派把一切看成为虚假，都不仅没有因而否定，反而以此展开了他们的矛盾观念，这又正是他们的辩证法所在。从这个意义上说，黑格尔承认古人的辩证法，还并不是出于道德上的宽容，而是基于科学上的考虑了。当然，黑格尔有一个大局限，即对于中国哲学的无知与蔑视，在他的《哲学史讲演录》里，除了对老子和《易经》勉强承认有一点哲学思辨外，至于孔子和儒家学派，则被说得一无可取，他说：“孔子只是一个实际的世间学者，在他那里思辨的哲学是一点也没有的——只有一些善良的、老练的、道德的教训，从里面我们不能获得什么特殊的东西。”[③]而儒家学派更被认为是“一个国家的宗教”，其教义就是以“孔子的道德教训”为主的“国家的道德”[④]。

这样，我们就涉及为“儒家辩证法”命题担心的第三个原因。谁都知道，儒家学派不仅没有留下专门论述辩证法规律和范畴的经书，甚至也没写出过能和《孙子兵法》抗衡的充满对立的著作，更不用说像《道德经》那样的专门哲学著作了。儒家的经书，说的多是修身齐家治国平天下的经世致用之道，

---

① 《哲学史讲演录》第 3 卷，商务印书馆 1959 年版，第 106 页。

② 列宁：《哲学笔记》，第 256 页。

③ 《哲学史讲演录》第 1 卷，商务印书馆 1959 年版，第 119 页。

④ 《哲学史讲演录》第 1 卷，商务印书馆 1959 年版，第 119 页。

所以人们总把儒家学说当作社会政治理论和伦理道德思想来看。博雅如黑格尔者，也难免受了形式的欺骗，忘掉了他那著名的形式与内容的辩证关系，未能找到儒家的哲学，尤其是未能看到他总是瞪大了眼睛去寻找的辩证法之存在，而使《哲学史讲演录》因之逊色。

这一点，儒家自己倒是预见到了。《易·系辞上》说：

一阴一阳之谓道。继之者善也，成之者性也。仁者见之谓之仁，知者见之谓之知，百姓日用而不知：故君子之道鲜矣！

这里所谓的“道”，就是事物变化发展之道，亦即客观辩证法。它表现于人们按道而动的善行，由人性来使之完备；可是人们往往不知道它的真谛，而以自己的偏见去称呼它，乃至根本不知道它的存在。于是乎，这个辩证法就很少为人了解了。

这一段话，是儒家学者自己的感慨之言，它倒给我们提示了一个线索：儒家所理解的一阴一阳之道，不在哪一本专门谈论辩证法的著作中，而在他们所标榜的善行中、人性中、仁中、智中，乃至常人“行之而不著焉，习矣而不察焉，终身由之而不知”（《孟子·尽心上》）的日常动作中。而凡此种种，在儒家经典中，岂但比比皆是，简直是无所不在，俯拾皆是哩。

因此，我们有足够的材料来研究儒家辩证法。难点在于如何去沙里淘金，从他们的种种经世之术、道德说教、日用生活去发觉贯彻其中的“道”，并整理出一个固有的脉络来，把它公诸于众。在这样做的时候，固然要别具慧眼，透过儒家经典本身的种种非哲学的表述方式；而尤为困难的是，更要拨开后人的种种见仁见智之迷雾，还儒家之“道”以庐山真貌。

一旦多少做到了这一些，或更进而用同样方法去研究了诸子百家，那时候，我们将会发现，在我们漫长的历史途程里，在学术繁荣、思想活跃的先秦时期，研究过对象本质自身中矛盾的学派，绝非道家一家和《道德经》一书。文献表明，说王道、谈仁义的整个儒家学派，尊法术、尚功利的整个法家学派，出奇正、知彼己的整个兵家学派，辨名实、别同异的各个名家学派，都有自己的辩证法。他们都以自己的特有方式和术语，就自己所关注的事物和现象，反映了客观辩证法的一些规律和特征。尽管他们当中的主要几家往往攻讦不已，争以后歇为胜，“是其所非，非其所是”（《庄子·齐物论》），却无碍于他们在辩证学说方面常有相通之处，并且恰恰以此铸成了对客观辩证法进行认识的整个链条的各个环节。

在先秦时期前后杂陈的各种矛盾观或辩证学说中，最能吸引人们注意力的，当然首推道家。它的特征是以侈求转化为目标，以守柔用弱为手段，所谓“反者道之动，弱者道之用”（《道德经》）的便是。翻开道家的代表著作《道德经》五千言，触目皆是对立范畴及其无尽转化的描述。这些转化，被说成是无条件的，循环往复的，并且是莫名其妙又无可奈何的。其最为人们熟知的一段话是这样说的：

祸兮福之所倚，福兮祸之所伏，孰知其极！其（岂）无正？正复为奇，善复为妖。（《道德经》第五十八章）

极，准则也。正，纯正也。求“极”而无可知，欲“正”而不可得，于是对于祸福奇正的转化，只有一个莫名其妙和无可奈何。道家人物对于矛盾和发展的这种观点，是他们所代表的阶级的状况在理论上的映现。道家的主要代表人物老庄都是没落奴隶主阶级的思想家。政治权力的易手，经济状况的式微，道德观念的改变，处处使他们对转化铁则有切肤之痛。这一切的袭来，既为他们所无力抗拒，又是他们所无法理解，所以，转化的“极”，即转化的准则、原因和条件，在他们眼里，便成了不可猜度的谜；当年的“正”，即他们的乐土和王道，已如流水落花随春去，而无力回天了！

可是，他们却又并不甘于目前的弱者地位，不安于无法理解的命运的支配，他们不无侥幸地在想：目前的秩序可以称得起“正”么？焉知明天不再变成“奇”；自己的现状的确很弱了，今天的强者不也原是弱者变来的么？于是他们欣然确信：既然向对立转化是不可抗拒的规律，那么只有处在弱的地位上，才算立于不败之地；而强者，倒是注定要随时倒霉的。所以他们进而宣布，这个不败的“弱”，就是他们终于找到了的“极”：

古之善为士者不武也，善战者不怒，善胜敌者不争，善用人者为之下。是谓不争之德，是为用人之力，是为配天，古之极也。（《道德经》第六十八章）

弱是极，而且是“古之极”，即从来如此的行为准则。当他们这样说的时候，显然忘记了自己祖先以强取胜的光荣历史，反而自甘于目前的弱者地位了。从不甘于自己的弱者现实出发去寻求解脱，却制造出一套自甘于弱者现实的理论体系。这就是道家的历史悲剧。

其实，弱之转化为强，有如强之转化为弱一样，是需要种种主客观条件的，而且还要合乎总的历史发展规律，而不能只凭愿望和推理。他们既已被社会浪潮冲刷出来，又筹集不到足够的条件，只能是在历史风云面前愈形衰落，直至消失；这倒真是他们所应该知道而不能知道的“道之用”。

在这样的规律作用之下，由弱向强倒转过去的前景，在道家人物那里，从开始的充满诗意的奢望，不免慢慢褪色为只供自嘲的绝望。这就是从老子到庄子的思想演变之所在。所以在庄子那里，唱的是整整降了两个八度的低调：

是亦彼也，彼亦是也。彼亦一是非，此亦一是非。果且有彼是乎哉？果

且无彼是乎哉？彼是莫得其偶，谓之道枢。枢始得其环中，以应无穷：是亦一无穷，非亦一无穷也。（《庄子·齐物论》）

彼此，是非，以至一切两极的对立，在老子那里．虽说都被安置在转化的陶钧上，却不否认其差别；而且唯其强调转化，更见其承认转化前后的对立。在这一点上，老子是正确的。当然在老子那种不谈条件只谈转化的学说里，确已埋下了既然随时都能转化而使对立成为无足轻重的祸根，但那总还仅仅是一种否认对立存在的可能。历史的无情发展和庄子的纵情思辨，把这种可能变成为现实。庄子想．由弱反转为强的幻梦既已由历史撕碎，再死抱住那个徒然惹起烦恼的对立更有何用？何以见得你那一套便配尊为“是”，而我的一切都该贬为“非”呢？如果没有我的这个“非”，你那个还算得上“是”么？所以不妨干脆来个釜底抽薪，将一切对立统统泯灭，使“彼是莫得其偶”，这样一来，转化的问题便不复存在；转化的问题既不存在，转化的难题自不解而决。所以，泯灭对立，或者说将对立绝对地相对化，便被庄子规定为应付无穷转化之环的枢机。

这种办法，好则好矣，无奈是空中楼阁，心里灵台，有它无它，人们的实际地位并不因之增高半寸。它除了曾给发明者和信仰者一丝自我解嘲的效用，在精神中攫取到某些梦幻性的胜利而外，其真正的历史意义，大概要推因其泯灭对立而激发起与之作对的夸大对立的辩证思想，即法家辩证法的出现，最值得称道了。道家学派梦寐以求的转化自己社会地位的夙愿，最后竟在转化自己理论形式的悲剧中凄凉实现，胜利者不是道家开山祖老子，而是历史辩证法老人，这是多少带点讽刺意味的。

法家辩证法一反庄子那种泯灭对立的做法，不仅绝不怀疑对立的实在性，且以夸大其绝对性为能事。发明“矛盾”这一概念的光荣，就是属于他们的。只是他们赋予矛盾的含义，同我们今天所理解的对立同一并不相同：

楚人有鬻楯（同盾）与矛者，誉之曰：“吾楯之坚，莫能陷也。”又誉其矛曰：“吾矛之利，于物无不陷也。”或曰：“以子之矛陷子之楯何如？”其人弗能应也。夫不可陷之楯与无不陷之矛，不可同世而立。（《韩非子·难一》。又同书《难势》篇之此文末句为：“不可陷之楯，与无不陷之矛，为名不可两立也。”）

可见，法家所谓的矛盾，是非此即彼，是对立两极的绝对排斥或不可两立。在自己的著作中，法家从不放过指出社会上各种对立的机会，尤其善于在常人认为一致的地方将它指出，并使之归结于功利上的冲突，以确证对立的“势不两立”（《韩非子·人主》）；其思想和语言，往往是相当犀利的。有一段名言最能代表他们的这种观点：

夫冰炭不同器而久，寒暑不兼时而至，杂反之学不两立而治。（《韩非子·显学》）

这样的夸大对立绝对性的矛盾观，同当时新兴地主阶级不妥协地夺取和巩固各项权力的无情斗争之间，存在着认识与实践的密切关系，是一望可知的。

法家也谈对立的转化，尤其善于详细分析转化的条件和步骤。例如，他们说：

立民之所乐，则民伤其所恶；立民之所恶，则民安其所乐。何以知其然也？夫民忧则思，思则出度；乐则淫，淫则生佚。故以刑治则民威（畏），民威则无奸，无奸则民安其所乐。以义教则民纵，民纵则乱，乱则民伤其所恶。……夫正民者，以其所恶，必终其所好；以其所好，必败其所恶。（《商君书·开塞》）

这段议论，旨在论证“刑治”优于“义教”，论证二者的不可两立，但却接触到了对立转化这样一个更普遍的真理。在另外地方，他们还专门解释过《道德经》的祸福转化命题：

人有祸则心畏恐。心畏恐则行端直，行端直则思虑熟。思虑熟则得事理，行端直则无祸害。无祸害则尽天年，得事理则必成功。尽天年则全而寿，必成功则富与贵。全寿富贵之谓福，而福本于有祸，故曰："祸兮福之所倚。"

人有福则富贵至。富贵至则衣食美，衣食美则骄心生。骄心生则行邪僻而动弃理；行邪僻则身死夭，动弃理则无成功。夫内有死夭之难，而外无成功之名者，大祸也。而祸本生于有福，故曰："福兮祸之所伏。"（《韩非子·解老》）

这样来谈转化，比之爱谈转化而无视条件性的老子高明得多，自不待言。老子不知或不谈转化的条件性，正因为他没有或说不出自己所向往的那种转化所需的条件；商、韩大谈其转化的条件，则是他们自信甚强且充满活力的象征。没有条件，于是鼓吹用弱；充满活力，自然趋于尚强。

法家描绘的好恶、祸福之逐步向对方转化而去，用思辨的语言来说，叫作"两者的各一方当自己实现时也就创造对方，把自己当作对方创造出来"[①]。这种情况，在黑格尔辩证法和马克思主义辩证法里，都谓之对立的同一。可是，当法家人们如此谈论的时候，有充分根据可以推断，他们绝未意识到所谈的转化着的对立两极之间有什么同一性。因为，通观法家的整个著作，我们所能看到的是，当他们谈论对立的时候，他们强调矛之与盾，强调二者的"不同器"、"不兼时"、"不两立"，即排斥对立在时间空间中有任何同一的余地。更多的时候，法家也谈同一，只是他们所追求的是严禁"二心私学"（《韩非子·

---

①《马克思恩格斯全集》第12卷，人民出版社1962年版，第742页。

诡使》)，反对“兼礼”、“兼听”（《韩非子·显学》)，要求“独断”（《韩非子·外储说右上》）独行。这种同一，又排斥同一在时间空间上有任何对立的存在。这种二是二、一是一的思想方法，和对立的同一性思想正相径庭。

法家辩证法之所以如此执著转化的条件性和酷爱无对立的同一及无同一的对立，除去社会政治的原因之外，就思维发展的过程来看。它正好是道家辩证法的反动，是老子的不谈转化条件、庄子的不分对立和同一的思想之向对立面的转化。后者就预藏于前者之中。当前者在实现自已时，已经预示着后者的必然出现。这是不以人们意志为转移的客观辩证法，虽然它们是通过人们的意志显现出来的。

同道家辩证法的用弱、法家辩证法的用强都不相同，儒家辩证法是主张用中的。它既不同于侈谈转化而无视条件性的道家，也有别于夸大对立而强求同一的法家；它小心翼翼地注视着转化的条件性，为的是防止转化的出现，它恭谨谦逊地调和对立在同一中的存在，为的是避免对立趋于极端而使旧的同一瓦解。例如，在好几种儒书中，都记有如下一则故事：

成汤之时，有穀生于庭，昏而生，比旦而大拱。其吏请卜其故。汤退，卜者曰（《韩诗外传·二》作“伊尹曰”）：“吾闻祥者，福之先者也；见祥而为不善，则福不至。妖者，祸之先者也；见祸而为善，则祸不至。”于是早朝晏退，问疾吊丧，务镇抚百姓，三日而穀亡。

故祸兮福之所倚，福兮祸之所伏，圣人所独见，众人焉知其极！（《吕氏春秋·季夏纪·制乐》）

这是对祸福倚伏的又一种见解，同道法二家的解释迥异其趣。照故事所说，对付祸福转化的基本原则应该是：保福防祸，早为之谋。这个被夸为他们“所独见”的对付转化的“极”，恰恰是反对转化的。再如：

君子安而不忘危，有而不忘亡，治而不忘乱，是以身安而国家可保也。(《易·系辞下》)

见其可欲也，则必前后虑其可恶也者；见其可利也，则必前后虑其可害也者。而兼权之，熟计之，然后定其欲恶取舍，如是则常不失陷矣。(《荀子·不苟》)

诸如此类的箴言很多很多，无非是要求因一而见二，要求使他端与此端常在，或者说，要求在同一中看到对立，设法让对立保持其同一，以维系身安国保、常不失陷的局面。

非常明显，这是一种既得利益者的哲学，它同失利者的道家哲学或夺利者的法家哲学，社会基础既然不同，目的便也不同，方法自亦有别。

但是，它们都抓到了客观辩证法的一个方面。从认识发展的逻辑来说，儒家的用中的辩证法，应该是道家用弱、法家用强的辩证法的折中或综合，是它们的逻辑的必然。就历史时间而论，应该以荀子和汉初的儒家作为代表。但是，从认识发展的螺旋圈来看，用弱又曾经是从前一个用中来的，虽然那个早先的用中还比较初级，其代表性的历史人物自然应推孔子。

这样，我们所要研究的儒家辩证法，其时限将主要逗留在由孔子到荀子之间。孔子以前荀子以后，也有儒家经典，作为他们思想的源头和流脉，、自应也在考察之中。至于定于一尊以后的儒学人物和著作，虽然也以“儒”字相标榜，其实已因“莫得其偶”即没有他家与之相对待，而不再成其为家了。

## 仁义

儒家学说基本上是一种政治伦理学说，儒学的范畴主要是政治学和伦理学的范畴，历来都这样认为，事实也正是如此。这是没有争议的。

儒家认为，社会是一个整体，这个统一的整体由不同等级和处在不同关系中的人们所组成；而各个不同等级和不同的人与人之间的关系又是社会所必不可少的，人们之间和等级之间的界限是不可逾越的。于是，维持人与人之间和等级间的平衡，从而达到整个社会的协调和谐，就成了社会的首要问题。

儒家还认为，人世间的一切都是遵照天的意志安排的，或者是，是符合天理或宇宙秩序的。于是，如何保持人与天的平衡与和谐，也成了人类应该关心的问题。

个人修身被儒家认为是维系这各种关系之间平衡并进而达到和谐的出发点。因为儒家所谓的修身，和某些宗教的修行不同，它不以独善其身、个人得道为限，而是要通过修身来明确自己在社会关系乃至天人关系之网中的地位。一个人、一家人、一国人、普天下人都修身了，各个等级各种关系中的人都明确了自己的地位. 那时，天下太平的大和谐局面便会到来。

我们很容易看得出，儒家的这一套政治伦理学说和哲学不是没有关系的；或者说，它是以某种哲学思想作为理论基础的。贯穿在这种政治伦理思想之中的一个核心东西，就是保持平衡，取得协调，追求和谐；而构成平衡、协调与和谐的个人与人群，其地位又是互相差异直至根本对立的。这样，求和谐于对立，或者说，研究对立是怎样同一的，便成了儒家哲学的一个重要内容。

本书主要就从这个角度来探讨儒家学说，分析儒学各主要范畴的对立同一关系。

仁义是儒家学说两个最基本的范畴，它们的政治伦理方面的含义，人们已经说得够多了；现在，我们将指出它们还是一对相反相成的范畴，揭示出其辩证法方面的含义——正是这一方面，还几乎是一种拓荒的工作。

《易·说卦》说：

昔者圣人之作《易》也，将以顺性命之理，是以立天之道曰阴与阳，立地之道曰柔与刚，立人之道曰仁与义。兼三才而两之，故《易》六画而成卦；

分阴分阳，迭用柔刚，故《易》六位而成章。

这是解释《易》之成卦、成章的原因。说的是由于天地人的本性都具有对立两面，三二得六，所以《易》有六画、六位。这种解释能否成立，不是我们这里要讨论的课题，暂置勿论。我们感兴趣的是，《说卦》把“仁与义”称为“人之道”，说成是圣人根据人性订立出来的道理，并把它们与“阴阳”、“柔刚”这两对公认的对立关系并列，明白表示“仁义”也是对立的范畴，倒是道出了儒家的真谛。后来，《汉书·艺文志》的作者，把这个意思说得更明白：

（诸子之学）辟犹水火，相灭亦相生也；（辟犹）仁之与义、敬之与和，相反而皆相成也。

所谓“相反相成”，也就是对立同一。儒家认为，人们之间的关系，纵有五伦、九伦之殊，概括说来，都可以归结为人我关系，所谓“世道惟人与我”（郝敬：《孟子说解》卷六）。这是儒家学说的一大进步。在殷代和周初，思想家们所看到的只是君主、臣属，或者稍稍扩大一点到整个统治者和被统治者；那时的道德观念，都是针对这种个人和人群而言的。抽象的人我关系，以及适应抽象人我关系的道德观念，只是到了儒家创立才真正形成起来。儒家认为，纵然适应于不同的人伦关系，有着不同的伦理要求，如君臣应该怎样，父子应该怎样，长幼应该怎样，朋友应该怎样，等等，而最集中最概括的道德准则，却是处理人我关系上的准则，即仁与义；它对一切人伦关系都适用，对一切人都适用，是最一般的道德，因而也是通用的道德。所谓“立人之道曰仁与义”就是这个意思。

那么，什么叫作仁？

樊迟问仁。子曰："爱人。"（《论语·颜渊》）

仁就是我去爱别人。儒家相信，这是处理人我关系的第一准则。

作为一个道德规范，仁的范畴并非自孔子始，孔子以前已有不少认为仁是美德的记载；但是把仁推广为处理人我关系的一般准则，则是孔子的发明。《论语·雍也》有一段对话说：

子贡曰："如有博施于民而能济众，何如？可谓仁乎？"

子曰："何事于仁，必也圣乎！尧舜其犹病诸。夫仁者，己欲立而立人，己欲达而达人。能近取譬，可谓仁之方也已。"

子贡以"博施于民而能济众"为仁，这不是他自我作古，而是对前人观念的转述，孔子以前的仁德，指的多是统治者对下仁慈。孔子时候，这种观念仍有残存，如："君子而不仁者有矣夫，未有小人而仁者也"（《论语·宪问》）。但是，孔子强调的或向往的却是人人都能为仁，所谓"我欲仁，斯仁至矣"（《论语·述而》）。因为他把仁的范围从统治者下移了，扩大到一切"己"和"人"的关系中，只要"己欲立而立人，己欲达而达人"，这便叫作仁。这里的"己"，是一般意义上的每一个人自己，不再是统治者；这里的"人"，也是一般意义上的任何一个人，不限于民众。尽管孔子的话在当时主要是说给统治者和准备参加统治行列的人听的，老百姓既听不到也不要听这些教义；但孔子在这样说的时候，确实是泛指一切人而言的。

孔子所以能够这样开明，自有他的现实的和历史的原因，这一点，本书不拟谈论；而将仁之被扩大，当作一个既定的事实来对待。值得我们注意的倒是，这种以爱人为内容的仁的原则，能否处理得了人我之间的全部关系？或者说，由我出发去对待别人，是否只需爱之一途便足，像某些宗教教条所宣传的那样？

谁都知道，在现实社会里，无论哪个人，除去有一些需要爱和值得爱的人之外，总还有那么一些需要恨和值得恨的人，以及为数更多的不需要也不值得爱和恨的人。这一情况，对于“率土之滨，莫非王臣”的君主和统治者来说，尚不清晰；因为除他和他们以外的一切人，都是剥削对象和统治对象，可以一律对待；说是一样的爱，其实是一样的恨。一旦把仁扩大为一切人都可适用的道德规范，情况立刻发生变化，这时候，仁的对象不再限于自己的臣民，而成了自己以外的一切人。其中，亲疏远近不同，好恶休戚非一，仅有爱这一个原则，便不足以应付了。

怎么办？

子曰：“唯仁者能好人，能恶人。”（《论语·里仁》）

唯仁人为能爱人，能恶人。（《礼记·大学》）

具备了仁德的人，他应该不限于知道爱，还要懂得恨。他能爱人，也能恨人；他好其所当好，恶其所当恶。那些不待好恶的人，当然也就依违其间了。不仅如此，“唯仁者”、“唯仁人”云云，还意味着，只有仁者，即只有达到了“仁”的境界的人，方能好人与恶人；而未掌握“仁”的人，既然不知道如何去爱人，也便不知道如何去恨人，他无法做到真正的“好”与“恶”。在这里，孔子虽然没有把“恶”直接作为仁的内涵，而归之于仁者的情感和行为的另一个方面；但孔子也不曾在“仁”之外另立一个表示恨的道德规范。他用“能好人，能恶人”的双举办法，把恨作为爱的补充物和对立物，统一到一个有道德的人身上，事实上，也等于是统一到这个道德观念本身中去了。

因为爱与恨、好与恶，来自同一情感源。唯其有爱，必然有恨。“仁”以“爱人”为规定，本身就隐含着并要求着“恨人”作为补充。这是生活的真实，也是生活对于道德规范的制约。当着人们仅仅从王座去看“率土之滨”的时候，就是说，仅仅沿着这条由上而下的线去观察生活的时候，生活对他们并没有全部显现，因之其道德学说也就不能充实；一旦增加一个角度，所见更广的时候，便知只鼓吹一种感情，只确立一种规范，将与生活本身不相适应了。

但是孔子的确并未另立一个表示恨的规范，他寓恨于仁，这样既可满足“仁”一元化的体系上的要求，得到理论上的安定感，也能勉强应付生活的逻辑，未尝不是一种办法。当然这种办法，对于矛盾的人我关系全体来说，终难免有顾此失彼之虞。这也反映出，儒家在此时期，尚处筚路蓝褛之中，还未形成一套完整的体系。随着生活和认识的进一步发展，这种藏在仁德内部的差异，必将两极化为外部的对立。

历史事实正是这样，不过比逻辑推论丰富得多。

仁爱思想到了“学儒者之业，受孔子之术”（《淮南子·要略》）的墨子手里，基于另一些现实的要求，发展至于极端，成了“兼爱”、“非攻”；它那固有的重在宣传仁爱的弱点，一下子就充分暴露出来了。当初，“仁”在孔子手里，固然定义为“爱人”，但尚规定有“能恶人”的要求，这对于人我的全部关系，大体上还能应付；无奈这个“能恶人”是隐含在“能好人”之中的，因而极易被忽视。墨子果然无视这一点，使仁爱成了兼爱。墨子说：

视人之国，若视其国；视人之家，若视其家；视人之身，若视其身。是故诸侯相爱，则不野战；家主相爱，则不相篡；人与人相爱，则不相贼；君臣相爱则惠忠；父子相爱则慈孝；兄弟相爱则和调。天下之人皆相爱，强不执弱，众不劫寡，富不侮贫，贵不傲贱，诈不欺惑；凡天下祸篡怨恨可使毋起者，以相爱生也。是以仁者誉之。（《墨子·兼爱中》）

墨子的幻想能否实现，是另一回事；这种兼爱思想之作为一种学说，还是有其价值的。可是这种打着“仁”字旗号的兼爱思想，却为儒家人士所不能容忍。因为儒家所谓的“爱人”，虽也泛指一切人，但儒家并不认为对于任何人的爱，都是同质同量、没有差等的。譬如子对父，应该孝；弟对兄，应该悌。这孝和悌虽然也是一种爱，甚至是“为仁之本”（《论语·学而》），但却不能简单归结为爱，因为它们比爱要更亲切更深厚，它们属于“亲亲”的范围。孟子说：

亲亲而仁民，仁民而爱物。（《孟子·尽心上》）

这里有三个层次：亲亲、仁民、爱物，每个层次还能细分为许多差等，它们都可统称之为爱，但却绝非等价的。这是儒家的宗法观念所使然，我们在此不多论证。儒家确信在生活中，有“爱而不仁”（见《国语·楚语下》）的现象，也有“仁而不亲”的事实。现在墨子认为爱无差等，把爱人的主张绝对化，把父子、兄弟之间的爱和天下之人的相爱等量齐观，在儒家看来，这无异于否认亲子关系和兄弟关系，视父兄如路人。难怪孟子痛斥道：“墨氏兼爱，是无父也”，“是禽兽也”（《孟子·滕文公下》）。

孟子泼口骂人，从实质上看，他是在执行思想发展摆在儒家面前的任务。这个任务是：一面要驳斥墨子对仁爱思想的滥用，恢复儒学的威信；一面要吸取仁爱可被滥用的教训，弥补儒学的弱点。这样的任务，归结到一点，就是要在“仁”之外，再行提倡一种道德规范，以使处理人我关系的“人之道”

趋于完整；或者说，就是要使隐含在“仁”之内部的对立规定外部化为对立两极，以适应于人我关系的对立状况。这就是孟子提出“义”来和“仁”并列，“仁义”双修的理论上的原因。

(齐) 王子垫问曰：“士何事?”孟子曰：“尚志。”曰：“何谓尚志?”曰：“仁义而已矣!”(《孟子·尽心上》)

孟子曰：“王何必曰利，亦有仁义而已矣!”(《孟子，梁惠王上》)

“仁义而已矣”，“仁”之外再加上一个“义”，便足以尽矣了；这不仅是士的事，同样也是王的事。

那么，什么叫作“义”?

这是一个已经有了若干答案的老问题，因而也就成了一个难以准确答复的新问题。

“义”之作为道德规范，不是孟子的发明，孔子已说过不止一次，虽然孔子未曾拿它与“仁”并提。但它又还不是孔子的发明，更早的时候便被用作道德评语了。经师们说，仁义的“义”字本作“宜”。《礼记·中庸》也说：“义者，宜也。”何谓“宜”？《说文》说：“宜，所安也。”这样说来，“义”就是“宜”，就是所安，这是久为学术界公认的“义”之确诂。出土的金器铭文中，仁义之“义”字正作“宜”，也为此说提供了物证。

只是这样一来，我们很自然地面临着这样一个难题：安宜之“义”和爱人之“仁”，何以会与“阴阳”、“柔刚”并列，而有相反相成的意思呢？或者“仁义”本非一对对立范畴，只是连绵词语，《易传》误传，《汉志》误志，本书轻信，全系庸人之扰？

为了弄清这个难题，需要稍微说远一点。

甲骨文中，有、者，释文为“宜”。其义或为祭礼，如：

癸卯，宜于义京，羌三人，卯十牛又。（《殷虚文字缀合》七一）

己未，宜于义京，羌三人，卯十牛。（《殷墟书契前编》六·二·三）

或用为动词，为杀，如：

庚戌贞，辛亥又门方太牢，宜太牢，兹用。（《殷墟书契后编》上二二·七）

丙寅卜贞，于河北三宰，沉三宰，宜一宰。（《殷虚文字缀合》三三九）

有时“宜”旁加“刀”，成，杀的意思更为明白，如：

贞羌百……（《甲骨续存》一·三四七）

可见，“宜”或“，最早只是杀俘或杀牲以祭的意思。这种仪式，礼经中仍有保留。如：

大师（指誓师），宜于社，造于祖，设军社，类上帝。（《周礼·春官·大祝》）

天子将出，类乎上帝，宜乎社，造乎祢。诸侯将出，宜乎社，造乎祢。（《礼记·王制》）

这里的“宜”、“造”、“类”、都是祭名。“类（類）”字从米从犬从页（头也——《说文》），其为祭，自无疑义。“造于祖”即甲金文中习见于“告于祖某”，“宜于社”有如前揭之“宜于义京”，也都是不成问题的。《书·甘誓》有“用命赏于祖，弗用命戮于社”，亦见社是举行杀祭的地方，“宜”义同于“戮”。经师们于古礼不甚了了，以“事类”释“类”，以“便宜”释“宜”

(孔颖达)，望文生义，把本来简单的事情反而弄复杂了。

“宜”之为杀，也保留在“疊”字中。《诗经·时迈》歌颂武王威风时说：

> 薄言震之，莫不震疊。

疊，徒叶切。许慎云：“扬雄说以为古理官决罪，三日得其宜，乃行之。”(《说文·晶部》) 按《周礼·秋官·乡士》谓“狱讼成，士师受中，协日刑杀”，“协日”应该就是“疊日”，音近致讹或通假，即三日行刑的规定。扬雄的“得其宜”云云，那是以今为古，证明他已不知宜之本义为杀了。《诗经》的“莫不震疊”，毛传云“疊，惧也”，那是误“疊”为“慴”所致；其实应该解为莫不震疊于刑，即震于刑杀才是。

“宜”即“俎”。“宜”、“俎”一字之说，创自容庚教授，着实是一大发现。他在《金文编》中说：“宜，象置肉于且上之形，疑与俎为一字。”并引“俎宜同训肴”者三例为证。[①]按：“肴”字后起，从字形看，似为“俎”之变。“宜”、“俎”、“肴”本一字，故得互训。此后逐渐分化，“宜”专用作杀牲，“俎”为载牲之器，“肴”则为牲肉矣。“肴”一作“殽”，加“殳”以示杀，是孳乳，也是返祖。《礼记·礼运》有云：

> 是故夫政，必本于天殽以降命，命降于社为之殽也。

《释文》说：“殽”本作“肴”。而“殽”、“肴”一字，阮元有说。社为肴

①唐兰教授进一步从字音证明。见《殷虚文字二记》，载《古文字研究》第1辑，中华书局1979年版。

地，与前引之“宜于社”、“戮于社”诸说，若合符节。“本于天肴”云云，也就是《尚书·牧誓》的“恭行天之罚”了。

这些足以说明，“宜”之本义为杀，为杀牲而祭之礼，是没有疑义的了。

现在我们想搞清楚的是，杀义的“宜”字，何以引申而为安宜的呢?

于此，容庚转引字书说：“俎，肉几也”，“置肉于几，有安之谊，故引申而为训安之宜”（《金文编》第七）。按：置肉于几之为安，何如悬特于庭？容说之未安，十分显明。窃以为，“宜”之引申而为“所安”为“当”，起初当如今语云“活该”、“罪有应得”等义；继而更活用为一般的“合适”、“美”、“善”之类，变得道貌岸然，本义反而湮没，不为人们所知了。《说文》说“宜”字“从一宀之下，一之上”，即屋之下，地之上，所以“宜”，有点像宋人解字方法，当然是不足为训的。

至于“安宜”的“宜”字用为道德规范，为仁义之“义”，则是战国中、后期的事。出土的中山王三器上，用为仁义之“义”的“宜”字凡七见[①]；其绝对年代约当公元前310年。而睡虎地秦简《为吏之道》有“申之义，以击畸”句，已经不再用“宜”了；其年代不晚于公元前220年。以“义”代“宜”，或是这两个年代之间的事。

“义”字，说者以为原系威仪的“仪”字，《说文》：“义，已之威义也。”《周礼·春官·肆师》郑玄注引郑司农云：“古者书仪但为义。”这一说法大概可信。甲文中，“义”字除用于地名外，有所谓“义行”者：

戌，叀（唯）义行，用遘羌方，有𢦏。弜用义行，弗遘方。（《殷墟书契后编》下一三·五）

①载《文物》1979年第1期。

这个“义行”，或许正应读为“仪行”，即“我武维扬”之阵容。“义”的这种威严的含义，可以容纳得下“宜”的杀戮的意思以及合适、美善的意思，而且不带“宜”字固有的那种血腥气味；加上二字同音，便于通假，所以具有了取代“宜”字而为道德规范的最佳资格。

真正实现以“义”代“宜”，应该发生在义德受到特别强调的时代，否则便没有那种社会需要。具体进行以“义”代“宜”，当然还得通过某些有影响的人物或团体之手。这样一件工作，无论从出土器物所提示的年代来推定，还是从思想史的变化史实来判断，大概都可以设想为是由孟子及其门弟子完成的。

早于孟子七八十年的墨子也曾大谈其“义”。今存《墨子》有《贵义》之篇，谓“万事莫贵于义”；墨子还曾自诩为“我以义粜也”（《鲁问》）；有吴虑者，又曾面刺墨子“义耳义耳，焉用言之哉”（《鲁问》），足见其言义之不休。但是墨子的“义”就是“利”他（《经上》），就是“有力以劳人，有财以分人”（《鲁问》）；或者说，就是他的“主义”。墨子曾经明白说过：

> 天下之人异义。是以一人一义，十人十义，百人百义。其人数兹众，其所谓义者亦兹众。是以人是其义，而非人之义，故交相非也。（《墨子·尚同中》，上、下篇略同）

所以墨子所谓的“义”，正如我们今天所说的“主义”，是他们学派的主张和行为准则，并非纯粹的道德规范。

孟子的“义”则不然。它是道德性的，是原来存于“仁”之内部的“能恶人”一面的外现，与“爱人”的“仁”处于相反相成之中；

> 恻隐之心，仁也；羞恶之心.义也。（《孟子·告子上》）
>
> 人皆有所不忍，达之于其所忍，仁也；人皆有所不为，达之于其所为，

义也。（《孟子·尽心下》）

仁，人心也；义，人路也。（《孟子·告子上》）

仁，人之安宅也；义，人之正路也。（《孟子·离娄上》）

义和仁的这种种定义．表示了二者之间有一种关系，那就是《礼记·礼运》所揭橥的：义者，仁之节也；仁者，义之本也。孟子强调“义”，正是从这种对仁予以节制的意义上着眼的。荀子后来也说：“君子处仁以义，然后仁也。”这是他们后于孔子而得高于孔子的地方。

孔子也谈“义”，甚至说过“君子义以为上”（《论语·阳货》）、“君子义以为质”（《论语·卫灵公》）的话。但综观《论语》中那近二十条有关义的言论，不仅没有明白的定义，而且也无确定的内涵。其观念是既与的，拉杂的，既有本义“宜”（杀）的意思（“上好义，则民莫敢不服”等），也有引申的“宜”（安）义（“见利思义”等），还有如墨子惯用的那种“主义”（“君子之仕也，行其义也”等）；唯独就是没有像后来儒家那样拿“义”与“仁”并举。

以“义”与“仁”并举，或者说，以“义”对“仁”加以节制，从而“立人之道”，是孟子的发明。这种节制，从思想发展的道路来说，是墨子将“仁”膨胀为“兼爱”的必然结果，是孟子对墨子的批判。

如果孔孟之间没有一位墨子，没有受孔子之术而又背叛了儒者之业的墨家学派的出现，仁学思想被推到极端的可能未必实现，对仁加以节制的要求未必产生，孟子高举“义”旗的事实也许难以形成。思想的发展，正如一切发展一样，往往不是直线进行，而是迂回前进的。

孟子强调了“义”，并未赋予“义”以新义，只是致力于拿它辅成作为儒学旗号的“仁”，使儒家学说更为体系化。而为能做到这一点，孟子也不能不对传统的资料给予必要改造。

以“义”代“宜”，对别人也是对自己隐瞒起“宜”（杀）的血污，这是首先要做的。孟子主要活动年代在公元前4世纪末至前3世纪初，与我们前引的出土文字中“宜”字变为“义”字的年代相符。我们设想正是孟子及其门弟子采用“威义（仪）”之“义”代替了置肉于俎上之形的“宜”字，是十分可能的。

其次，更重要的，把“义”即“宜”从一种行为和行为的价值玄学化为人性，以渲染其道德属性，再作为他所需要的行为价值，与“仁”一同推广出去，则是孟子所要做的主要工作。“羞恶之心”等定义，就是这样制定出来的。

羞恶与恻隐，也就是恨与爱，或恶与好，本是人所具有的两种对立感情。孔子当年把它们统一在“仁”之中，突出强调其爱的一面。不过孔子并未明确谈过人性是仁的或不仁的，所谓“夫子之言性与天道，不可得而闻也”（《论语·公冶长》）；他只是承认人性本是相近的，后天的熏习使得人人变得不同，乃至形成两极对立，这叫作“性相近也，习相远也”（《论语·阳货》）。当然我们可以从孔子的言论中作一些推论，说他既主张“性相近”，又说过“有能一日用其力于仁矣乎？我未见力不足者”（《论语·里仁》），而推测孔子似乎相信人性本仁。但这不过是按照后人的思维水平和习惯而作的推论而已；其实在孔子那时，尚未发生人性的问题，否则，孔子便会提出并予以回答了。

人性问题到了孟子时代才成为讨论的中心。羞恶、恻隐，等等，在孟子看来，不仅是感情的发挥而且是人性的表现；而人性，又系“天”所赋予。所谓“尽其心者，知其性也；知其性，则知天矣”（《孟子·尽心上》）。在这种天人合一、性情合一的基础上，孟子把儒家的道德学说认真地玄学化了，也大大地向前发展了。其中对“义”范畴的内容和地位的规定，最为重要。

“义”被说成是“羞恶之心”的道德表现，它同“恻隐之心”的“仁”相对，并且是对后者的一种节制。所谓“羞”，如后人所解释的，是耻自己之不善；而“恶”，是憎别人之不善。有了这一德目与“仁”并存，“恻隐”便不免形成一个界限，即只供使用于所谓的善人善行，而不致对一切都滥发慈悲。这就叫“义者，仁之节也”。另一方面，羞之与恶，又是为了自己之向善和与人为善，这可说是基于恻隐而起，这就叫“仁者，义之本也”。

“不忍”和“不为”亦复如此。贯彻所不忍（如牛之觳觫）于所忍（如百姓之劳苦），是恻隐之心的推广，这叫作“仁”；贯彻所不为（如不愿偷盗）于所为（如以言语来谋利），是羞恶之心的扩充，这叫作“义”。两者之间，“不忍”是“不为”的基础，正因为不忍损害别人，所以不愿偷盗；另一方面，“不为”的又是“不忍”的节制，就是说，对于偷盗和以言语谋利之类的思想和行动，是不能用其不忍的，即应该下狠心不干的。

至于“人心”和“人路”，则是“恻隐”、“羞恶”或“不忍”、“不为”的更为形象的说法。二者之间的关系，也是对立同一的。

值得认真注意的是，仁义之“义”纵然经过孟子如此精心安排的道德洗礼，但从“羞恶”、“不为”上，我们还是隐约可见“宜”字的未施铅华的本来面目。所谓“羞恶”、“不为”，都是对不善而言，是对我之不善与人之不善应持的态度，或说是对恶的态度，是恶恶；说到底，也就是宜即杀了。“大义灭亲”之不能说成大仁灭亲或大勇灭亲，道理也在于此。这一点在后来某些儒书的未遑掩饰的文句里，可以看得更为清晰：

能收民狱者，义也。（《逸周书·本典》）

理财正辞，禁民为非曰义。（《易·系辞下》）

夫义者，所以限禁人之为恶与奸者也。（《荀子·强国》）

有大罪而大诛之，简；有小罪而赦之，匿也。……简，义之方也；匿，仁之方也。刚，义之方也；柔，仁之方也。（帛书《五行篇》）

司寇之官以成义。（《大戴礼记·盛德》）

大夫强而君杀之，义也。(《礼记·郊特牲》)

除去天地之害，谓之义。(《礼记·经解》)

一些道家著作中，也直截了当用了“义”的这种刑杀意义，如：

吾师乎，吾师乎，齑（粉碎之）万物而不为义，泽及万世而不为仁，长于上古而不为老，覆载天地刻雕众形而不为巧。(《庄子·大宗师》)

所谓仁者，同好者也；所谓义者，同恶者也。(《鹖冠子·学问》)

道家倡言“绝仁弃义”。他们所提到的仁义，都是儒家所主张的。由于站在反对立场，所以便没有义务去帮它掩饰，而直截了当了。因此，根本地说来，儒家道德学上的仁与义，也就有如它的政治学上的德与刑。或者说，这两对范畴，正是统治阶级应有的两手政策在儒家学说的两个领域中的表现。它们都是对立而又同一的。这是应该时刻把握的基本要领。离开这个要领去轻信儒家自己所作的种种虚假表白，去看待仁义关系和义的内容，都将无法了解儒学的本相。

被誉为醇儒的董仲舒，在这一点上，恰恰闹了一个大笑话。他在解释仁义及其关系时说：

春秋之所治，人与我也。所以治人与我者，仁与义也。以仁安人，以义正我。故仁之为言，人也；义之为言，我也。言名以别矣。……

是故春秋为仁义法。仁之法在爱人，不在爱我；义之法在正我，不在正人。我不自正，虽能正人，弗予为义；人不被其爱，虽厚自爱，不予为仁。(《春秋繁露·仁义法》)

对于“义在正我”，他有更详细的解说：

夫我无之求诸人，我有之而诽诸人，人之所不能受也。其理逆矣，何可谓义？

义者谓宜在我者，宜在我者而后可以称义。故言义者，合“我”与“宜”以为一言。以此操之，义之为言我也。

故曰有为而得义者，谓之自得，有为而失义者，谓之自失；人好义者谓之自好，人不好义者谓之不自好。以此参之，义我明矣。（《春秋繁露·仁义法》）

董仲舒从人的各种关系都可最后抽象为“人与我”这一思辨的原则出发，相信仁与义的提出正是为了处理这种关系，这一看法，是符合儒家原义的。此外的“仁人义我”，等等，就都只好算作他自己的哲学，是汉代经师特有的望文生义、闻音生训的训诂之学，而远非仁义的真义了。

不过，董仲舒所闹的这个笑话，只是在训诂学的意义上来说，是一个笑话。从儒家思想的演变上来说，则带有其必然性。因为孟子当年以“义”代“宜”，原是为的用道德来掩盖血污，但“义”本“仪”字，亦有威严肃杀的含义。儒学的进一步发展，必然有从道德上更加净化的要求，而发生对“义”的字义另作解释的事情。董仲舒的出现，不过做了这一历史使命的执行人而已。

恩格斯有一句名言：“在经济学的形式上是错误的东西，在世界历史上却可以是正确的。”[①]董仲舒对“义”的解释和发挥，正是这样。在训诂学的形式上，它是错误的；但是，它却是当时地主阶级意识的象征，它以自己的更为普遍的形式，取代了前一个剥削阶级的不那么普遍的形式，支配了中国思想整整一个历史时代。直到这个社会形态的末期，地主阶级全面进行自我

①马克思：《< 哲学的贫困 > 一书德文第一版序言》。

批判的时候，王引之才有勇气出来指明“古者俄义同声”、“《说文》曰：俄，行顷也”、“衺也”，指责“《传》于义字，皆训为仁义之义”，为“不可通”（见《经义述闻》四《义民》），比较接近地再现了“义”字的真面目。而王引之所以能够做出这一成绩，与其说是由于他的个人才智，不如看成整个历史的功劳，倒要能抓住事情的本质一些。

我们今天得以更为鲜明地看出“仁义”作为对立同一范畴，透过它们的道德油彩来分析其辩证内容，主要也是受惠于历史的前进，亦是毋庸置疑而不必沾沾自喜的。

## 礼乐

仁义作为处理人我关系的道德规范，只是在其抽象的意义上，方是完备的。这根本地由于，所谓人我关系，本是抽去了一切现实关系而后方得出现的。而在现实生活中，任何人与我，无不首先表现为具体的社会关系，如果只考虑人我关系和仁义，将会寸步难行。据说有这样一个故事：

（营荡）为齐司寇。太公封于齐，问焉于治国之道。营荡对曰：“任仁义而已矣。”太公曰：“任仁义奈何？”营荡对曰：“仁者爱人，义者尊老。”太公曰：“爱人尊老奈何？”营荡对曰：“爱人者有子不食其力，尊老者妻长而夫拜之。”太公曰：“寡人欲以仁义治齐，今子以仁义乱齐；寡人立而诛之，以定齐国。”（《春秋繁露·五行相胜》）

故事当然是假造出来的，因为太公时候只有敬德保民的思想，尚无仁义并举的观念。但它说明，把抽象的仁义原则贯彻到底，适足以致乱，而走到仁义的反面，这倒是合乎逻辑的推理。

另一本书里，从另外一个角度提出了更进一步的问题：

子为亲隐，义不得正；君诛不义，仁不得爱。虽违仁害义，法在其中矣。《诗》曰："优哉游哉，亦是戾矣。"（《韩诗外传》卷四）

这是说，仁和义，各自单独看来，是互相违害的。两者之外最好有一个第三者，以作为准则，求得两者的均衡。这个第三者，这里说的是"法"。它是法则之法，礼法之法，不是某种具体的法律。这个思想，已是孟荀思想的明朗化，它将仁义的对立性突出强调，以证明礼法之不可或缺。在孟荀时代，问题还不这样尖锐，一切都比较含蓄和朦胧。孟子说：

仁之实，事亲是也；义之实，从兄是也；智之实，知斯二者弗去是也；礼之实，节文斯二者是也。（《孟子·离娄上》）

仁义在这里显然是主要规范，它们被说成只在对象上有差异。智是对仁义的理解；礼是对仁义的节文，也就是它们的准则。而这一切被描绘得和睦无间，亲如家人，仿佛全无《韩诗外传》所说的那种行仁将使"义不得正"、行义将使"仁不得爱"之可能，这是初创体系时的通病，或者说，体系本身内含的矛盾尚未来得及显露，一切都是那样独立而又均衡。到了荀子，理论本身便要求更进一步的规定：

君子处仁以义，然后仁也；行义以礼，然后义也，制礼反本成末，然后礼也。三者皆通，然后道也。（《荀子·大略》）

礼是义的准则，义给仁以节制；至于礼哩，它自我满足，它“反本”便可“成末”，不必另从外面给予规定。仁义礼三者皆通，也就通达儒学之道了。只是这三者的地位和作用，明显是不同等的，礼在其中，处于尊崇的高位。在这一点上，荀子似乎又回到了孔子。孔子主张“克己复礼为仁”，礼在一定意义上驾乎仁之上；孟子强调仁义，礼只起个节文作用；荀子是否定之否定，重新抬高礼的地位。不同的是，孔子的礼是周公之礼，是正在崩坏的社会制度，孔子是向后看的；荀子的礼是后王之礼，是正在兴起的社会制度，荀子是向前看的。时代的不同，带来了理论内容的差异，而形式却复旧了。

孟荀的这些说法，都是对孔子思想的发展，它们表达了儒学体系的基本结构，值得认真对待。现在我们就在仁义之后，进入对“礼”的分析。

被儒家奉为天经地义、吹得天花乱坠的所谓礼，最核心的内容，就是制度，即社会的经济制度和政治制度。“季孙欲以田赋，使冉有访诸仲尼。仲尼……私于冉有曰：君子之行也，度于礼。”这个礼，据孔子解释，就是“周公之典”（《左传·哀公十一年》）。可见，礼本是一些很具体的典章制度，故可成为“君子之行”的“度”，成为处理人我关系的准则。当然，社会的典章制度主要是反映统治阶级利益的，并同社会的经济发展状况相适应；这些状况和阶级发展变化了，旧的礼就要崩坏，新的礼就要取而代之。从孔子到荀子，前后相距 230 年，两个人都很强调礼，其礼的社会内容就颇不相同；但作为雄峙儒家首尾的两大代表，他们学说的基本结构却大体一致，都把礼作为仁义的准则，因而又不妨碍我们去综合地进行研究。

儒家所谓的礼，虽然是一些很具体的典章制度，却不直接等于政和刑。礼的目的固然也重在防民，但同政刑有一个分工，所谓“礼以道（导）其志”、“政以一其行，刑以防其奸”（《礼记·乐记》），这里有未然与已然、感化与暴力之分。礼之用在于防范未然，它的手段是传统习俗和宗教迷信。因而，礼便具体体现为种种唠叨的说教和烦琐的仪文，它正是通过数以千计的、非专职人员难以说清的戒律信条和仪式文貌，来维护“贵贱有等，衣服有别，朝廷有位”（《礼记·坊民》）的社会制度的。

但是，儒书中又多次强调指出，礼和仪还有内容与形式、本质与现象之别。赵简子问子大叔“揖让周旋于礼”，“对曰：是仪也，非礼也”（《左传·昭公二十五年》）。这种“升降上下，周旋裼袭”的动作，叫作“礼之文”，那些“簠簋俎豆，制度文章”的物象，叫作“礼之器”，统统都是“礼之末节”（见《礼记·乐记》）。礼的本质和内容，在于制民之行，所以礼常被定义为“履”（见《荀子·大略》、《礼记·仲尼燕居》等），即实行。实行什么呢？“则天之明，因地之性”（《左传·昭公二十五年》），即维护尊卑上下的社会制度。

很明显，这种社会制度是等级森严的，不齐而又不平的；它不仅会遭到社会底层人民的冲击和反抗，也难避免得利者贪欲的侵蚀和毁伤。礼用以发挥自己作用的手段不是暴力，像政和刑那样，而是“导志”，即用一切办法证明这种不齐正是大齐，不平正是至平，并告诫社会每一个成员相信其社会地位正是自己在“群”中应得之“分”，以便做到当七情未发、美恶在心的时候，就来自觉适应这种不齐之齐和不平之平。荀子说：

故人生不能无群，群而无分则争，争则乱，乱则离，离则弱，弱则不能胜物；故宫室不可得而居也，不可少顷舍礼义之谓也。（《荀子·王制》）

先王恶其乱也，故制礼义以分之，使有贫、富、贵、贱之等，足以相兼临者，是养天下之本也。《书》曰“维齐非齐”，此之谓也。（《荀子·王制》）

故仁人在上，则农以力尽田，贾以察尽财，百工以巧尽械器，士大夫以上至于公侯莫不以仁厚知能尽官职，夫是之谓至平。（《荀子·荣辱》）

这是在说，如果大家社会地位整齐划一，财物势将满足不了需求，那时必然争乱不已，所谓“分均则不遍，势齐则不壹，众齐则不使”，齐一反而不齐了（见《荀子·王制》）。倒不如自觉适应既然的不齐，各居其分，各尽其能，便会形成和谐的统一，而这就是大齐。

荀子这一套是奠基于人性本恶的理论之上的。孟子主张人性本善，但也得出了相同的结论：

无君子，莫治野人；无野人，莫养君子。（《孟子·滕文公上》）

或劳心，或劳力。劳心者治人，劳力者治于人；治于人者食人，治人者食于人：天下之通义也。（《孟子·滕文公上》）

他们认为，礼的使命就是要使人们懂得这个道理，“或禄天下而不自以为多，或监门御旅、抱关击柝而不自以为寡”，共同来自觉维系这种“斩（不齐）而齐、枉而顺、不同而一”的人伦和制度（《荀子·荣辱》）。

因此，从哲学的角度来看，礼所提出的问题就在于证明斩和齐、枉和顺、不一和一之间的同一性，证明不齐正是大齐，不平正是至平，即证明对立面的直接同一。这无疑是辩证法的课题。

辩证法是研究对立怎样成为同一或如何同一的学问。关于对立同一的表现形式，哲学史上有过种种说法。上古中国思想家往往随文立义，似乎不曾作过科学的分类。后来的佛学家们搞烦琐分析，竟有人将“一多相依”的关系罗列为十门：“孤标独立”、“双现同时”、“两相俱亡”、“自在无碍”、“去来不动”、“无力相持”、“彼此无知”、“力用交彻”、“自性非有”、“究竟离言”（澄观：《大方广佛华严经随疏演义钞》），并由此推广开去，说“一多既尔，染净等法，无不皆然”，即认为一切矛盾双方无不具备这十大关系；其实这些条目，多有互相重叠的。近代辩证法将对立的同一归结为三种形式，黑格尔作了系统的说明，并据以作为构造自己哲学体系的杠杆。马克思接受了这种分类办法，他谈到消费和生产之间的同一时，明白地说：

(1) 直接的同一性：生产是消费；消费是生产。……

(2) 每一方表现为对方的手段；以对方为媒介；这表现为它们的相互依存；……

(3) ……两者的每一方当自己实现时也就创造对方，把自己当作对方创造出来。[①]

这里说到的第二种和第三种，就是我们通常所说的矛盾双方的相互依存和相互转化，比较容易理解。至于第一种“直接的同一性”，中国古代常常表述为“相若”、“相为”，如《老子》有：“唯之与阿，相去几何？美之与恶，相去何若？”孟子说：“教亦多术矣。予不屑之教诲也者，是亦教诲之而已矣？”（《孟子·告子下》）刘安说：“众人皆知利利而病病也，唯圣人知病之为利，知利之为病也。”（《淮南子·人间训》）都是说的对立双方的直接同一。

所谓对立双方直接同一，等于是说：此方就是彼方，彼方就是此方，即A是B。而对立双方相互依存，强调的却又是：此方不是彼方，彼方不是此方，即A不是B。至于对立双方相互转化，无异于说：此方由不是彼方变化而为彼方，彼方由不是此方变化而为此方，因此，此方既不是彼方、又是彼方，彼方既不是此方、又是此方，即A既是B又不是B。这样，三种同一性，A是B，A不是B，A既是B又不是B，正好构成了一个正反合的过程。在这个过程里，包含有量到质的转变，也有否定之否定的发展，当然更有成为核心的对立的同一。就是说，它涉及了辩证法的全部基本规律。所以列宁说：

---

①《马克思恩格斯全集》第12卷，人民出版社1962年版，第743页。

"辩证法是一种学说，它研究对立面怎样才能够同一，是怎样（怎样成为）同一的——在什么条件下它们是同一的，是互相转化的。"①

因此，承认不承认对立，尤其是承认不承认对立有多种形式的同一，就成了是否具有辩证法思想的重要标志。

儒家是承认对立的。社会对立的真实性和神圣性，在他们是不言而喻的，因为他们自己就是贵族的代言人，在对立双方中占主导地位，是对立同一的代表者和维护者。至于自然界的对立，则被奉为造物所作的范本，是社会对立的原型与依据，是天经地义，当然也视同神明。与此同时，儒家也承认对立的同一。儒家给自己认定的任务是：一面证明既然的对立是不可亵渎的"天数"、"天分"；一面又要劝说对立双方都来相信对立本是同一的，以谋求最佳的对立统一状态。这个任务，是通过"礼"的学说来完成的。

既承认对立又承认对立的同一，如果这一切都建立在发展的基础上，相信旧的对立必将被新的对立代替，旧的同一不免转化为新的同一，便会是很好的辩证法。可惜儒家不相信发展。他们用自己的矛盾观念来抵制发展，正像古希腊的埃利亚学派用矛盾来否认运动那样。儒家是典型的保守主义者，他们认为足以使对立统一到一起的状态或观念只有"中"；对立双方都以中来约束自己，毋过毋不及，便能保持对立的相互依存状态，保持住不齐之齐的局面。他们相信，这种各各守中的不齐和不平，正是最为理想的大齐和至平，对立双方于此达到直接同一。这便是儒家所理解所允许的对立同一。如果对立不知约束，向极端走去，势必引起对立面的转化，破坏既定的统一状态，亦即破坏现存的制度和秩序，那是礼所难容的。"子曰：'礼乎礼，夫礼所以制中也。'"（《礼记·仲尼燕居》）指的就是这个意思。可见，儒家所承认的同

①列宁：《黑格尔<逻辑学>一书摘要》，载《哲学笔记》，人民出版社1956年版，第86页。

一性，主要是对立双方的相互依存，而相互依存又正是他们所了解的直接同一；至于对立面的转化这种同一性，则是儒家所不敢面对的。

举例来说，穷人和富人，这是对立状态。礼要求他们“贫穷而不约，富贵而不骄”（《荀子·君道》）。在通常情况下，贫穷容易流于卑屈，也就是“约”，富贵容易产生骄奢。贫穷而卑屈，则富贵者愈富贵；富贵而骄奢，则贫穷者愈贫穷。儒家认为这都叫不“中”，都会破坏对立面的依存状态，破坏不齐之齐，是违礼的表现。当然如果贫穷者起而犯上作乱，不安于自己的贫穷之分，其为违礼，更不待言了。

不仅贫富如此。儒家认为一切人都处在种种人伦之中，都和种种别人发生对立统一关系，礼对人伦双方都有要求，要求他们向中，以确保整个秩序的安定。孔子说的“君君，臣臣，父父，子子”（《论语·颜渊》），以及儒书中常见的什么“君仁、臣忠，父慈、子孝，兄友、弟恭”之类，都是在承认对立的前提下，向双方提出的维护互相依存的条件，也就是说要求双方各自向中靠拢，勿向两极分化，永远共处于一个统一体中。这种要求，不是单方面的，而是向双方提出的，所谓“此道也，偏立而乱，俱立而治”（《荀子·君道》），单方面靠拢永远出不来中的状态，那是明显的。而只有中的状态，才是最佳状态，也是礼的状态。当然我们今天可以看得很清楚，这样地向双方要求，并不意味着平等，而恰恰是不平等，它是以不平等为前提，也是以不平等为目标，而且对双方所要求的内容也是不平等的。但儒家认为，这种不平等就是最大的平等，二者是直接同一的，“维齐非齐”，天下太平。

这种最佳状态，是就整个社会而言的。至于每一个个人，其最佳状态可能与礼的要求或整个社会的最佳状态不相一致，这时候，儒家的教义是，必须牺牲自己的情感，去服从礼的规定。据说有这样一个故事：

子夏既除丧而见（孔子）。予之琴，和之而不和，弹之而不成声。作而曰：“哀未忘也，先王制礼而弗敢过也。”

子张既除丧而见。予之琴，和之而和，弹之而成声。作而曰：“先王制礼，不敢不至焉。”（《礼记·檀弓上》）

这是说，子夏的哀情，超过了丧期规定的三年，子张则不及；丧期对他们来说，都不是最佳状态，但他们都能自觉地抑情顺礼，因而被称为贤人。《左传》记子大叔的话说：“故人之能自曲直以赴礼者，谓之成人。”（《昭公二十五年》）正是这个意思。礼是“天之经”、“地之义”、“民之行”，是整个社会秩序的总汇、标准和保证；每一个个人（大概除了圣人）如果从心所欲，都免不了要逾越礼的规范。所以要“曲直”自己的思想和言行，去顺从礼的规定；而能够自觉地做到这一点的，那就叫“能自曲直以赴礼”，那便是“成人”了。至于个人内心的感情究竟如何，如子夏的超时，子张的不及，却是礼无法使之不发生的；感情范围里的事，是要由乐来解决的。有趣的是，子张、子夏这两个人在《论语》中的记录，偏偏正好与此相反。那里说：“子曰：师（子张）也过，商（子夏）不及。”（《先进》）这大概不是记录有误，而是二人在受到那次批评以后，又走到另一极端了吧？可见要能恰到好处地符合中的要求，殊非易事，连这些大弟子也总是左右摇摆哩。

可是礼对中的要求，却层出不穷。《荀子·礼论》说：“礼者，断长续短，损有余，益不足。”断续损益，目标在于趋中。不过必须强调指出，儒家这里所谓的长、短，有余、不足，不是就财产和权力而言，它所追求的中，也不在这些方面。它们统统另有所指：

故文饰、粗恶，声乐、哭泣，恬愉、忧戚，是反也，然而礼兼用之，时举而代御。故文饰、声乐、恬愉，所以持平奉吉也；粗恶、哭泣、忧戚，所以持险奉凶也。故其立文饰也，不至于窕冶；其立粗恶也，不至于瘠弃；其立声乐、恬愉也，不至于流淫惰慢；其立哭泣、哀戚也，不至于隘摄伤生。是礼之中流也。（《荀子·礼论》）

这是说在礼的情貌方面因吉凶礼仪之不同而彼此补充，使整个礼的全体形成一个“中”；其中，各个单项的情貌，也有一个恰如其分的要求，即“中”的要求，不能走向极端。这叫作“礼之中流”。此外，在《礼记·檀弓上》还有这样的说法：

丧事欲其纵纵尔，吉事欲其折折尔。故丧事虽遽不陵节，吉事虽止不怠。故骚骚尔则野，鼎鼎尔则小人；君子盖犹犹尔。

丧事要求紧张，但不能图快而草率；吉事要求安详，但不能懈怠而铺张。就是说，快要快到好处，慢要慢得适当，快而不乱，慢而不断，快慢里面都还有个“中”的要求。

就这样，礼既然为仁义制中，为整个社会制中，它自己也必然是中的。“中也者，天下之大本也”（《礼记·中庸》），礼就是中的化身，是社会的大本，是维系对立依存、防止对立转化、沟通对立直接同一的最高律令和具体保证。

但是，中之于对立的统一，礼之于社会的秩序，还只是个静态的平衡。事实上，对立之间，不仅有静态的关系，还有动态的关系；因而，在静态的平衡之外，还应有动态的协调，才不致流于一偏。儒家发现，社会现象中，最富有协调特性的，莫过于音乐，因而他们赋予它以相当崇高的地位，用乐的协调来象征对立之间的动态；更将乐与礼并列，纳入自己的体系，以求解决对立的各态统一。

古人所谓的乐，包括诗、歌、舞，是个三位一体的文化总汇。自远古以来，伴随着对大自然的斗争，它便吭唷吭唷地出现了。据说：

昔古朱襄氏之治天下也，多风而阳气畜积，万物散解，果实不成。故士达作为五弦琴，以来阴气，以定群生。

昔葛天氏之乐，三人操牛尾，投足以歌八阕：一曰……

昔阴康氏之始，阴多滞伏而湛积……民气郁阏而滞着……故作为舞以宣导之。（《吕氏春秋·古乐》）

伊耆氏始为蜡。……岁十二月合聚万物而索飨之……曰：土反其宅，水归其壑，昆虫毋作，草木归其宅。（《礼记·郊特牲》）

这些记载有多少可靠性，可以不必认真推敲；至少它们所说的乐与生产生活的关系，是不妨相信的。它们说，初民之乐，本是用以祀神、祈年、安居、乐业的一种手段。至于乐何以能够具有这种作用，又怎样运用以使之发生这种作用，直到儒家理论体系中，才作出详尽的解释。

儒家认为，乐之发生由于人心受感于物。所谓：

凡音之起，由人心生也。人心之动，物使之然也。感于物而动，故形于声。声相应，故生变，变成方谓之声。比音而乐之，及干戚羽旄，谓之乐。乐者，音之所由生也，其本在人心之感于物也。（《礼记·乐记》）

人心感于物而动，动而形于声音，并以一定的乐器和舞蹈表现出来，便是乐。因此，简单点说，乐就是快乐：

夫乐也，乐也，人情之所必不免也。故人不能无乐，乐则必发于声音，形于动静。而人之道，声音动静，性术之变尽是矣。（《荀子·乐论》）

人情免不了喜怒哀乐，其快乐常通过音乐来表露。但是，儒家认为，人有君子小人之分，因而所乐也迥异其趣：

乐者，乐也。君子乐得其道，小人乐得其欲。以道制欲，则乐而不乱；以欲忘道，则惑而不乐。（《礼记·乐记》、《荀子·乐论》）

这是说，同是音乐，既可满足君子得道之乐，又可满足小人得欲之乐。于是，音乐便被分为两类，一类叫作"德音"或"适音"。一类叫作"邪音"或"侈乐"。

姚冶之容，郑卫之音，使人之心淫；绅端章甫，舞韶歌武，使人之心庄。（《荀子·乐论》）

为木革之声则若雷，为金石之声则若霆，为丝竹之声则若噪，以此骇心气，动耳目，摇荡性则可矣，以此为乐则不乐。故乐愈侈则民愈郁、国愈乱、主愈卑，则亦失乐之情矣。（《吕氏春秋·侈乐》）

夫音亦有适。太巨则志荡；以荡听巨，则耳不容，不容则横塞，横塞则振。太小则志嫌；以嫌听小，则耳不充，不充则不詹，不詹则窕。太清则志危；以危听清，则耳谿极。谿极则不鉴，不鉴则竭。太浊则志下；以下听浊，则耳不收，不收则不持，不抟则怒。故太巨、太小、太清、太浊，皆非适也。何谓适？衷音之适也。何谓衷？大不出钧，重不过石，大小轻重之衷也。黄钟之宫，音之本也，清浊之衷也。衷也者，适也。以适 [心] 听适 [音]，则和矣。乐无太平，和者是也。（《吕氏春秋·适音》）

简而言之，适音的特点在中和，邪音的特点是偏激。中和之音得乐之德，使人心庄，乃君子所乐；偏激之乐失乐之情，使人心淫，乃小人所乐。

只是必须指出，所谓中和，主要指乐德而言，不在乎曲调或乐器。“黄钟、大吕，弦歌、干扬也，乐之末节也”，“金石丝竹，乐之器也”（《礼记·乐记》），它们是音乐得以表现的物的方面，不是乐之所以为乐的主体。乐的主体，在儒家看来，是它的德。因此，所谓中和之音，不是说只准用一种不高不低的调门，表达一种非喜非怒的感情；而是说在各种乐曲中，当表达各种感情时，都要体现出一种中和的精神。《尚书》记帝舜命夔以乐教胄子道：

帝曰：“夔，命汝典乐，教胄子：直而温，宽而栗，刚而无虐，简而无傲。”（《尚书·舜典》）

这里的“直而温”，等等，就是中和精神，它们是乐之作用于人而后显现出的中庸之德，是就乐的整体而言的。至于每一个具体乐曲，亦以中和为上。据说春秋时吴公子季札聘于鲁，叔孙穆子使工为之歌《周南·召南》，公子评以“勤而不怨”。歌《卫》，曰“忧而不困”。歌《王》，曰“思而不惧”。歌《豳》，曰“乐而不淫”。歌《魏》，曰“大而婉，险而易”。歌《小雅》，曰“思而不二，怨而不言”。歌《大雅》。曰“曲而有直体”。歌《颂》，曰：“至矣哉！直而不倨，曲而不屈；迩而不逼，远而不携；迁而不淫，复而不厌；哀而不愁，乐而不荒；用而不匮，广而不宣；施而不费，取而不贪；处而不底，行而不充。五声和，八风平，节有度，守有序，盛德之所同也。”（《左传·襄公二十九年》）这里涉及了种种乐曲所表现的种种感情，有忧有怨，有哀有乐。每一种感情．都有自己所节之度和应守之序，也就是说，每一种感情都以中和作为精神，不使自己趋于极端。对《颂》乐的十四条评论中，这种中和之德表现得尤为分明。那十四条，每一条都表示为某种有节制的感情，而两条之间，又是互为对立的两种感情；这样，整个乐曲，既是对立感情的和谐统一体，而每一感情自身，也是平和的。这便是所谓乐德，或乐之为乐的根本精神。

很明显，儒家所强调的这种乐德，是合乎对立统一原则的，它能将两种对立的感情直接结合在一起（“直而温”等等），或者相信它们可以共存于一个乐曲之中而无牴牾（“直而……曲而……”等等），这种思想，无疑是辩证的。但是，同样明显的是，乐德不允许感情走向极端因而要求“勤而不怨”等等，为的是防止由此走向反面，即发生转化；这种思想，无疑又是反辩证法的。而这两种对立思想在儒家学说中的和平共处，正是儒家辩证法的特点所在。

礼、乐二者之间的关系，也被说成是对立统一的。《乐记》中，干脆借用《易传》的思想，将礼乐视同乾坤，并袭取《系辞》的议论说：

天尊地卑，君臣定矣；卑高以陈，贵贱位矣；动静有常，小大殊矣；方以类聚，物以群分，则性命不同矣。在天成象，在地成形，如此则礼者，天地之别也。

地气上齐，天气下降，阴阳相摩，天地相荡，鼓之以雷霆，奋之以风雨，动之以四时，暖之以日月，而百化兴焉，如此则乐者，天地之和也。[①]

在《系辞》中，这些话原是用来表明圣人观象设卦之大略，《乐记》巧妙地

---

① 《系辞》的原文是：“天尊地卑，乾坤定矣；卑高以陈，贵贱位矣；动静有常，刚柔断矣；方以类聚，物以群分，吉凶生矣；在天象，在地成形，变化见矣，是故刚柔相摩，八卦相荡，鼓之以雷霆，润之以风雨，日月运行，一寒一暑。”

避开了其中男女、刚柔、生化、吉凶诸端，单取其谈论宇宙之静态的对立和动态的对立渗透两点，来给礼乐安上宇宙论的根据，倒是很有意思的。在整个儒家体系中，礼乐的关系，一直就是如此安排的，例如：

乐由阳来者也，礼由阴作者也。（《礼记·郊特牲》）

圣人作乐以应天，制礼以配地。（《礼记·乐记》）

仁近于乐，义近于礼。（《礼记·乐记》）

乐也者，和之不可变者也；礼也者，理之不可易者也。乐合同，礼别异，礼乐之统，管乎人心矣。（《荀子·乐论》）

以五礼防民之伪，而教之中；以六乐防民之情，而教之和。（《周礼·大司徒》）

这些表明，无论从礼乐之产生或它们的作用来看，都是相辅相成的对立方面，一个阴，一个阳；一个象地，一个法天；一个中，一个和；一个主静，一个主动；一个司平衡，一个司协调。有了这二者，人的全部理智与情感，便可统统掌握起来，而永保社会秩序之分工协调、对立统一了。这一思想，在《礼记·乐记》中，得到了充分发挥，随处可见：

乐者为同，礼者为异；同则相亲，异则相敬。……

乐由中出，礼自外作；乐由中出故静，礼自外作故文。……

大乐与天地同和，大礼与天地同节；和故百物不失，节故祀天祭地。……

礼者，殊事合敬者也；乐者，异文同爱者也。……

乐者，天地之和，礼者，天地之序也；和故百物皆化，序故群物皆别。乐由天作，礼以地制。……

乐者敦和，率神而从天；礼者别宜，居鬼而从地。……

乐也者，施也；礼也者，报也。乐乐其所自生，而礼反其所自始。

乐也者，动于内者也；礼也者，动于外者也。故礼主其减，乐主其盈。礼减而进，以进为文；乐盈而反，以反为文。礼减而不进则销，乐盈而不反则放；故礼有报而乐有反。……

如此等等。几乎可以说，无论从哪一个角度来看，礼乐都可以看成是相反而又相成的。

只是有一点需要特别注意的是，“乐由天作，礼以地制”、“乐由阳来，礼由阴作”，这是从礼乐的或动或静的特性比附而言的。不能由此产生错觉，仿佛二者之中，乐比礼更为尊贵，乐应处于支配礼的地位，如天之与地、阳之于阴那样。事实不是这样，儒学作为一种政治伦理学说，它更看重的不是事物的特性，而是它的社会作用。所以，当礼乐二者需要比较轻重时，象征社会等级名分的礼，却居于绝对的支配地位。

孔子谓季氏：“八佾舞于庭，是可忍也，孰不可忍也。”

三家者以《雍》彻。子曰：“‘相维辟公，天子穆穆。’奚取于三家之堂？”（《论语·八佾》）

八佾舞，《雍》乐，属于乐的范围，当然都是所谓的德音、适音，不是什么郑卫之声，是合乎中和之德的。从乐之本身来说，它们不致摇荡人性，引起淫佚作乱之事，大概也是可以肯定的。但是，当它们演奏于孟孙氏、叔孙氏、季孙氏之庭之堂的时候，在孔子看来，却与名分不合，于礼谓之僭越，是一种大逆不道的举动，是不能容忍中的最不能容忍之事。在这里，礼的主导地位就突出来了。

当然，话还要说回来，礼乐之中，礼的地位虽被强调，但终究是外在规范，儒家认为，致礼仅可以“治躬”，致乐方可以“治心”。所谓“乐之人人也深，其化人也速”，“可以善民心，其感人深，其移风易俗易”（《荀子·乐论》）。虽至圣如孔子，在听了《韶》乐以后，也能入迷到三月不知肉味的程度。所以，乐的作用，在儒学体系中，还是备受推崇的。

就这样，礼以中为体，乐以和为德，礼乐相反相成，以调和矛盾为最高原则，以保守现存秩序为现实目的，这便是儒家于礼乐中所贯穿的辩证法。

## 忠恕

子曰：“参乎！吾道一以贯之。”曾子曰：“唯。”子出，门人问曰：“何谓也？”曾子曰：“夫子之道，忠恕而已矣。”（《论语·里仁》）

《论语》上的这段对话，引起过后人的无数议论，因为它叙述了贯通儒学的“一”。这个“一”，并非通常所认为的那个“仁”或“礼”，而是“忠恕”，这一点，已经够索解的了；而“忠”“恕”分明是两个范畴，却被当作“一”，尤费深思。历来解经之士，为此说了千言万语，总不外“已立已达，忠也；立人达人，恕也”，或“已立立人”忠也、“不欲勿施”恕也之类。宋儒以忠为体，以恕为用（见朱熹《论语集注》）；章太炎以演绎比忠，以归纳比恕（见《菿汉微言》），算是两种较为特别的解释。但似乎皆未搔着痒处，仍有进一步研究之必要。

查“忠”、“恕”二字，甲文金文皆所未见，今文《尚书》中亦全无踪影。《说文》谓“恕”字古文从女从心，不知所据。出土卜辞有[illegible]字（《殷虚卜辞》一九三六），旧释为娸，惜仅一见，辞且残，无从断定其果否为从女从心之“恕”字。至于“忠”字，最初也许以“中”字通假，与方位的“中”字无别，如《尚书》之——

各设中于乃心（《盘庚》）

作稽中德（《酒诰》）

罔中于信（《吕刑》）

这几个“中”字，似乎都可读作“忠”字；可惜无法落实。

《左传》、《国语》中，“忠”、“恕”二字已经作为道德范畴在使用；只是含义似无区别。如《国语》有：

考中度衷，忠也。……施其所恶，弃其忠也。（《周语上》）

所谓“考中度衷”，即考察自己的心以忖度别人的心，它的反面是“施其所恶”，即己所不欲，施之于人，这便是不忠，有趣的是，《周语》上的这种“忠”，和《左传》上的“恕”的意思竟然一样：

恕而行之，德之则也，礼之经也。己弗能有，而以与人，人之不至，不亦宜乎！（《隐公十一年》）

周桓王以自己所不能有的十二邑与郑，被评为不恕。这种施其所无的不恕，和上面施其所恶的不忠，实在没有多少区别。

明乎此，我们对《礼记·中庸》所说的“忠恕违道不远，施诸己而不愿，亦勿施于人”就可以理解了，它不过是《左》《国》混同忠恕思想的复述。明乎此，我们对上引曾子以忠恕为贯道之一，也就可以理解了，因为“忠”、“恕”先前本是同义词，所以不妨说成一。

但是，儒家并没有停留在复述前人思想上，并非总是述而不作。随着社会的发展和认识的深化，它进一步对忠、恕作了细致区别，或者说，它把某些待人接物的准则分别充实到忠、恕之中，使之各自独立，以处理日趋繁杂的人间关系，从而建造自己的体系。“忠”、“恕”二字的字形，大概也是儒家创造的。

“忠”字从中从心，所从之“中”，不仅是声符，也是意符，即所谓“内尽于心也”（《礼记·礼器》、《礼记·中庸》疏）。其他种种的“敬也”（《说文》）、“诚也”（《荀子》杨倞注）、“无私也”（《左传·成公九年》）、“竭意不讳”（《战国策·赵策》）、“教人以善”（《孟子·滕文公上》）、“危身奉上”（《逸周书·谥法》）之类的定义，也都由之引申了出来。

“恕”字从如从心，所从之“如”，也不仅是声符，且是意符。如，往也。所以说“以己量人谓之恕”（贾谊：《新书·道术》）。“圣人者，以己度者也。故以人度人，以情度情。”（《荀子·非相》）这种意义上的恕，既可容纳“己所不欲，勿施于人”的所谓消极性的内容，也可容纳“己欲立而立人，己欲达而达人”的所谓积极性内容。其他“宽宥”之类的意义，也是由此引申出来的。

因此，忠和恕的一个很大的区别就在于：忠是内反的。曾子说：“吾日三省吾身，为人谋而不忠乎？……”（《论语·学而》）孟子说：“有人于此，其待我以横逆”，“君子必自反也：我必不忠”（《孟子·离娄下》），都是在这个意义上使用的。

恕是外施的。孔子说：“其恕乎，己所不欲，勿施于人”（《论语·卫灵公》），“己欲立而立人，己欲达而达人，能近取譬”，也就是“以己量人”，“仁之方”，也就是“强恕而行”（《孟子·尽心上》），都是推己及人的意思。

正是如此规定了的内反和外施的不同，使得忠恕构成为一对对立范畴。

前人多有发觉忠恕为对立范畴者。但他们或谓之尽情与反情：

忠者，情之尽也；恕者，反情以同物者也。未有反诸其身而不得物之情，未有能全其恕而不尽理之极也。（王弼：《论语释疑》“一以贯之”章，据皇侃《论语疏》引）

或比为体用：

忠者天道，恕者人道。忠者无妄，恕者所以行乎忠也。忠者体，恕者用，大本达道也。（朱熹：《论语集注》引“程子曰”）

或拟之于归纳与演绎：

举一隅以三隅反，此之谓恕。……故以人度人，以情度情。以类度类，以说度功，以道观尽，古今一度也；类不悖，虽久同理。顾凡事不可尽以理推，专用恕术不知亲证于事，理多失矣！救此失者，其唯忠。忠者，周至之谓：检诠观察，必微以密；观其殊相，以得环中，斯为忠矣。今世学者，亦有演绎、归纳二途，前者据理以量事，后者诠事以成理，其术至今用之，而不悟孔子所言，何哉？（章太炎：《菿汉微言》）

只有朱熹所概括的“尽己之谓忠，推己之谓恕”（《论语集注》）一说，比较接近儒家精神。

“尽己”一条，疑义不多，无须赘言。所谓“推己”，或者叫推己及人，将心比心，虽说描述了“如心”的外施本义，但未能捉住或故意掩盖了外施的目的性，亦即“恕”的功利主义内容，因而尚不足以真正表达“己立立人”和“不施勿欲”的真实含义。而这种目的性，有些古人仿佛并不讳言。如《国语·晋语四》记赵襄引《礼志》曰：

将有请于人，必先有入焉：欲人之爱己也，必先爱人；欲人之从己也，必先从人。无德于人，而求用于人，罪也。

（类似说法，又见于《周语上》、《周语中》、《吴语》）

《礼志》的这一段话，应该是“已欲立而立人”云云之所本，也是它的未经粉饰的本相。从《礼志》的“罪也”说法中，可以想象出三种情况：有德于人，而无求于人；有德于人，而求用于人；以及无德于人，而求用于人。第一种是圣，是常人不可企及的；第三种是罪，为儒家所不忍；其第二种，则是恕道。爱人、从人、立人、达人等等．都属有德于人；欲人之爱已、从己、立己、达己，便是求用于人。前者是手段，后者是目的，手段为目的服务：欲人之立己也，必先立人。如果要换成推己及人说法的话，便是：推己之“欲人之立己”之心，及人之“欲人之立己”；简而言之，仍然是欲人之立已也，必先立人，或已欲立而立人。把这一切反过来说，则成为：不欲人之害已也，先勿害人，那就叫“己所不欲，勿施于人”。所以，岸然道貌的恕道，其实是满身功利气味的；在阶级存在的社会里，本来就是如此。

孟子是一位“何必曰利”的道德万能论者，但也无法洗净恕道的功利主义目的。他说过：“仁者爱人，有礼者敬人。爱人者人恒爱之，敬人者人恒敬之。”（《孟子·离娄下》）这里的原则是：我爱人人，人人爱我；要想人人爱我，我必先爱人人。这是恕道，也是为仁之方。仁者爱人，这是外施，施预期着报，人恒爱之就是报。因此不妨说，爱人是手段，人恒爱之是目的，合而言之就叫恕。孟子强调，即使是可以生杀予夺的国君，也无力破坏这一法则：“君之视臣如手足，则臣之视君如腹心；君之视臣如犬马，则臣之视君如国人；君之视臣如土芥，则臣之视君如寇仇。”（《孟子·离娄下》）君有什么样的施，便有什么样的报，“君行仁政，斯民亲其上，死其长矣”，君若不行仁政，那么“民今而后得反之也”，这叫作“出乎尔者，反乎尔者也”（《孟子·

梁惠王下》)。它比起后世宗教家所谓的因果报应说，仿佛更能令人知所戒惧。这样的恕道，显然是功利主义的。

孔子那里的情况也差不多。“季康子问政于孔子。孔子对曰：‘政者，正也；子帅以正，孰敢不正!”’(《论语·颜渊》)这里谈的也是恕道：正己为了正人，上梁正，为的使下梁不敢不正。其他什么“苟正其身矣，与从政乎何有？不能正其身，如正人何”、“其身正，不令而行；其身不正，虽令不从”(《论语·子路》)，等等，都是这一个意思。

荀子从性恶论出发，不耻言利，把这一切说得更为明晰：

材性知能，君子、小人一也。好荣恶辱，好利恶害，是君子小人之所同也。若其所以求之之道，则异矣。

小人也者，疾为诞而欲人之信己也，疾为诈而欲人之亲己也，禽兽之行而欲人之善己也。虑之难知也，行之难安也，持之难立也，成则必不得其所好，必遇其所恶焉。

故君子者，信矣，而亦欲人之信己也；忠矣，而亦欲人之亲己也；修正治辨矣，而亦欲人之善己也。虑之易知也。

行之易安也，持之易立也，成则必得其所好，必不遇其所恶焉。(《荀子·荣辱》)

荀子相信君子小人的分野不在于他们的“材性知能”，而在于“注措习俗”即做法。小人不知立人，径欲人来立己；君子则反是，立人，亦欲人之立己。君子的做法，正就是恕道。所以荀子又说：

君子有三恕：有君不能事，有臣而求其使，非恕也；有亲不能报，有子而求其孝，非恕也；有兄不能敬，有弟而求其听令，非恕也。士明于此三恕，

则可以端身矣。(《荀子·法行》)

这三个“恕”，已经有原宥、宽容的意思，但仍不失其“己弗能有，勿以与人”的本义。它的正面说法，便是“欲人以君事我，我先以臣事人”，用荀子自己的语言，则叫作“审吾所以适人，适人之所以来我也”(《荀子·王霸》)。

可见，恕道是包含着明确的目的性的。它是推己及人，但绝非仅仅是纯道德的无所求的自我完善。它“以己所欲，譬之他人，知其所欲，亦犹是也，然后推其所欲，以及于人”(朱熹：《论语集注》)。当着这样做的时候，当然也想到了或者说预期着别人也以恕道待己，即推其所欲，以及于我，如此来完成己欲立的目的，这便是“己欲立而立人”的真相。

如果对方是小人，他不以恕道待我，或者他的所欲是作恶，推之于我；如此这般，恕道的目的性是否便不存在或达不到了呢？不然，因为，恕与忠是相联系而存在的，忠的要求是尽己，是问心无愧，是把自己的心放正，简而言之，就是不要心存不道德的杂念。这也就是说，恕道所反之人，从理论本身说，不会再是小人；这是忠恕作为对立统一范畴所要求所保证着的。此外，恕道所处理的己与人的关系，并不限于一己与一人之间，而是包括着自己与一切人。甲推己欲立之心去立乙，作出为人的表率，也可博得丙来立甲的效果。失之东隅，收之桑榆。整个社会的人都在自己的位置上这样做着，那就是天下太平了。《礼记·大学》说：

所谓平天下在治其国者，上老老而民兴孝，上长长而民兴弟，上恤孤而民不倍，是以君子有絜矩之道也。所恶于上，毋以使下；所恶于下，毋以事上；所恶于前，毋以先后；所恶于后，毋以从前；所恶于右，毋以交于左；所恶于左，毋以交于右。此之谓絜矩之道。

絜矩就是操“五寸之矩，尽天下之方”（《荀子·不苟》），就是以己度人，就是恕。“上老老而民兴孝”，这里面没有涉及自己在内，但不是真的忘我，它是从国君角度来提问题的方式。这句话，其实就是上引的荀子“有亲不能报，有子而求其孝，非恕也”的国君式说法，其恕道的范围更广大也更曲折一些罢了，最简明的恕道，发生在两个人之间：欲你之爱我也，我必先爱你。稍复杂一点的恕道，发生在三个人之间：有亲而报，换来子孝。更广泛的恕道，则发生在整个社会联系中：上老老而民兴孝，换来的结果是，“其为人也孝弟，而好犯上者，鲜矣；不好犯上，而好作乱者，未之有也”（《论语·学而》），实质还是一个“己欲立”！

“所恶于上，毋以使下”等等，就是“己所不欲，勿施于人”的具体化，是所谓的消极的恕道（“己欲立而立人”被认为是积极的恕道），其涉及的范围至少有三个人，“上”是己之上，“下”是己之下，“上”“下”不是一个人。毋以所恶于上使下，预期着其下勿以己之所恶施己，所谓“适人之所以来我也”，仍然是一个目的与手段的功利主义关系。

以前一切解经家都把推己及人的恕道美化为明其道不计其功的纯粹道德活动，为本性之善的无私扩充，把汲汲人世的儒家改铸为不食烟火的神仙，从以上论证可以看出，他们纵非存心自欺欺人，也是对儒学思想的善意歪曲。

再进一步研究，我们还可以看出，恕道的目的与手段，也是正相对立着的两极，两者之间存在着辩证关系。“己欲立”这个目的，不是通过径情立己的办法去实现，像一些鲁夫莽汉所惯做的那样，而是后退一步，从反面入手，以“立人”为手段。同样的，“正人”这个目的，并不依赖于一味整人的办法，也是反过头来先“正其身”，如此等等。另一方面，“己所不欲”的事，或“所恶于下”的事，不必采取严厉申斥的态度拒绝回去，而是宽恕一下，自己作出榜样来，“勿施于人”，“毋以事上”，那时候，“不欲”或

“所恶”，便不致再起而达到了目的。这里有个直线与曲线的区别、形而上学与辩证法的不同。儒家的恕道思想，从这一点上说，还是相当深刻的。

恕道的这一套欲立己先立人、欲正人先正己的“适人之所以来我”的办法，简而言之，便是“欲取先予”。它本是人们从客观辩证发展事实中，摸索出来的一种驾驭事物发展的正确方法，是客观辩证法之反映为主观辩证法。第一个系统提出这种说法的，大概是老子：

将欲翕之，必固张之；
将欲弱之，必固强之；
将欲废之，必固兴之；
将欲夺之，必固予之；
是谓微明。（《道德经》第三十六章）

老子这个说法被儒家后学指为阴谋权术，骂了两千多年；而孔子说的同一内容的“已欲立而立人”，却被誉为崇高美德，捧了两千多年。偏见暗于无知，于此可见一例。其实，孔子的话，或许竟是问礼老聃时学来，也未可知。退一步说，即使老、孔师弟关系难定，在儒家经典《周书》中，同样的话也曾写得分明：

将欲败之，必姑辅之；
将欲取之，必姑与之。（见《战国策·魏策》引，又见《韩非子·说林上》）

此外，《吕氏春秋·恃君览·行论》亦曾引《诗》曰：

将欲毁之，必重累之；

将欲踣之，必高举之。

这个《周书》和《诗》，不管是同一典籍抑或不是[①]，其为孔子所知或所本，想来不致有误。只是儒家不便把功利之心说得如此露骨，“子罕言利”（《论语·子罕》），难免要粉饰一番，这才改造成“立人”、“达人”、“正人”之类与人为善的说教，给取予之道套上玫瑰色的花环。

孟子羞于曰利，当然也不会重提《周书》中的取予。可是，《孟子》书中不乏类似警句，常常引起人们深思，如：

《书》曰：若药不瞑眩，厥疾不瘳。（《滕文公上》）

孟子曰：博学而详说之，将以反说约也。（《离娄下》）

孟子曰：以佚道使民，虽劳不怨；以生道杀民，虽死不怨杀者。（《尽心上》）

这些说法，都可以化简为“将欲×之，必姑×之”。或者说.它们都是那一公式在各个领域中的具体体现：治病，将欲瘳之，必姑眩之；治学，将欲约之，必姑博之；使民，将使劳之，必姑佚之，将欲死之，必姑生之。尽管孟子自己没有说得如此明朗，其实质却正是这样的。

在儒家著作中，最先把这个“欲取先予”思想表述明朗的，殆为高谈辩证法的《易·系辞》，那里说：

尺蠖之屈，以求信（伸）也；龙蛇之蛰，以存身也；精义入神，以致用

①古人引书，《诗》、《书》每互称，如《墨子·兼爱下》引《书·洪范》“无偏无党”节，即称《周诗》曰。

也；利用安身，以崇德也。过此以往，未之或知也。穷神知化，德之盛也。

这里在谈“尺蠖”、“龙蛇”诸自然事物时，明白承认有“欲取先予”的现象。文章谈到这些，目的本在论证人事，可是待到转入人事时，便不免含糊其辞，游弋于义利之间，只容意会不以言传了。

只是到了荀子时代，才公开而明白地提出在社会生活中运用“欲取先予”的原则。这大概是因为，在荀子以前，一些法家人物已倡言对百姓采取“夺然后予”（《管子·轻重乙》）、“民弱用强”（《商君书·弱民》）等更为露骨方针的缘故。对比之下，“欲取先予”或“予然后夺”便要仁慈得多，不妨公开宣传了。所以荀子说：

故君子者，信矣，而亦欲人之信己也；忠矣，而亦欲人之亲己也；修正治辨矣，而亦欲人之善己也。（《荀子·荣辱》）

有社稷者而不能爱民不能利民，而求民之亲爱己，不可得也。民不亲不爱，而求其为己用为己死，不可得也。民不为己用不为己死，而求兵之劲城之固，不可得也。兵不劲城不固，而求敌之不至，不可得也。敌至而求无危削、不灭亡，不可得也。危削灭亡之情举积此矣，而求安乐，是狂生也。狂生者，不胥（须）时而落。故人主欲强固安乐，则莫若反之民；欲附下一民，则莫若反之政；欲修政美俗，则莫若求其人。（《荀子·君道》）

荀子的这些坦率言论，比之孔子的“己欲立而立人”尤其是孟子的“爱人者人恒爱之”，应该说，更加“恕道”得多了。在孔子那里，“己欲立”作为出发点，可以理解成是致动因，而不是目的因。其思维过程是：从自己身上，知道了人情都是欲立的，这叫“能近取譬”；然后推己及人，知道了别人也是欲立的，所以去立人。这样，立人便是一种毫无利己之心的纯粹利他活动，是一种高尚道德情操的表现。孟子的“爱人者”与“人恒爱之”，正是从这个角度来发挥孔子思想的。“爱人者”基于自己的恻隐之心去爱别人，不存任何物质的或实际的欲望；别人因此，或者并非因此，而是因为他也基于自己的恻隐之心，来“爱之”。于是，皆大欢喜，王道实现。当然，孔子的“己欲立”也可以理解成目的因，为了立己，始去“立人”，如我们上面所证明的那样，不忘记道德观念受制于一定的物质利益；荀子正是从这个角度来发挥的。他说“信矣，而亦欲人之信己也”，把信人和人信毫不含糊地放在手段与目的的位置上，吹散了孟子布在恕道上的迷雾。

孟、荀在这方面的差异，可能和他们对人性的不同规定有关。孟子道性善，所以把人和人的关系想象为神；荀子说性恶，人和人的关系于是被想象为狼。其实人性就是人的社会性和阶级性. 有它不计功利之处和跳不出功利之处；而儒家所谓的恕道，更多的是从功利角度计较的。从思想发展史的历程来看，孟、荀的差异，还和中国的法家思想勃兴有关。法家公然主张夺民、弱民，欲取径取，置民心于不顾，把以前统治者的残暴一面公诸于众，而且加以理论化，从而也反衬出孔孟维护旧秩序的苦口婆心中暗藏着虚伪性；所以荀子干脆和盘托出，直截了当地承认了予取之间的先后关系。

从儒家的整个体系看，恕道是仁、礼思想的必然归宿。仁强调爱别人，礼要求有来有往[①]，于是，我爱别人，别人有往而爱我，二者的统一，正好便是予之为取。这个仁—礼—恕的结构，是儒家维系现存秩序的重要秘密，也是本书先谈仁义、再谈礼乐、再谈忠恕的逻辑依据。它以爱人始，以爱己终，以予始，以取终。予转化为取，向对立方面转化，并不引起整个事物性质的转化，反而加固了对立双方的依存，满足了双方一定限度内的要求。在前面，我们曾看到过，儒家

① 《礼记·曲礼》：“礼尚往来，往而不来，非礼也；来而不往，亦非礼也。”

如何运用对立面的互相依存来防止转化；现在，我们又看到了，他们如何运用对立面的相互转化来维系依存。这两种对待转化的态度，内容和范围很不一样，却是天然统一的，统一在保住事物的现存状态和阻止其崩坏上。

运用对立面的现秩序内的局部转化来阻止事物在整体上的崩坏，叫做自我调节；它是一切事物保持既得状态的通用方法，在一定发展阶段上或一定限度内，是有效的，符合发展程序的，辩证的。我们且以脍炙人口的“载舟覆舟”为例，细致分析一下。荀子说：

马骇舆，则君子不安舆；庶人骇政，则君子不安政。马骇舆，则莫若静之；庶人骇政，则莫若惠之。选贤良，举笃政，兴孝弟，收孤寡，补贫穷，如是，则庶人安政矣。庶人安政，然后君子安位。传曰：“君者，舟也；庶人者，水也。水则载舟，水则覆舟。”此之谓也。故君人者，欲安，则莫若平政爱民矣；欲荣，则莫若隆礼敬士矣；欲立功名，则莫若尚贤使能矣：是君人者之大节也。（《荀子·王制》）

君欲安位，必先安民。这正是恕道，是欲取先予。这个恕道，在这里是以君舟民水的认识为理论根据的。这种认识，比之视民为土芥为寇仇，无论其如何得来，总归是一种进步，大概没有非议，尽管还未能达到我们今天的“鱼水关系”的认识。这是从政治学的价值来说的。从辩证法的价值来看，这种恕道追求“庶人安政”、“君子安位”，即追求对立双方在一种同一关系中的绝对平衡，以避免“骇政”、“覆舟”的根本变革或对立面的转化，其最终必将阻碍发展，自是不成问题的。但它分析了水的既能载舟亦能覆舟的二重属性，提出了舟的既离不开水又惧怕水的特点，从而得出了维系舟水关系的方案，把水安放在第一位，舟安放在第二位。也就是说，它从君子统治庶人的既定局面出发，但在过程中，它把庶人放到了君子上面，使对立双方的地位来一个转化。这样做，是为了收到确保君子安位的结果，或者说，维系作为出发点的那个局面。这是一个小的正反合，一个否定之否定，这样得来的统治秩序，无疑比之开始时处在更高阶段上了。当然，这是一种统治术，用荀子自己的话，叫“君人者之大节”，但它符合辩证法，比起那种以简单强化统治来追求更佳统治效果的直线式的思维方法和统治方术，能更好地达到目的，也是毋庸置疑的。

可是，予取的转化，不是无条件而绝对可靠的。不先予，所欲之取固然必定不来；先予了，所欲之取并不必定到来。予是取的必要条件，却不是充分条件；无之必不然，有之不必然。此外还有更重要的条件，首先是要以事物发展的整体状况为转移。一些末代帝王的“罪己”、“还政”之往往达不到目的，原因也往往就在这里。

荀子是儒家中唯一注意到这一点的人。他在《非十二子》篇中这样说：

士君子之所能不能为：君子能为可贵，不能使人必贵己；能为可信，不能使人必信己；能为可用，不能使人必用己。

“能为可贵”、“能为可信”、“能为可用”，是说能以具备被人尊崇的条件。这些条件，除有砥砺自己学行以达到一定品格的含义外，当然也包括先去尊崇别人这样的方术于其中；但是，尽管如此，仍“不能使人必贵己”、“必信己”、“必用己”，即不能保证所欲取的目标必定达到。为什么？荀子没有说，他只是提出了这个问题[①]（《必己》）。当然，能提出这个问题，已经是难能可贵

① 《吕氏春秋》也提出过同样问题：“君子之自行也，敬人而不必见敬，爱人而不必见爱。敬爱人者，己也；见敬爱者，人也。君子必在己者，不必在人者也。”

了，它表明，荀子看出了先予是欲取的必要条件，但仍不是充分条件，这比起只求转化不论条件的其他辩证学者来说，显然又进了一步。可惜荀子没有更进一步分析究竟应该包括哪些条件，没有作哲学的思辨和实证的论证；他像一切儒者一样，笔锋一转，轻易地转向于道德的解决：

故君子耻不修，不耻见污；耻不信，不耻不见信；耻不能，不耻不见用。是以不诱于誉，不恐于诽，率道而行，端然正己，不为物倾侧，夫是之谓诚君子。（《荀子·非十二子》）

这种态度已经像《孟子》所说的“反身而诚”了。这个办法，在道德上，是巨人，在哲学上，却是侏儒。因为它只会用“不耻见污”等来自砺和自解，只知道埋怨自己的“见污”是由于对方的人格低下，不肯去接触一下客观发展是否已置自己于必然“见污”的地位，即不去揣摩事物的客观条件方面。这是一切儒家的共同弱点，荀子也未能例外。

我们对恕道作了如上的剖析，难免给人造成一种印象，仿佛儒家是一个功利主义学派。是的，如果单就恕道来看的话，极易得出这个结论。但事情还有另外一面。

恕是和忠相依傍而存在的。恕是外施的，忠是内反的；恕讲究利他以自利，忠讲究自我完善以成人；有欲，恕也；“无私，忠也”（《左传·成公九年》）。恕和忠，是一对不可分离的道德规范，各自有着适用的范围，互相补充，又互相节制，一如仁义、礼乐那样，从一个侧面透示了儒家思想的全貌。

和后世演变了的忠之只用于事上的含义不同，在儒家经典中，忠也是每个人应具的道德精神：

上（君上）思利民，忠也。（《左传·桓公六年》）

逆命而利君，谓之忠。（《荀子·臣道》）

民皆尽忠以死君命。（《左传·宣公十二年》）

竭意不讳，忠也。（《战国策·赵策》）

教人以善谓之忠。（《孟子·滕文公上》）

忠焉，能勿诲乎？（《论语·宪问》）

居处恭，执事敬，与人忠。（《论语·子路》）

可见，忠的要求遍及君民；忠的内容是与人为善，竭意而行。它是忘我的，只求自我满足，不计一己得失，因而是超功利主义的，纯道德的。

只知有忠，不知其他，往往流于愚忠。有一则故事说：

昔日楚共王与晋厉公战于鄢陵，楚师败，而共王伤其目。酣战之时，司马子反渴而求饮，竖谷阳操觞酒而进之。子反曰："嘻，退！酒也。"谷阳曰："非酒也。"子反受而饮之。子反之为人也，嗜酒而甘之，弗能绝于口而醉。战既罢，共王欲复战，令人召司马子反，司马子反辞以疾。其王驾而自往，入其幄中，闻酒臭而还，曰："今日之战，不谷亲伤，所恃者司马也。而司马又醉如此，是亡楚国之社稷而不恤吾众也，不谷无复战也。"于是还师而去，斩司马子反以为大戮。故竖谷阳之进酒不以仇子反也，其心忠爱之而适足以杀之。（《韩非子·十过》）

这则故事在《左传》、《吕氏春秋》、《淮南子》、《史记》、《说苑》中也有记载。竖谷阳只知忠于自己的主人，未作任何利害的计较，结果"适足以杀之"。补救忠的办法，在于计较自己忠的行为所引起的利害。而计较利害，在儒家思想所允许的范围内，便是恕。

《大戴礼记》谈忠恕的关系道：

忠有九知：知忠必知中，知中必知恕，知恕必知外，知外必知德……内思毕心曰知中，中以应实曰知恕，内恕外度曰知外，外内参意曰知德……（《小辨》）

忠是尽己，是“内思毕心”，是自己中心所想到的自我完善；而恕则要求知外，要求就实，即考虑到实际效果，这个实际效果首先是对自己的利害，譬如说，立人是否反过来达到立己。忠恕的“参意”，也就是二者的对立统一，便是德，亦即是完满的、合乎道的行为了。

## 圣智

圣和智，是儒家所企求的两种精神境界，所张悬的两面智慧鹄的，已为大家所习知。现在要说它们是儒学的两个范畴，就颇费笔墨了。倘或更进一步，说圣智是一对范畴，彼此相反相成，恐怕不仅很难博得人们首肯，而且或将招致穿凿之讥，都是十分可能的。其实，在儒学体系里，这三种情况倒是的的确确客观存在着的。例如，孟子说的“始条理者，智之事也；终条理者，圣之事也。智，譬则巧也；圣，譬则力也”（《孟子·万章下》）云云，便明显属于上述的第三层次。《道德经》在摈斥儒学时曾说过：“绝圣弃智，民利百倍；绝仁弃义，民复孝慈。”（第十九章）表明反对者也是把圣智看成如仁义那样，有一种连列的关系。当然，要能说清楚圣智之间的辩证法，仅靠这一两条引文，那是远远不够的。我们还是先从远一点的地方说起。

“圣”字原形从耳从口，作“耶”，与“声”、“听”相通。金文《大保毁》有“王伐录子聖”，郭沫若《两周金文辞大系》说：

“耶”，古“聖”字，亦即古“聲”字，从“口”、“耳”会意。“聖”以“壬”声，字稍后起。“聲”字更属后起。《左氏》“聖姜”，《公》、《谷》作“聲姜”，字犹不别，入后二字始分化。（又见郭著《卜辞通纂考释·畋游》）

这是“圣”、“声”相通之例。此外，魏三体石经《尚书·无逸》“此厥不聽”的“聽”字作。章太炎《新出三体石经考》说：

从耳，从口，会意。《说文》未录。《汉简》字，“聽”、“聖”两读，盖疑是“聖”之省文也。“聽”、“聖”皆得于“壬”，古音本同。《广川书跋》称秦碑“皇帝躬聽”，今《史记》“聽”作“聖”，是相通之证。《汉石经》作“此厥不聖”，盖一“耳口”字，古文则读“ ”，今文则读“聖”耳。

这又是“圣”、“听”相通之例。

按“聖”字，从字形看，无非是出于口而入于耳的意思，着重其“出于口”的方面，便是“罄”，着重其“入于耳”的方面，则是“聽”。听与声，一个是主观，一个是客观；一个是能，一个是所。有声而无听则不知其为声，有听而无声亦不成其为听，二者相依而不可分离；造字之初用一个符号来表示这同一关系中的两种意思，在行文中并不致引起多大误会，而又显示了两种意思的实在关系，倒是很有见地的。

至于“耶”字取得圣的意义，时间自然要晚些，但仍离不开声与听。汉儒说：

圣者，声也。言闻声知情，故曰圣。（《风俗通》）

闻其末而达其本者，圣也。（《韩诗外传》卷五引《传》曰）

圣也是一种听。所不同的是，普通的听觉只能闻声知声、闻末知末，而圣却表现在“闻声知情”、“闻其末而达其本”。据说，“孔子学鼓琴于师襄子……操文王之声，知文王之为人”（《韩诗外传》卷五），这就是“闻声知情”。再如，“孔子之闻轻者之击而得夏之卢”，“圣者闻志（之）耳而知其所以为物者”(帛书《五行篇》)。“夏之卢”大概是一种名剑，“轻者之击”大概是剑击声。普通的听觉只听到击剑的铿锵声，而孔子从击剑声中听出这是名剑夏之卢，这就是“闻之耳而知其所以为物”，或“闻其末而达其本”。

因此，《说文》说：“圣，通也。”诸凡由此及彼，由表及里，闻一知十，渊博通达，这些表示人的智慧高度的意思，都是“圣”的原始含义。

大体上说，春秋以前典籍中的“圣”字，都是这种原始意义。《诗经》里拿“圣”和“哲”并举①、“圣人”和“愚人”对言②，《尚书》里以“圣”与“彦”相提并论③，谓“圣”与“狂”可以互转（《多方》：“惟圣罔念作狂，惟狂克念作圣”），都不过是把“圣”用为聪明能干的意思，全无高不可攀、几百年出一个的玄妙色彩。

即使被认为是春秋以后的文献中，不少地方仍保留这种用法。如《左传》：

臧武仲如晋，雨，过御叔。御叔在其邑，将饮酒，曰：“焉用圣人！我将饮酒，而已雨行，何以圣为！”（《襄公二十二年》）

---

①《小雅·小旻》：“国虽靡止，或圣或否。民虽靡朊，或哲或谋……”

②《大雅·桑柔》：“维此圣人，瞻言百里；维彼愚人，复狂以喜。”

③《秦誓》：“人之有技，若已有之；人之彦圣，其心好之。”

臧武仲在鲁国有圣人之称。这次出使晋国途中遇雨，访御叔又值主人将饮酒，有这两条失误，以致御叔认为他称不上圣。

《国语》：

古者民神不杂，民之精爽不携贰者，而又能齐肃衷正，其智能上下比义，其圣能光远宣朗，其明能光照之，其聪明能听彻之，如是则神明降之，在男曰觋，在女曰巫。（《楚语下》）

这是说民人的智、圣、明、聪等素质达到某种程度，便具备了做觋、巫的资格。

《左传》、《国语》这两处所谓的“圣”，虽说也是指的普通人的聪明能干，但已有了后来惯用于“圣”的未卜先知、神奇莫测的意思。照御叔的观点，圣人不仅应该洞晓天时，未雨先知，而且应该预知别人打算做什么，以确定自己的行止。至于巫必须在圣的方面达到一定地步，那更是把圣和神联在一起了。

儒家的“圣”观念正是从这些先行资料中生发出来，并植根于春秋末期以后的动乱社会中。同以前比较起来，可以认为，儒家把圣的要求大大提高了，同时也更加人文主义化了。

《论语》记孔子与弟子讨论圣的含义时有云：

子贡曰：“如有博施于民而能济众，何如？可谓仁乎？”子曰：“何事于仁，必也圣乎！尧舜其犹病诸！”（《雍也》）

子路问君子。子曰：“修己以敬。”曰“如斯而已乎？”曰：“修己以安人。”曰：“如斯而已乎？”曰：“修己以安百姓。修己以安百姓，尧舜其犹病诸！”（《宪问》）

可以看到，儒家心目中的圣，已经不是“闻声知情”、“闻其末而达其本”那样的要求，而是比爱人、安人更高的博施和济众，连尧舜那样的完人实行起来都会觉得困难，因而，它几乎是超人的品质了。可是，另一方面，虽说是超人却又并未脱离人世疾苦，其标志“安百姓”，全无一丝神秘气味，因此说，它更加人文主义化了。

孟子认为圣人是“人伦之至也”（《孟子·离娄上》），“百世之师也”（《孟子·尽心下》），“由百世之后，等百世之王，莫之能违”（《孟子·公孙丑上》）的“平治天下”的超人，其内容与孔子相同。只是孟子从其神秘的“诚”观念出发，推出“大而化之之谓圣，圣而不可知之之谓神”（《孟子·尽心下》）的说法，在圣之上又安了一位神，并把二者挂了钩，在儒学中，起了不少消极作用。

孟子的这种消极因素，在思孟学派中得到继续发挥。《中庸》里说：

君子之道费而隐。夫妇之愚，可以与知焉；及其至也，虽圣人亦有所不知焉。夫归之不肖，可以能行焉；及其至也，虽圣人亦有所不能焉。（第十二章）

这也是把圣人降在第二位的一种说法，它与儒家的圣观念是有点两样的。

荀子发扬了孔子思想中的踏实部分，他给圣的定义是：

圣人备道全美者也，是悬天下之权称也。（《荀子·正论》）

所谓大圣者，知通乎大道，应变而不穷，辨乎万物之情性者也。（《荀子·哀公》）

这里把聪明能干那个原始意义发展到了极致，但避免了超人的玄远。此外：

圣也者，尽伦者也；王也者，尽制者也；两尽者，足以为天下极矣。……

向是而务，士也；类是而几，君子也；知之，圣人也。（《荀子·解蔽》）

这里则将圣在社会中的地位摆得明明白白。所谓“尽伦”，即渊博通达的意思。圣人渊博通达，所以能够为王者制法，并且是士人和君子的奋斗目标。这样的圣人，当然没有什么神秘可言了。

与“圣”之和“耳”有关相映成趣的是，“智”字和“目”有关。“智”之原形从矢从口从于，如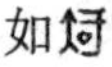[1]，即“知”字。其“矢”旁，是声符，也是意符。盖矢之中的与否，关系目力极大，所以表示目明的字，以“矢”示意。“聪也者，圣之藏于耳者也；明也者，知之藏于目者也”，“不聪明则不圣知，圣知必聪明”（帛书《五行篇》），圣智的本义，只是耳聪目明。

和耳之发挥作用有其主观能力、客观对象和结果上的深浅一样，目亦如此。《墨经》上对这一点规定得最为明确：

(1) 知，材也。

知也者，所以知也，不必知；若目。

(2) 知，接也。

知也者，以其知过物而能貌之；若见。

(3) 知，明也。

知也者，以其知论物，而其知之也著；若明。

(4) 知：闻、说、亲、名、实、合、为。

传受之，闻也；方不㢓，说也；身观焉，亲也；所以谓，名也；所谓，实也；名实耦，合也；志行，为也。

---

① 《殷墟书契前编》五一七。

这四个定义中，第一个谈的是认识能力的知，第二个谈的是认识活动的知，第四个谈的是认识成果的知。至于第三个，谈的正是智，把它换成今天的写法，将是："智，明也。智也者，以其知（指'材也'）论物，而其知（指'接也'）之也著；若明。"可以看出，像"圣"是"闻声如情"、"闻末达本"一样，智也不止于见物"能貌之"上，而且能"论"，因而"其知之也著"。就是说，智不止于也不同于认识能力的知，不止于也不同于认识活动的知，但又与二者有关，它是一种更高超的能力，更生动的过程，或者说，它是一种品德，一种境界。这就是由目明升华出来的"智"的后起含义，它在儒家体系中占有重要地位。

像整个儒学体系局限于社会政治伦理一样，儒学体系中的"智"，也不以了解自然为能事，而重在对社会现象的辨别。

樊迟问仁。子曰："爱人。"问知（智）。子曰："知人。"樊迟未达，子曰："举直错诸枉，能使枉者直。"

樊迟退，见子夏曰："乡也，吾见于夫子而问知（智），子曰'举直错诸枉，能使枉者直'，何谓也？"子夏曰："富哉言乎！舜有天下，选于众，举皋陶，不仁者远矣。汤有天下，选于众，举伊尹，不仁者远矣。"（《论语·颜渊》）

智的要点在知人，这和上引《墨经》的论物知物已有不同；尤有进者，知人的智更被引申到举措上，并预期着合目的的效果，这则又是儒家的淑世精神使然了。

儒家既把智局限于社会现象，很自然地，智便得服从于政治伦理的最高范畴仁义之类。孔子说：

里仁为美。择不处仁，焉得知（智）？（《论语·里仁》）

跟不仁的人做邻居，近墨易黑，所以不能认为是智举。孟子说：

仁之实，事亲是也；义之实，从兄是也；智之实，知斯二者弗去是也。（《孟子·离娄上》）

这里限得更严，认为智的本质就在于坚守仁义。到了《礼记·中庸)篇里，智又被服务于中庸：

子曰："舜其大知（智）也与！舜好问而好察迩言，隐恶而扬善，执其两端，用其中于民。其斯以为舜乎！"

子曰："人皆曰予知（智），驱而纳诸罟擭陷阱之中，而莫之知辟也；人皆曰予知（智），择乎中庸而不能期月守也。"

中庸的意义，本书下一章将专门讨论。这里引起我们兴趣的是，智对中庸有着从属关系。由此，我们倒发现了一个通例：孔子提倡仁，于是说"择不处仁，焉得智"；孟子言必称仁义，于是说"智之实"在于知仁义而弗去；《中庸》鼓吹中庸，于是又说不能坚守中庸便算不得智。这里边的秘密在于：智总是从属于各人的最高范畴，是对最高范畴的知和行。

因此，智在儒家那里，便不同于此前和此后所理解的是一种能力或素质，而被当成品德。这种品德，叫作"明德"。《礼记·大学》篇开宗明义便说：

大学之道，在明明德，在亲民，在止于至善。

这个“明德”，经师们多以为是“光明之德”或“至德”，其实应该释为“目明之德”即“智德”。目明为智，智者明也，这是儒家以前的传统观点，也为各家所公认。道家号召“绝圣弃智”，那是反对儒家所谓的“智”，其实道家自己也主张一种智，那就是“明”。庄子在齐万物、一生死、泯是非的时候，一再提出用“明”作杠杆（参见《庄子·齐物论》）。儒家则不同，它把“明”高扬为一种道德。

这样，明德是智，亲民是仁，既智且仁，则止于至善，那就是圣。孟子曾转述过一段子贡与孔子的有关问答：

昔者子贡问于孔子曰：“夫子圣矣乎？”孔子曰：“圣则吾不能，我学不厌而教不倦也。”子贡曰：“学不厌，智也；教不倦，仁也。仁且智，夫子既圣矣。”（《孟子·公孙丑上》）

荀子也说过：

[审于礼的君子] 穷则必有名，达则必有功，仁厚兼覆天下而不闵，明达用天地理万物而不疑，血气平和，志意广大，行义（谊）塞于天地之间，仁知（智）之极也，夫是之谓圣人。（《荀子·君道》）

孟、荀二人都把仁厚、明达作为圣的条件和阶梯，和《礼记》的“大学之道”完全一致。

这种仁、智则圣的公式，对本书的课题，有两点值得特别注意。其一是智与圣的相通，其二是智与圣的差异。

儒家以前，作为耳聪的圣和作为目明的智，当然也有联系或相通之处，但那仅是互相补充、互相辅助的并列关系。到儒家这里，二者始取得了高低不同的资格，并由之产生出一种转化的关系。《大戴礼记》上说：

智，圣之始也。

圣，智之华也。（《四代》）

智是圣的始基，圣是智的花朵；智是圣的初阶，圣是智的完成。因而，智虽然也是一种品德，但却不容自我满足，必须向前发展，向圣转化。儒家认为，这根本地由于，智是以趋利避害为用的。譬如，智者也可以行仁，那是因为他知道行仁与己有利，这叫作“知（智）者利仁”；它同“仁者安仁”（《论语·里仁》）在境界上便大异其趣。智者也可以行义，但这种“行仁义”和“由仁义行”（《孟子·离娄下》）也不一样，因为同样一个“行”，“或安而行之，或利而行之，或勉强而行之”，虽然“及其成功，一也”（《礼记·中庸》），从效果上查不出区别来，偷来的粮食和劳动得来的粮食同样果腹；但在动机上或道德境界上，彼此却存在着根本的不同。这一点，正是儒家所刻意强调，不容马虎的。因此，以利为用的智，虽比不知的愚为好，但还只能是初级，有待于发展转化。

另外，儒家还认为，智更有其可恶之处。孟子曾说过：

所恶于智者，为其凿也。如智者若禹之行水也，则无恶于智矣。禹之行水也，行其所无事也。如智者亦行其所无事，则智亦大矣。（《孟子·离娄下》）

智者容易倚其志而不顺应事物本性，妄事穿凿，结果反而把事情办坏，比无知还无用，这正是智的可恶之处。这样的智，只配称作小智，用今天的话说，叫小聪明。它以察察为明，以汲汲为行，最后以流于“凿”而失败。防止和矫正的办法，在于不事穿凿，依照事物的天然，“行其所无事”。那时候，其貌虽若愚，其实是大智。庄子说的“大知（智）闲闲，小知（智）间间”（《庄子·齐物论》），也是这个意思。《周书》中更有：

> 大公曰：知（智）与众同者，非人师也。大知（智）似狂。不痴不狂，其名不彰；不狂不痴，不能成事。（《太平御览》卷七三九引）

所谓若愚，所谓若狂，并非真愚真狂，只因行其所无事，与小智之凿截然相反，而给人以愚狂的外观而已。

大智也就是圣。总之，智必须发展到圣。由智向圣转化、发生在道德领域中，不涉及现存秩序的变动，相反会有助于现在秩序的巩固。这种转化，同前面讨论的用依存来防止的转化不同，受到儒家的认真对待。

大学之道的公式，仁且智则圣的提法，都可以看作是涉及了由智向圣转化的条件。孟子所说的“如智者亦行其所无事，则智亦大矣”，更是正面回答了这个问题。据《左传》记载，孔子似乎也注意到了这一点。《左传·襄公二十三年》记鲁大夫臧武仲得罪孟孙氏而流亡国外，孔子的评论是：

> 知（智）之难也。有臧武仲之知（智），而不容于鲁国，抑有由也，作不顺而施不恕也。《夏书》曰：念兹在兹，顺事恕施也。

可见，要能有智而无难，必须做到两条，一个是“顺事”，也就是孟子说的勿凿和行其所无事；再一个是“恕施”，也就是《大学》说的亲民。智而顺事恕施，便是智的无难和完善，也便由智入圣了。

智与圣既有如此相通或转化的关系，说明二者的另一方面是差异乃至对立的。儒家认为，圣和智的对立，有如天与人的对立。帛书《五行篇》说：

未尝闻君子道，谓之不聪；未尝见贤人，谓之不智。闻君子道而不知其君子道也，谓之不圣；见贤人而不知其有德也者，谓之不智。……

闻君子道，聪也。闻而知之，圣也；圣人知天道。……见贤人，明也。见而知之，智也。①

圣人的标志和通达之处是知君子道和知天道，智者的标志和明澈之处是知贤者和知人道。孟子说过，这是天命决定的：

知（智）之于贤者也，圣之于天道也，命也。有性焉，君子不谓命也。（《孟子·尽心下》）

既是天命所决定的，就应该是不可违犯不可更易的，或者说，这种对立是不可调和不可逾越的。但却又不尽然。它们还同时都是人之本性。“人皆可以为尧舜”（《孟子·告子下》）。因而更有一个如何对待如何做的问题，做对了，还是可以转化上去的。

天道和人道的区别，不仅在于天道远人道迩，更重要的还在于，一个是不为而成，一个是有为而成。“天何言哉，四时行焉，百物生焉”（《论语·阳货》），天是不必去大喊大叫、成心有所作为的，但是一切却因之而生成；掌握了天道的人，“从心所欲不逾矩”（《论语·为政》），也不必去故意作为，但是一举一动无不合乎规范。这就是圣。智者则不然，他可以“不惑”（《论语·为政》），他“论知所贵”，“事知所利”（《荀子·君子》），是非清晰，举措得宜；也正由于此，他难免恃智而凿，由“知人”变得为人所恶；其原因，就在于

①参见拙著《帛书<五行篇>研究》经十七、十八。

只知人道而没有掌握天道。

儒家相信，人道来自天道，是对天道的模仿。《中庸》里面说："诚者，天之道也；诚之者，人之道也。""诚者，不勉而中，不思而得，从容中道，圣人也。"把天道归结为诚，这是思孟学派的特殊见解，不足以代表整个儒家；但它以"不勉而中"等描绘圣的境界，则为儒家各派所共同，和孔子所说的"天何言哉"、"从心所欲"显然一致。至于"诚之者"，则没有这样裕如。"诚之者，择善而固执之者也。博学之，审问之，慎思之，明辨之，笃行之"；他要兢兢业业，而后方能有成，所谓"果能此道矣，虽愚必明，虽柔必强"，而后成为一位"不惑"的智人。

在荀子，最足概括表示圣智区别的是关于道心和人心的提法。他说：

君子壹于道以赞稽物。壹于道则正，以赞稽物则察。以正志行察论，则万物官矣。

昔者，舜之治天下也，不以事诏而万物成。(《荀子·解蔽》)

这里先举出两种人，"以正志行察论"而官万物的君子，即我们所讨论的智者；"不以事诏而万物成"的舜，自然代表圣人。接着荀子把这两种人的差别上升为哲学语言道：

处一危之，其荣满侧；养一之微，荣矣而未知。故《道经》曰：人心之危，道心之微。危微之几，惟明君子而后知之。

"危"是警觉戒惧、战战兢兢的意思，不是危险。所谓"处一危之"或"人心之危"，也就是"择善而固执之"的意思，这样也可达到"其荣满侧"。这是有为而成的智者。“养一之微”或“道心之微”，是说掌握了天道的微妙之后，无须再事谨慎，即可达到“荣矣而未知”的地步，成为不为而成的圣人。

不为而成的境界，当时儒道两家都在追求，只是内容大不一样。在儒家，荀子对此谈得最多。他继承了“天何言哉”的思想，认为不为而成的标准形象是天：

> 不为而成，不求而得，夫是之谓天职。（《荀子·天论》）
>
> 列星随旋，日月递照，四时代御，阴阳大化，风雨博施，万物各得其和以生，各得其养以成，不见其事而见其功，夫是之谓神。皆知其所以成，莫知其无形，夫是之谓天。（《荀子·天论》）

圣人知天道，是天的人格化，所以他也能：

> 不视而见，不听而聪，不虑而知，不动而功，块然独坐而天下从之如一体，如四肢之从心：夫是之谓天形。（《荀子·君道》）
>
> 不战而胜，不攻而得，甲兵不劳而天下服：是知王道者也。（《荀子·王制》）

儒家所谓的不为而成，并非真的无所用心，拱已正南面而已。细说起来，大致有这样三种情况：

1. 君主无为，百官有为。所谓“君人者，劳于索之（人），而休于使之”（《荀子·君道》）。这是一种政治学上的无为哲学。上引的“不视而见”、“不战而胜”两段，不是说闭目塞听可以得真知，刀枪入库便能打胜仗；而是说的君人者于“劳于索人”之后的休息，说的是君主无为。它是以百官有为为条件才得成立的一种“不为而成”。

2. 不先物为，因物之所为。《荀子·天论》说：

故大巧在所不为，大智在所不虑。所志于天者，已（以）其见象之可以期者矣。所志于地者，已（以）其见宜之可以息者矣。所志于四时者，已（以）其见数之可以事者矣。所志于阴阳者，已（以）其见和之可以治者矣。官人守天，而自为守道也。

这里所说的不为不虑，是指不去先于自然显现而妄为早虑；需待专司自然的官人们报告可以有所作为时，自已再按道行动。这样的为和虑，便不是一已的行动，而是乘物之所为而为、所虑而虑，因而也就是不为不虑了。

3. 不事雕琢，从欲而动。这是“不为而成”的最高表现。《荀子》中举过这样的例子：

客有道曰：“孔子曰，周公其盛乎！身贵而愈恭，家富而愈俭，胜敌而愈戒。”

应之曰：“是殆非周公之行，非孔子之言也。武王崩，成王幼，周公屏（摒）成王而及武王，履天子之籍，负扆而坐，诸侯趋走堂下；当是时也，夫又谁为恭矣哉！兼制天下，立七十一国，姬姓独居五十三人焉；周之子孙，苟不狂惑者，莫不为天下之显诸侯。孰谓周公俭哉！（下述周公力主犯五灾而不止诛纣，略）当是时也，夫又谁为戒矣哉！”（《儒效》）

客所道的“身贵而愈恭”等等，是“处一危之”，是为而后成的君子或智者。荀子相信周公已经超越这种阶段，“圣人纵其欲，兼其情，而制焉者理矣。夫何强，何忍，何危！”（《荀子。解蔽》）恭、俭、戒，强、忍、危，都是极力控制自已种种冲动的措施，本身便是一种“为”。如能做到无强无忍无危，从欲而动，任意而为，而又“荣矣而未知”，那才是真正的无为。荀子甚至认为，对于达到这种境界的圣人来说，制约每一行动的“礼”都变得失效了：

舜曰：“维予从欲而治。”故礼之生，为贤人以下至庶民也，非为成圣也；然而亦所以成圣也，不学不成。（《荀子·大略》）

圣人者，以己度者也。（《荀子·非相》）

在成圣过程中，“礼”是行为的准则；一旦成圣之后，一切外在的限制内在的限制全都失效。圣人本身便是尺度，便是界限，他以己为度，而这个度又符合一切客观情况，人就是天，天就是人，他从欲而治，也就是奉天而治，他任意而为，却正如全无所为，他为而必成，却好似不为而成。

这样意义上的圣，也可以看成就是后来实际中的皇帝。后人说“二千年之学，皆荀学也”，不是没有道理的。

最是明白论证圣智对立的，为孟子。据荀子说，子思、孟轲“案往旧造说，谓之五行”。这个“五行”，前人做过种种猜测；到马王堆帛书出土，方才知道它系指的“仁义礼智圣”这五种德行[①]，从辩证法的角度来研究，五者之中，仁和义是一对范畴，智和圣是又一对范畴；礼则暗含着乐，居于二对之中，合乎“礼所以制中”的原则。仁义二行之中，仁更根本；智圣二行之中，圣更高明。全部五行之中，圣又异于其他四行，独以天道为对象，所谓“仁之于父子也，义之于君臣也，礼之于宾主也，智之于贤者也，圣之于天道也”（《孟子·尽心下》）[②]，便表明仁义礼智四行专以人道为对象，只有圣是掌握天道的。

孟子所说的这种五行和圣的崇高地位，在思孟学派的《中庸》里也有反映：

---

①参见拙著《帛书 < 五行篇 > 研究》。

②原文为“圣人之于天道也”，“人”字衍出，说见《帛书 < 五行篇 > 研究》。

唯天下至圣，为能聪明睿知，足以有临也；宽裕温柔，足以有容也；发强刚毅，足以有执也；齐庄中正，足以有敬也；文理密察，足以有别也。溥博渊泉，而时出之。溥博如天，渊泉如渊……凡有血气者，莫不尊亲。故曰配天。

这里所说的“聪明睿知”，就是圣；“宽裕温柔”，就是仁；“发强刚毅”，就是义；“齐庄中正”，就是礼；“文理密察”，就是智。“唯天下至圣”，才能具备这五种德行；而具备了这五种德行，便够上“配天”的资格，成了天在人间的代表。

虽说如此，在先秦时代，圣和智总还有如终与始、力与巧、

天与人那样，是一对对立范畴，未曾彼此离异；尽管圣的神圣光环中已经隐含着这种危机。后来，由于圣的含义逐步神化而飞升开去，危机终于到来，撇下了一个孤独的智，圣智的对立统一关系，便不复为人了解和注意。汉初贾谊《新书》中，尚以仁义礼乐圣智为六行或六术，保留有三对范畴的意思。到董仲舒前后，“圣”字高升，《乐》经不传，六行只剩四行。适逢所谓土德当令，数目尚五，于是又拉了一个“信”来，重新组合成“仁义礼智信”这样的五常，凌驾中国文化两千年，而原先仁义、礼乐特别是圣智所包含的辩证思想，反而沉沦毁弃，默默无闻了。

## 中庸

上述诸对范畴，是儒家观察社会现象、处理社会问题、进行道德修养的总原则，是儒学的基石。在运用这些范畴以确定自己对待事事物物的态度时，儒家还有一个更一般的方法或原则，叫作中庸。

在儒家典籍中，“中庸”一词，始见于《论语》。而中庸的“中”字，作为一种道德范畴和哲学思想，则由来久矣。《尚书》有：

汝分猷念以相从，各设中于乃心！乃有不吉不迪，颠越不恭，暂遇奸宄，我乃劓殄灭之，无遗育，无俾易种于兹新邑！（《盘庚中》）

这段话，顾颉刚先生将它今译为：

你们应当各各把自己的心放得中正，跟了我一同打算，倘有不道德的人乱作胡为，不肯恭奉上帝，以及作歹为非，劫夺行路的，我就要把他们杀戮了，绝灭了，不使得他们的恶劣的种子遗留一个在这个新邑之内！①

这是盘庚决定迁都时的一段训词。在这里，“中”被当作一种美德，要求于奴隶。到了周公，便明确提出“中德”的观念，要求于统治者自己：

丕维曰：尔克永观省，作稽中德；尔尚克羞馈祀，尔乃自介用逸。(《尚书·酒诰》)

这是周公告诫康叔的一段话。大意是说：你如能经常反省，力行中正之德，那么你将能保住权位，得到酒食醉饱。这个要求于奴隶主的“中”，与上述要求于奴隶的“中”，具体内容当然很不一样；但其为不偏不倚的意义，却并无二致。

“中”的要求，除行之于德，更行之于刑。《尚书·立政》记周公曰：“兹式（法）有慎，以列于中罚。”《尚书·吕刑》在谈到执法时，也反复强调

①顾颉刚：《古史辨》第二册。

一个中字，有“惟良折狱，罔非在中”等等。这个思想，在金器铭文中也一再出现，《叔夷钟》有“慎中其罚”，《牧毁》有“不中不刑”之类，都是说用刑要恰如其罪，执法如果“不中”，刑罚必将“不刑”。至于如何才能做到执法的“中”，《吕刑》说：

> 民之乱（治）也，罔不中听狱之两辞，无或私家于狱之两辞。

公正地而不是徇私地听取对立两造的申斥，便能得“中”。那么，这样的“中”，已经不是道德范畴，而属于认识领域了。

这就是说，中不仅是善，而且也是真。

尚中观念作为一种哲学思想，在《易经》里表现得更为明晰。“易”有八卦，两两相重而得六十四卦，卦各六爻。第二、五两爻，是原八卦的中爻，在一般情况下，是统摄卦爻的两爻，所谓“若夫杂物撰德，辨是与非，则非其中爻不备。噫！亦要存亡吉凶，则居可知矣”（《易·系辞下》）。这便是尚中观念。

六十四卦的顺序，呈现为所谓“二二相偶，非覆即变”（孔颖达：《序卦·正义》）的排列，其含有矛盾对立思想，是一望而知的。许多说《易》者早已言及这一点。我们需经指出的是，卦序不仅含有对立，更重要的还在于它突出了对立的统一。这在六十四卦首尾两组四卦的关系中，有着精心安排。

开头一组两卦是乾䷀和坤䷁。它表明，过程从简单的阴阳对立、奇偶对立开始。中间经过六十卦的反复变化，或者说，经历了所有可能形式的矛盾，最后以既济䷾、未济䷿结束了整个行程。这结尾的两卦，从图像上看，正好是开头两卦的交互错综、参和统一；或者说，是乾坤两卦各以己之所有，济对方之无，各以己之所过，济对方之不及，故取名日济。济也是成，是整个过程的终了和完成。济还是通过，由此岸到达彼岸。故用以命名最后一组卦象。《易经》编纂者在卦序上的这一伎俩，看来是明白而又自觉的。他显然是想用卦象和卦名来表明，由对立开始的过程，必以对立的参和调济而结束。这种参和，也正是中，是动态的中，简言之曰和。

《易经》中这种纯思辨的尚中哲理，在《诗经》中采取了另外不同的表现形式。它不再玄之又玄，而变得情趣盎然：

马之刚矣，辔之柔矣！
马亦不刚，辔亦不柔，
志气麃麃，取予不疑。（逸诗，见《逸周书·太子晋》）

马本刚，辔本柔，有如乾之与坤。御夫的精湛技艺，表现在能使刚者不刚，柔者不柔，以柔济刚，以刚济柔，使马与辔统一起来，使刚与柔结合起来，调和起来。一个贤明的统治者也应如此，方能“志气麃廉，取予不疑”；此所谓——

不竞不絿，不刚不柔，敷政优优，百禄是遒。（《诗·商颂·长发》）

这一首诗是赞美商汤的。孟子也说过：“汤执中，立贤无方。”（《孟子·离娄下》）“无方”就是不拘一格，不带框框，就是中。

中或和还使五味可口，五音悦耳，五彩成章。《左传》有曰：

和如羹焉，水火、醯醢、盐梅，以烹鱼肉，燀之以薪。宰夫和之，齐之以味，济其不及，以泄其过。君子食之，以平其心。……声亦如味……清浊、大小、短长、疾徐、哀乐、刚柔、迟速、高下、出入、周疏，以相济也。（《昭公二十年》）

水火、盐梅的统一而有和羹，大小、清浊之相济而得和声。因此，和或中，不仅是善，不仅是真，而且也是美。这个美，不仅带来感官上的享受，还可以“平心”，因而又能促进善和真。真可谓中和之用大矣哉！

《论语》所载孔子的中庸，正是这一切中和观念的逻辑发展。其最大的发展之处，是提出了一个“庸”字，亦即提出了对待“中”的看法和态度，从而使得中和观念哲理化了。

所谓“庸”，也有三重含义，最简明的一个为“用”。《礼记·中庸》所说“执其两端，用其中于民”的便是。郑玄注《礼记》，于《中庸》篇解题说：“名曰中庸者，以其记中和之为用也。庸，用也。”（据《经典释文》及《正义》引）已把这个意思说得很明白。因此，中庸就是用中，它大大不同于老子的用弱和商韩的用强。这是中庸的要点之一。

不仅如此，中庸的“庸”，还有“常”义。郑玄注《礼记·中庸》“君子中庸”章有：“庸，常也。用中为常道也。”二程说：“不易之为庸”，“庸者，天下之定理”（《河南程氏遗书》第七）。这些解释，是符合中庸原意的。盖庸虽为用，但并非任意而用或刚愎自用，它是大写的用字，是用其所当用。庄子在一篇文中说：

> 凡物无成与毁，复通为一。唯达者知通为一，为是不用，而寓诸庸。庸也者用也，用也者通也，通也者得也。……是故滑疑之耀，圣人之所图也，为是不用，而寓诸庸。（《庄子·齐物论》）

这里把“庸”字释为不用之用。按《庄子》的思想路数，不用之用正是大用，伟大的用，绝对的用。在儒家来说，圣人的那种“行其所无事”，“不以事诏而万物成”，也正是不用之用。在本章中将可看到，这种不用之用，是依靠用中来实现的，行中而成不用之用，就叫中庸。这样的用中，不是主观设定的，而是本之于常的；因而是否用中，也就不容径情任性，而应作为常道来遵守。中是常道，不变的绝对的道，这是中庸的更深一层含义。

中庸的庸，还有平常的意思。朱熹注《中庸》，曾三复斯言，并且说，中庸之为德，“亦人所同得，初无难事”。何晏注《论语》“中庸之为德也”章也说：“庸，常也。中和可常行之德也。”这些解释，说出了中庸的一些含义。《礼记·中庸》篇里，本有“极高明而道中庸”一句，谓由中庸以达高明，这个中庸，正是平常、普通的意思。我们甚至不妨认为，孔子提出中庸时候所说的“中庸之为德也，其至矣乎？民鲜久矣”（《论语·雍也》）一节，“其（岂）至矣乎”应该是反问，不是赞叹；就是说，孔子也是将中庸作中和可常行之德来讲的。

因为，从根本上说，绝对的（“常”）既是无处不在无时不有的，因此也就成了平常的。中庸既以中和为常道，将自己高捧入云，必然要承认中和为寻常，使自己跌落尘泥。这就是儒家时而赞中庸为“不能期月守”的至德，时而又说它“造端乎夫妇”（《礼记·中庸》）的奥秘之所在。

这样，执两用中，用中为常道，中和可常行，这三层互相关联的意思，就是儒家典籍赋予“中庸”的全部含义。

中庸的这些含义，又表现为四种常见的思维形式。最基本的形式，是把对立两端直接结合起来，以此之过，济彼不及，以此之长，补彼所短，在结合中追求最佳的“中”的效果。《尚书·皋陶谟》列举的“九德”，最为典型：

皋陶曰：宽而栗，柔而立，愿而恭，乱而敬，直而温，简而廉，刚而塞，强而义。彰厥有常，吉哉！

单纯宽宏的品格，失之于敦厚；必得严栗以相济，使他端与此端常在，二者相辅相成，对立而统一，始成一德。其他八德，亦复如此。清儒焦循谈“九德”说：“变易其行，则宽而栗、强而义，不执于一矣。”（《尚书补疏》）不执于一就是不流于一偏；变易其行就是以对立来济。儒家认为，任何一个事物、一种德行，都只是道之一偏，不是道之全体；只见这个事物，固执这一德行，都叫作执一，而不成用中。所谓：

万物为道一偏，一物为万物一偏；愚者为一物一偏，而自以为知道，无知也。（《荀子·天论》）

所以，儒家修身，以不执一为要：

子温而厉，威而不猛，恭而安。（《论语·述而》）

君子之道，淡而不厌，简而文，温而理。（《礼记·中庸》）

这里的“威而不猛”、“淡而不厌”，属于另一种用中的形式，下面再说；“温而厉”等等，就是温然而厉，或者可以概括为“A然而B”。连接词的两边，是对立的范畴，其中A范畴，是儒家提倡的美德；B范畴，是辅助的德行。二者虽分主从，但却缺一不可。甚至像“仁”这样的美德，也不能单独施行。据说：

孔子曰：丘能仁且忍，辩且讷，勇且怯。（见《淮南子·人间训》）

这个说法出自假托，但却颇得儒家神髓。“仁”需得“忍”来相济，“辩”需要“讷”、“勇”需要“怯”来辅成。这里的对立双方，简直是难以相容的，其一正是其他的否定。但是，一个仁者、辩者、勇者，必须同时具有忍、讷、怯的修养，才能成为真正的仁者之类。黑格尔也说过：“假如一个存在物不能够在其肯定的规定中同时袭取其否定的规定，并把这一规定保持在另一规定之中，假如它不能够在自身中具有矛盾，那末，它就不是一个生动的统一体，不是根据，而会以矛盾而消失。”[①]中庸的要求，也是如此。

单个的范畴，独立的德目，既有其本质上的不足之处，需要以对立方面来补足，已如上述；同时，它还有一种内在的隐患，如果听其扩张，势必趋向极端而转入反面。《礼记·礼运》说：“用人之知（智）去其诈，用人之勇去其怒，用人之仁去其贪。”足见美德如智、勇、仁者，尚固有诈、怒、贪的隐患，需要预为之防。以“仁”为例，前面说，“仁且忍”，那是着眼于仁的不足，需要以对立者忍来足成；现在说，“仁去其贪”，则是着眼于泄仁之过，防止其走向极端。前者是A然而B的形式，后者可以叫做A而不A′，都是追求用中。为了同前面对照，再看《尚书》上的一段话：

帝曰：“夔！命汝典乐，教胄子直而温，宽而栗，刚而无虐，简而无傲。”（《尧典》）

这里的“直而温”、“宽而栗”，和前引皋陶九德中的二德全同，是A然而B的形式；九德的“刚而塞”，这里成了“刚而无虐”，“简而廉”，成了“简而无傲”，这就分别了中庸的两种不同形式。

儒家认为，人性刚断者，不足于实塞，易过于苛虐。九德的“刚而塞”，着眼于其不足，以塞济之；命夔的“刚而无虐”，着眼于其易过，以无虐泄

①黑格尔：《逻辑学》下册，商务印书馆1976年版，第67页。

之。人性简大者，不足于廉隅，易过于傲慢。九德有“简而廉”，以廉济其不足；命夔则有“简而无傲”，以无傲禁其过。过和不及，为任一事物、任一德行所内在具有的缺陷，所谓“万物为道一偏，一物为万物一偏”；其恶果是一样的，所谓“过犹不及”（《论语·先进》），都不合乎中庸之道。A然而B和A而不A′，正由此而来。

以A而不A′形式提出的中庸观念，因其适于表达劝善规过的内容，防止自我满足和强人所难，而成为儒家道德戒条的典型形式，在儒书中普遍存在。《诗》贵“乐而不淫，哀而不伤”，《易》有“亢龙之悔”、“过涉灭顶”，都是意在防止偏激。孟子说：“仲尼不为已甚者”（《孟子·离娄下》），“不为已甚”就是不做过头的事，不说过头的话，就是A而不A′。《礼记·学记》说：

故君子之教喻也，道而弗牵，强而弗抑，开而弗达。道而弗牵则和，强而弗抑则易，开而弗达则思；和易以思，可谓善喻矣。

《学记》把A而不A′作为教喻的最好方式，正是儒家“不愤不启，不悱不发”教学法的具体说明。

最能表现A而不A′中庸精神的，莫如《左传》记季札的一席话。据《襄公二十九年》记载，吴公子季札聘于鲁，观周乐，至歌颂王之盛德的部分，叹曰：

至矣哉！直而不倨，曲而不屈；迩而不逼，远而不携；迁而不淫，复而不厌；哀而不愁，乐而不荒；用而不匮，广而不宣；施而不费，取而不贪；处而不底，行而不流。五声和，八风平，节有度，守有序，盛德之所同也。

从音乐的和平领悟到盛德，一口气举出十四项盛德的表现。这十四事，分别来看，都从泄过立说。他不说“直而温”，而说“直而不倨”，如此等等，当是为了追求训诫的效果。这十四事，合起来看，又复两两相对，一直一曲，一迩一远，构成七对互济不足的格局。就这样，既各自采取A而不A′的形式，又互相形成A然而B的形式，充分表示了《左传》编纂者的中庸思想。

值得特别说明的是，A而不A′形式中的A，是儒家所表彰的美德，A'则是这种美德之超越一步而到达的恶行。美恶之间有个界限，但并非不可逾越。明白指出美德内含有趋于恶行的潜能，告诫人们不要逾越，正所以将美德作为一种中和之德来遵行。这就是孟子所谓的“君子引而不发，跃如也；中道而立，能者从之”（《孟子·尽心上》）。能者从之，不能者往往会把真理推向谬误，所以，“子在陈曰：‘归与！归与！吾党之小子狂简，斐然成章，不知所以裁之’”（《论语·公冶长》）。“斐然成章”就是具备许多美德，但“狂简”而“不知所以裁之”，就有逾越的危险，致使孔子不放心起来。这种使美德A超越而为A′，或不知裁之，又叫作“亢”。“亢之为言也，知进而不知退，知存而不知亡，知得而不知丧”（《易·文言》），它从另外一极，达到了上式所防的只知有A不知有B的毛病。

有一种含义与A而不A′完全相反，但语词、逻辑形式完全相同的思想，在此必须区别清楚：

君子和而不同，小人同而不和。（《论语·子路》）

君子泰而不骄，小人骄而不泰。（《论语·子路》）

这里的“和”与“同”、“泰”与“骄”，在儒家看来，有A与A′之别；因此，这里君子的态度是A而不A′的，而小人则是A′而不A。就是说，和而不同、泰而不骄是中庸的，同而不和、骄而不泰则是反中庸的，尽管在语词形式和逻辑形式上二者相同，但思想却完全不一，这是需要注意的。

另外还有一种连语法构成也不同，只是词组的排列略同的形式，需要与A而不A′相区别，如：

子曰：晋文公谲而不正，齐桓公正而不谲。（《论语·宪问》）

这里的“正”与“谲”，是A与B的关系，“而”是顺接，有如今语“而且”；“正而不谲”的逻辑是A而且不B，后者是对前者的加重与强调，与A而不A′的思想不是一回事。

与此相似，在了解A然而B的时候，也会碰到A而且A′的形式，如：

子曰：亡而为有，虚而为盈，约而为泰，难乎有恒矣。

这里的“为有”、“为盈”、“为泰”，并非真有、真盈、真泰，而是故作其态，实际上还是“亡”、“虚”、“约”，是它们的伪装，是它们的一种极端表现形式，是A的A′。这和上述的A然而B的中庸思想，自不可同日而语了。

总之，用A然而B以济不足，A而不A′以泄过，这是一个问题的两个方面，同一中庸思想的两种表现。它们的进一步逻辑推演，就出来了不A不B和亦A亦B这样的形式。

不A不B，是A然而B的否命题，在A然而B的形式里，A是主体，B之用在济A之不足。在A而不A′的形式里，A仍是主体，不A′的提出为了泄A之过。到了不A不B的形式里，则要求不立足于任何一边，把毋过毋不及的主张，一次表现出来；因而最便利于显示“用中”的特点，且取得一种纯客观的无私姿态。有一段被称为“皇极经”的话，堪称这种形式的典范：

无偏无颇，遵王之义（读如俄）。无有作好，遵王之道。无有作恶，遵王之路。无偏无党，王道荡荡。无党无偏，王道平平。无反无侧，王道正直。会其有极，归其有极！（《尚书·洪范》）

这一首诗，在先秦五种不同思想倾向的文献中，被长短不等地引征过六次（见《左传·襄公三年》、《墨子·兼爱下》、《荀子·修身》、《荀子·天论》、《韩非子·有度》、《吕氏春秋·贵公》），说明它是大家一致公认的公理。其原因在于，尽管大家对于王道有着显然不同的了解，但都相信这样一个简单的逻辑：正确的坐标既定，左偏右偏都只能是不正确的。这个坐标，其政治术语曰“王道”，其哲学术语则谓之“极”。

所谓“极”，也就是最高原则，其语义来自房屋的中栋。道家口中的“极”，是一种玄妙的最高原则（如“祸兮福之所倚，福兮祸之所伏……孰知其极”）；儒家口中的“极”，则是中道，或伟大的中，最高的中。无偏无颇，不左不右，恰到好处，“增之一分则太长，减之一分则太短”，也是极。

荀子在谈心术时，即以这种不 A 不 B 的形式，为求真的方法：

圣人知心术之患，见蔽塞之祸，故无欲无恶，无始无终，无近无远，无博无浅，无古无今，兼陈万物而中悬衡焉。（《荀子·解蔽》）

欲、恶，始、终，近、远，博、浅，古、今，各成对立的双方，只有不偏颇于任何一方，方可适得其中，而得真知。也有以之作为施政方法和修养标准的，如前引《诗经》“不刚不柔”，就是例子。还有一首说得更具体些：

人亦有言：柔则茹之，刚则吐之。维仲山甫，柔亦不茹，刚亦不吐；不侮矜寡，不畏强御。（《诗·大雅·烝民》）

这是歌颂周宣王上卿仲山甫的诗。诗中把不刚不柔具体化为对矜寡不刚，对强御不柔；或者说，对柔者不刚（不茹），对刚者不柔（不吐）。这样，从待人处世的整体来说，便是不A不B的中道。

有时候，这种处世的中道是相对于别人的或A或B而来，如：

孟子曰：伯夷，非其君不事，非其友不友。不立于恶人之朝，不与恶人言；立于恶人之朝，与恶人言，如以朝衣朝冠坐于涂炭。推恶恶之心，思与乡人立，其冠不正，望望然而去之，若将浼焉。是故诸侯虽有善其辞命而至者，不受也。不受也者，是亦不屑就已。

柳下惠，不羞污君，不卑小官；进不隐贤，必以其道；遗佚而不怨，厄穷而不悯。故曰："尔为尔，我为我，虽袒裼裸裎于我侧，尔焉能浼我哉？"故由由然与之偕而不自失焉，援而止之而止。援而止之而止者，是亦不屑去已。

孟子曰：伯夷隘，柳下惠不恭。隘与不恭，君子不由也。（《孟子·公孙丑上》）

在孟子心目中，伯夷、柳下惠，都是仁人（见《孟子·告子上》），甚至是圣人（见《孟子·万章下》）。但他们两人，一个洁身自好而失之于隘，一个随遇而安而失之不恭；一个偏于此，一个偏于彼；一个是A，一个是B。都不合乎中道而立的原则，因而不足效法。

令人惊讶的是，与孟子同时但彼此绝不相知的希腊哲人亚里士多德，也提出了与此类似的论点。他认为，过度和不足乃是恶行的特性，而中庸则是美德的特性。他说，在鲁莽与怯懦之间有勇敢，在羞涩与无耻之间有谦逊，在贪婪与浪费之间有慷慨，在虚荣与卑贱之间是不卑不亢，在自夸与虚伪之间存在着真理性，等等[①]。

这种原则，抽象地说来，是正确的。但如果具体追究起来，弄清楚何谓偏颇，何谓欲恶，何谓柔刚，何谓隘和不恭，何谓鲁莽与怯懦，如此等等，那时发现，作为一种政治的、道德的价值，这些两端，原来都是后于中而出现，并非先于中而存在。某种秩序被宣布为“王道”了，然后有所谓离开王道的“偏”与“颇”；某种心情被定为“正”了，然后有所谓“欲”与“恶”；某种行为被认为“中”了，然后有所谓“刚”与“柔”；某种处世态度被设想为“时”了，然后有所谓“隘”与“不恭”；某种行动被推举为“勇敢”了，然后有所谓“鲁莽”与“怯懦”。这些两端，本是相对的，相对于既定坐标而言。坐标变了，社会不同了，或文化系统不同的民族里，或同一社会同一民族的不同阶级、阶层的人们中，两端中的一端之实际内容，也许竟成了中，而另外生出两种别的极端来。这就是为什么五家都可以拥护“皇极经”而又彼此攻讦不已的原因；因为那个原则只是在抽象意义上对大家适用，而各人的具体所指往往并不相同。这也表明，仿佛是很客观的不A不B，其实是相当主观的。它的长处，不在于它的具体所指，不在于政治的和道德的意义上，而是在于，它以逻辑的形式，把一件事情的两种对立倾向以极端的形式表示了出来，然后予以否定，以见所用之中；这作为一种思维方法，对于正确地认识和行动，是会有助的。

亦A亦B是不A不B的否命题，也是A然而B的形式在时间和空间上的展开。如果说不A不B利于表示“中”，着重指明对立双方的互相节制；

---

①见《尼各马可伦理学》，据北京大学编译《古希腊罗马哲学》及黑格尔《哲学史讲演录》、罗素《西方哲学史》。

那么亦A亦B的形式，则重在指明对立双方的互相补充，最足以表示中庸的“和”的特色。同时，它又有别于以A为主体的A然而B，便于处理需要对AB等量齐观的事事物物。

事物处在运动、变化和发展中，形成了不同阶段的所谓“时”。儒家认为，“与时屈伸”，适应变化了的情况采取不同的对策，直至前后对立的对策，从而在时序上表现为亦A亦B，这是中庸观念所允许所要求的形式。荀子说：

与时屈伸，柔从若蒲苇，非慑怯也；刚强猛毅，靡所不信（伸），非骄暴也。以义变应，知当曲直故也。《诗》曰：“左之左之，君子宜之；右之右之，君子有之。”此言君子能以义屈信变应故也。（《荀子·不苟》）

这段话包含着一个很重要的原则，提出了一个与上述三种形式似乎相反的中庸形式。上述三种形式都追求随时随地的中，这里却允许此一时“柔从若蒲苇”，彼一时“刚强靡不伸”。就是说，它允许在各个具体时段上，或柔或刚，或左或右，“或近或远，或去或不去”（《孟子·万章上》），即允许流于一偏，出现所谓“此一时，彼一时也”（《孟子·公孙丑下》）的情况。这种做法，在儒家看来，并不是走向偏激，背离了中庸之道；而是走向高明，是更中庸的中庸之道。因为它预期着整个发展过程上的亦柔亦刚、亦左亦右、亦近亦远、亦去亦留的状态，就是说，从时间和过程的全体看，这也是用中。

这种随时变应，允许偏颇而预期着全时程用中的做法，叫做“权”。它较之不知权变而固执于中的做法，更胜一筹。所谓：

执中无权，犹执一也。（《孟子·尽心上》）

可与共学，来可与适道；可与适道，未可与立；可与立，未可与权。

（《论语·子罕》）

执中而不知随时权变，反而等于固执一偏；因权变而时执一偏，倒是真正的用中。这里面的哲理，比“共学”、“适道”和“立”都奥妙得多，是孔门为学之道的顶峰。它的适用范围，是相当广泛的：

天下有道则见，无道则隐。（《论语·泰伯》）

可以仕则仕，可以止则止；可以久则久，可以速则速。（《孟子·公孙丑上》）

君子之道，或出或处，或默或语。（《易·系辞上》）

国有道，其言足以兴；国无道，其默足以容。（《礼记·中庸》）

这是个人的出处上的亦A亦B。在治国上，有所谓：

张而不弛，文武弗能也；弛而不张，文武弗为也。一张一弛，文武之道也。（《礼记·杂记下》）

政宽则民慢，慢则纠之以猛；猛则民残，残则施之以宽。宽以济猛，猛以济宽，政是以和。（《左传·昭公二十年》）

政之和，不一定表现在每一时间都是“布政优优”上，也可以表现为不同时间的一张一弛、一宽一猛上。在外交上，有例如：

晋郤缺言于赵宣子曰：日卫不睦，故取其地；今已睦矣，可以归之。叛而不讨，何以示威？服而不柔，何以示怀？非威非怀，何以示德？无德何以主盟！（《左传·文公七年》）

单有威，固不成其为德；单有怀，也不成其为德。必须当威则威，当怀则怀，从而形成亦威亦怀的局面，方足以示德和称雄。

由于客观情况的复杂多样性，不仅在不同时间对待同一事物容许亦A亦B，以收用中的效果；即使在同一时间内，对于不同领域的事物，亦可采取不同的直至对立的即亦A亦B的办法，展现为整个空间上的用中。例如：

求也退，故进之；由也兼人，故退之。（《论语·先进》）

天之生物，必因其材而笃焉。故栽者培之，倾者覆之。（《礼记·中庸》）

培养人才，要因材施教，或进或退，不能固守一途。天之生物，也因材助长，或培或覆，不曾一味好生。人事和天工，都是亦A亦B的。在治国上：

凡建国君民，内事文而和，外事武而义；其刑慎而杀，其政直而公。本之以礼，动之以时，正之以度，师之以法，成之以仁，此之谓时。（《逸周书·武纪》）

内事尚文，外事尚武，在同一时间内对待不同的事物，办法可以是不同的；它们的全局，则构成为用中。当然，内事也有猛以济宽的时候，外事也有柔以示怀的时候，不可执一而固，“君子知微知彰，知柔知刚，万夫之望”（《易·系辞下》），君子必须“执二”，既知柔又知刚，因时因地制其宜，于是这种“执二”又不是在绝对对立中驰骋，而成了“执中”。当然，一般说来，不同事物有其基本的不同办法，则是“礼”所要求于人的：

季孙欲以田赋，使冉有访诸仲尼。仲尼……私于冉有曰：君子之行也，

度于礼：施取其厚，事举其中，敛从其薄。（《左传·哀公十一年》）

施与敛，有予取之别，决定了它们从厚从薄的不同。施厚敛薄，事得其中，斯为仁政。

这第四种形式，因时因地或A或B的形式，与上述三种随时随地结合AB的形式，外观上似乎相反，实质上完全相同。它从前三种的反对执一走向新的执一，是不执一后的执一，虽执一而却不执一，因为它追求更大范围内的用中。由此可以说，第四种形式与前三种形式也处在对立统一关系之中，彼此结成不可或缺的两个方面。对于它们，也不可执一而足，而需要根据情况予以灵活运用，以见中庸。

在灵活运用中庸的诸种形式中，形成了曲、豫、兼、谦、衷、和等一系列儒学范畴，为中国的辩证思想增添了色彩。

据说，孔子观于鲁桓公庙之欹器时，喟然而叹曰：

吁！恶有满而不覆者哉！子路曰：敢问持满有道乎？孔子曰：聪明圣知，守之以愚；功被天下，守之以让；勇力抚世，守之以怯；富有四海，守之以谦：此所谓抑而损之之道也。（《荀子·宥坐》）

这段“孔子曰”，当是出自后人伪托；“所谓抑而损之之道”，又显系指《道德经》“高者抑之”、“有余者损之”而言。但这个持满之道，却真是儒家思想，并非道家专用，它是中庸原则的具体运用。在《荀子》，有所谓：

故知者之举事也，满则虑嗛，平则虑险，安则虑危。曲重其豫，犹恐及其祸，是以百举而不陷也。（《仲尼》）

正因为预见到“恶有满而不覆者哉”，所以智者之举事，不是以满守满，而是于满则虑嗛。聪明圣知是智慧之满，保持的办法，不是以智，而是以愚。如此等等。也就是说，当自己已经高踞A位时，其思想其行动倒应该着眼B位，即着眼于对立面。因为，既然满而必覆，必然向对立方面转化过去，那么，预先以对立方面来自我限制，抑而损之，加以中和，使它不满，不趋于极端，岂不可以不覆？于是，这种状态下的不满，倒是最大可能的满，可以长久保持的满，即真满。[①]这里所用的办法，叫作“曲”，它所关心的，是“豫”；合而言之，叫“曲重其豫”。

豫是预见、预防，预为之谋。“庆者在堂，吊者在闾。祸与福临，莫知其门。豫哉豫哉！”（《荀子·大略》）发展总是要向对立面转化，对于既得利益者阶层来说，转化意味着失去一切，满将为嗛，吊随庆来。而这种转化，又令人“莫知其门”，恐惧万分，于是“豫”的重要性就得到强调了。《礼记·中庸》说：

> 凡为天下国家有九经，所以行之者一也：凡事豫则立，不豫则废。

可见豫在儒家心目中的地位。豫必有术，这个术就是“曲”，即对直而言的屈曲之曲。例如说，不能以智守智，以安居安，不能用这种直来直去的办法；而要用愚、用危，即用屈曲的办法，用它们的对立面，给智、安以中和，防止它们走向极端。这种居安思危的办法，就叫“曲重其豫”。《易·系辞上》有“曲成万物而不遗”，《礼记》有了《曲礼》篇，《中庸》有“其次致曲”，那些“曲”字，都是这个意思。经师们不知辩证思想，往往以“全面”、“琐细”释“曲”，越说越远，把好端端的思想给糟蹋掉了。

---

①农谚有曰：十成熟，八成收；八成熟，十成收。

曲重其豫是持满守盈之道，对未满未盈、非满非盈的事物或状态，则有所谓“养”和“兼”。荀子说：

孰知夫出死要节之所以养生也？孰知夫出费用之所以养财也？孰知夫恭敬辞让之所以养安也？孰知夫礼义文理之所以养情也？

故人，苟生之为见，若者必死；苟利之为见，若者必害；苟怠惰偷懦之为安，若者必危；苟情悦之为乐，若者必灭。（《荀子·礼论》）

这里说，为名节而死，正所以养生；付出必要的费用，正所以养财。如果相反，只知有生，结果反而必死；只看到利，结果反而受害。这样，就提出了一个辩证方法：以A养A反得B，以B养AA大成。这个以B养A，正是中庸形式的运用。

从空间上来说，“养”表现为“兼”，表现为对立的相互依存，不可或缺。孟子说“无野人莫养君子”（《孟子·滕文公上》），还只是一种政治学说，到荀子那里，便明显具有了哲学意义。荀子说：

分均则不偏，势齐则不壹，众齐则不使。有天有地而上下有差，明王始立而处国有制。夫两贵之不能相事，两贱之不能相使，是天数也。势位齐，而欲恶同，物不能赡则必争，争则必乱，乱则穷矣。先王恶其乱也，故制礼义以分之，使有贫富贵贱之等，足以相兼临者，是养天下之本也。《书》曰：“维齐非齐。”此之谓也。（《荀子·王制》）

统一是对立之统一。这个对立双方的地位，又是不均的、不齐的。均则不偏，齐则不壹、不使。必须是天在上，地在下，方能构成和谐的宇宙；贵使贱，贫事富，国家才得无争而太平。这种观念带有明显的等级色彩，是统治阶级的意识，一望便可知道；但它提出了区分矛盾主要方面与次要方面的思想，在人类辩证思想发展史上，却是值得大书特书的。这个思想，在中国，由于重视天人合一的研究，很早便从社会现象上升为哲学思想，并且一直延续下来，成为中国哲学史中的一颗明珠。在儒家那里，既相信贫贱服事富贵、矛盾次要方面服从主要方面为毋庸置疑的定则，又强调富贵对于贫贱、矛盾主要方面对于次要方面，要能容：

君子贤而能容罢（疲），知而能容愚，博而能容浅，粹而能容杂：夫是之谓“兼”术。（《荀子·非相》）

这样，双方都要考虑对方的存在，这叫作“相兼临”，这是“养天下之本”。从思维方式来看，这又是中庸的亦A亦B形式的具体运用。

“曲”、“豫”、“养”、“兼”的方术，作为道德范畴来表现，就成了“温良恭俭让”之类，它是维持对立统一局面、保护现存秩序的修身法则。据载，孔子高祖正考父有鼎铭曰：

一命而偻，再命而伛，三命而俯，循墙而走，亦莫余敢侮。饘于是，鬻于是，以糊余口。（《左传·昭公七年》）

由偻而伛而俯，爵位愈高，恭谦愈甚，以至于“循墙而走”；鼎之用本以烹肉，却说要拿来熬粥糊口。这样的事情，在实际上一般绝不会发生，但鼎的主人，却要在观念上念兹在兹。他们相信，唯其在观念上念念不忘，倒保证了实际上的不致发生。因为他们知道，极必反，盈必毁，得利而骄，必不保其位；免患的办法，只有谦卑。还有一个故事说：

孙叔敖遇狐丘丈人。狐丘丈人曰：“仆闻之，有三利必有三患。子知之乎?”孙叔敖蹴然易客曰：“小子不敏，何足以知之？敢问何谓三利？何谓三患?”狐丘丈人曰：“夫爵高者人妒之，官大者主恶之，禄厚者怨归之，此之谓也。”孙叔敖曰：“不然。吾爵益高，吾志益下；吾官益大，吾心益小；吾禄益厚，吾施益博：可以免于患乎?”狐丘丈人曰：“善哉言乎，尧舜其犹病诸!”《诗》曰：“温温恭人，如集于木；惴惴小心，如临于谷。”（《韩诗外传》卷七）

爵高而志下，官大而心小，禄厚而施博，这是符合A然而B原则的，是中庸之道，也是谦。

谦的对面是满或盈。唯有满者盈者才会痛感谦的必要。为了唤醒全体爵高禄厚者的注意，确保既得利益，儒家不惜神道设教，说：

天道亏盈而益谦，地道变盈而流谦，鬼神害盈而福谦，人道恶盈而好谦。谦尊而光，卑而不可逾，君子之终也。（《易·谦·彖》）

天道鬼神都祸害盈而惠福谦，人亦如此。剥去这些话的神秘外衣，实际上说的是物极必反原则。但是说话人的意思却不在于赞美这个原则给世界带来发展，儒家是没有发展观念的；它恰恰要阻碍发展，将现存秩序凝固起来，办法就是谦，就是居A而思B，就是中庸。

对于这种办法，乃至对于整个中庸，我们不能笼统斥之为反动，或谥之为形而上学。因为，维护现存秩序的政治价值，是以现存秩序本身价值为定的。当着一种秩序为社会发展所必需，有利于社会发展的时候，维护它的存在，无异于维护社会发展；这时候，维护就是进步，破坏倒是反动。举一个人人都能接受的比喻来说：治病的目的，就在于维护或恢复人体的正常秩序，尽管谁都知道人总有一死，这是发展的必然，但在有生之日，医生总在设法维护病人的存在。同样的，中庸重在研究对立面的依存和联结，把对立同一的这个方面挖掘得相当深透，直至今天，仍可用来帮助在一定限度内进行思维活动，捕捉客观法则，处理内部矛盾，解决工作难题。我们不能不承认它有辩证法的内容。可惜的是，儒家心目中只有依存，不知发展，因而在某种情况下和某些问题上，依存不可避免地要变成保守，而使其辩证思想走向反面。这一点，在后来专制集权的封建社会中，果然发生了，中庸思想以其保守特色受到重视，给中华民族的性格和文化留下了深刻烙印，同中国历史的缓慢脚步结下了不解之缘；特别当社会革命时机到来之时，它的消极作用愈益显著，直至成为阻碍变革的思想大敌。明清之际的启蒙思想家王夫之，已经感觉到了这一点，他认为，“中”既称为“皇极”，称为“至善”，便不可有超乎“中”的“过”的状态存在，只会失之“不及”。他说：“尽古今人，无有能过其行者”，“成仁者，亦仅免于不及”而已。他公开声言，自己之所以弗恤与先儒小异，主张“无有可过”，盖“不欲使人谓道有止境，而偷安于苟得之域”（见《读四书大全说》卷六、卷七）。王夫之的这些言论，看起来像是高扬中庸学说，宣讲儒家思想，其实他这种“无过有不及”的“中庸”，已是要求进取的时代精神的理论表现。可悲的是，他不能知道，中庸之道既以防止转化为己任，正是“谓道有止境”；中庸之道主张对立只有依存与联结，也无异于“偷安于苟得之域”；而他自己在中庸的口号下鼓吹进取，倒恰恰背离了中庸精神，这一理论上的不谐和与软弱状态，正好反映了当时觉醒者之微弱与革新要求的不彻底性。

随着社会变革之成为当务之急，特别当无产阶级的发展观要求变成现实的时候，反对转化的中庸思想便首当其冲，被宣布为十恶不赦，而受到彻底否定。这是十分自然而必要的。只有经过这样一番否定之后，才有可能在新的历史条件下，冷静地对它作一点全面的研究，发表一点公平的议论，还它以本来的面目，看清楚它的适用范围和禁用范围，对儒家学说乃至中华文化中的这一重要思想的科学意义和历史作用，作出接近正确的评价。

## 三分

承认对立而又尚中，很自然地，世界便被分成左中右或上中下，分成过去、现在和未来。以三分观点观察一切和处理一切，构成儒学的基本方法——三分法。

道家也承认对立，但他们向往的是“天地与我并生，而万物与我为一”（《庄子·齐物论》），即在主观上消融对立为一体。法家也承认对立，但他们强调的是“知臣主之异利者王，以为同者劫，与共事者杀”（《韩非子·八经》），即要求确保这种不两立的对立。这也就是说，道家向往一，法家保持二；而儒家则提倡三，有所谓圣人“与天地参”，“德配天地”（《礼记·经解》）。这是先秦三大学派的一个很有趣的也是很有实际价值和理论意义的差别。从辩证法的角度来比较，向往一的道家，更多地注意于对立的直接同一；保持二的法家，着眼于对立的绝对对立；而提倡三的儒家，倒似乎兼顾及对立和同一，虽仍不能忘情于调和统一。他们在各自的领域内，对于辩证思想的发掘，都作出了贡献；而他们的先后嬗递，又为辩证思想的辩证发展，绘出了一幅生动的画图。儒家由孔子始到荀子终，正好占据了这个过程的首尾两端，一起一合，地位十分重要。

世界上的许多古老民族，仿佛都对“三”、“五”两数发生过特殊兴趣，并在自己的思想文化中刻下这样那样的痕迹。黑格尔的如下一段话可以借来代替烦琐的引证：“印度人在他们观察意识中认识到凡是真实的与自在自为的就包含三个范畴，并且理念的总念是在三个环节中得到完成的。这个对于三位一体的高卓的意识，我们在柏拉图和其他人的思想中也再度看到。”[①]据现有材料推断，我们的祖先商族，大概对“五”的兴趣更大一些，而周族似较喜欢“三”。这或许便是五行和八卦[②]最早作为两种体系而分立的缘由。后来周室代商并大力吸收殷人文化，“五”和“三”便结了缘，共同构成中华文化的数字骨架。

“三”、“五”两数中，“五”之得到青睐，显然是手指、足趾的功劳，并在十进位制中得到巩固，可谓毫无疑问；而“三”的神奇地位之获得，则总是思辨的结果。这在中外文化中，都是一样的。从表现形式来说，中华文化之尚三，又常以尚参尚中的面貌出现，这便和儒家思想大有关系。

“参”字和“三”数，起初并无关系。“参”字始见于金文，作，“象参宿三星在人头上，光芒下射之形”（朱芳圃：《金文释丛》）；或省去人，作；或省光芒，作。“参”之和“三”挂钩，是后来的事；可是，又比会计体之以“参”为“三”出现的时间要早得多。一般认为，会计体数字始行于西汉，而“参”用如“三”，在《左传》、《国语》中已非罕见，而应另有原因。

首先，“参”字之可以作“三”，一个显见的原因在于它的造型。参宿凡七星，两颗零等亮星分列头尾对角，为参宿四和参宿七。其一、二、三星（现代所谓猎户座的腰带）虽然只有二等的亮度，却因连列宿中而特别显眼，以至名列前茅，成为本宿的代表。金文“参”字头上的三颗星以及“参”之借用为“三”，当由此来。所以在一些时候，“参”字简单地就等于数词

“三”。如：

君子博学而日参省乎己。（《荀子·劝学》）

这个“参省”就是《论语·学而》上说的“吾日三省吾身”。只是这种并非由于会计需要而写“三”作“参”的例子，终究是少数，因为它除了增加笔画外，别无其他实际意义。在更多的场合，“参”字都用在与“三”有关的引申意义上。

一种情况是，以“参”字同时表示“三”数和某种量，成为一个既是数词又是量词的数量词。如：

恤民为德，正直为正，正曲为直：参和为仁。（《左传·襄公七年》）

舆人为车，轮崇、车广、衡长，参如一，谓之参称。（《周礼·考工记》）

这里，“参和”是说德、正、直三者之和；“参称”是指轮、车、衡三者的崇、广、长相称。这些“参”，不简单是数词三，而且容纳不同的量词于自身，内涵丰富多了。

另一些时候，“参”也用来表示第三和并列而三，即表示出时间和空间的关系来。如“参乘”就是车主和御夫以外的第三者；“名参天地”、“与日月参光”，则是与天地或日月鼎立的意思。

有趣的是，这个第三和并列而三者，有时又常不在一、二之外独立自在，而是依存于一、二之中；当人们说到三件物事时，第三者未必真实出场，前两者便充当了“三”的代表。例如，有一种天文仪器叫“参表”，有个地方以它为例说：

上惠其道，下敦其业，上下相希（睎），若望参表，则邪者可知也。（《管子·君臣上》）

这种“参表”，并无三根表，只是两根表，外加所望的太阳在内，三点成线，故而有了“参”。《管子》将“上下相希”比如“望参表”，也因为“上”“下”两者相望，却能望出一个第三者——“邪者”来。

与此类似的，还可举两个有趣的例子，一个叫“尧舜参牟子”（《荀子·非相》）。一些注《荀子》的人说，“参牟子”就是三个瞳孔。这比“舜目重瞳”之说，更难令人置信。看来“参牟子”应该像上述“参表”一样，实存的还是两眸子，第三者是虚的，它是一颗存在于两眼之中而非实在的第三只慧眼，它可以洞察一切，见常人之不见、察现象之本质等等。

另一例叫“禹耳参漏”，见于《淮南子·修务》和《潜夫论》。一些注者以为“参漏”即“三孔穴”。不论是两耳各有三孔还是共有三孔，恐怕都不可能，亦非论者原意。看来它也和“参表”一样，实际上只有两个漏，第三漏是虚的，存在于这两个漏的存在之中。后来说的“兼听则明”，由“兼”而得“明”，同这里的由两漏而得第三漏的说法，正相一致；只是一个抽象，一个形象罢了。

这些“参表”、“参牟子”、“参漏”所说的“参”，都不是独立自在的三，而是依存于一、二之中的三，它不是一个简单的数字之三，而是辩证之三，所以写作“参”。这个“参”，是儒家辩证法所追求的一种境界，一种修养的境界，也是解决一切疑难的办法。《荀子·大略》篇说：

是非疑。则度之以远事，验之以近物，参之以平心。

这是说的决疑法。“度之”、“验之”、“参之”，仿佛是三个同等的动作；“远事”、“近物”、“平心”，仿佛是三个同位的要素。其实不然。这里的“平心”，系指对待“远事”、“近物”乃至一切客观实际存在的对立应该持平，应该保持一种客观的、公平的精神状态，并非以内“心”与“远事”、“近物”鼎立。所谓“参与以平心”，是说要从“远事”、“近物”这种导致疑意引起蔽塞的对立中，以平心得出一个第三者来。

因为儒家认为，任何一隅之见，都是偏见，即所谓“一曲”（《荀子·解蔽》），它可以蔽塞人心，不得真知。有一隅就意味着有另一隅与之对立，这另一隅也同样是“一曲”，所谓：

> 欲为蔽，恶为蔽；始为蔽，终为蔽；远为蔽，近为蔽；博为蔽，浅为蔽；古为蔽，今为蔽。凡万物异则莫不相为蔽，此心术之公患也。（《荀子·解蔽》）

要想避免和克服这种公患，只有一个办法：

> 圣人知心术之患，见蔽塞之祸，故无欲无恶，无始无终，无近无远，无博无浅，无古无今，兼陈万物而中悬衡焉，是故众异不得相蔽以乱其伦也。（《荀子·解蔽》）

所谓“兼陈万物而中悬衡”，主要就是兼陈对立两端而参之以平心，即从对立相较中取舍各端之优劣，裁决出一个第三者来；那时候，蔽塞之患便不复存在，而真理也就得到了。孔子说的“攻乎异端，斯害也已”（《论语·为政》），也正是这个意思。

因此，这样的“参”，便不是独立自在的第三者，更准确地说，它只是一种动作，究其特点，大体包括：(1)动作的对象有两个，“欲恶”、“始终”、“近远”等等；(2)就这两个对象互相比较讐应，取长补短，便是动作的本身；(3)由此得出一个既不同于原对象，又不离于原对象的结果来，它高于原对象，比它更深刻地捉住了事物的真相。

因此，简略地说，这个“参”，就是“二生三”。在通常情况下，它总是突出“二生”这一点，动作本身仿佛就是一切，那结果的第三者，倒往往不在计议之中。因为必先有“二”，始得相互比较而生“三”；有了“二”，“三”便在不言之中，有了“二”，“三”便可以参验而出，“举杯邀明月，对影成三人”。没有“二”，或者客观中有“二”而未能找到，那“三”便只能是蓬莱三岛，真是“山在虚无缥缈中”了。

所以，这一类的“参”，慢慢变得与“三”没有什么形式上的联系，而只与“二”往还了。如：

> （何武）疾朋党。问文吏必于儒者，问儒者必于文吏，以相参验。（《汉书·何武传》）

所谓“以相参验”，就是以儒者之见与文吏之见来互相校核。这个动作当然预期着一个非此非彼、亦此亦彼的第三种见解，这是它所以谓之“参”验而不谓之别的什么“验”的根源。但是，第三者的痕迹在这里是十分暗淡的；“以相参验”所强调的，分明只是二者的互验，是这种互验的动作，而不提结果。所以，有的地方，干脆称这种“参”为“参贰”。如：

> 鸿知所言，参贰经传。（王充：《论衡·案书》）
>
> 予参贰国政。（范仲淹：《邠州建学记》）

“参贰”的完整意思是说，对第一者提出一个二，即对立者，以供得出三。这里，“经传”或“国政”是“一”，“鸿知”或“予”提出一个“二”，供博雅君子或决策者去“参”，即得出“三”来。这也正是老子所说的“一生二，二生三”。有了与“一”正相对立的“二”，虽不直接提出“三”来，“三”也便在其中，呼之欲出了。这是一种进言的艺术，也是一种引而不发的辩证方法。

需要强调指出的是，这个所谓“二”，不是任意一个别物，而是与“一”正相对立的别物，黑格尔所谓的“自身之别物”，这一点至为关键。仅仅存在差异而并非正相对立的两物，不能暴露此类事物的全部矛盾，不能概括此类事物的全部本质，因而也得不出一个更为完整的“参”来，收不到“参”的效果，解决不了前进一步的要求。古训有所谓“顽贪以疑，疑意以两，平两以参”（《逸周书·常训》）者，说的就是这个意思。而大凡明哲之士的明智之举，多能自觉地去发现对立乃至树立对立，以使自己由“一”通过“二”而进至“三”，以收“参”的效果，达到更高的境界。如：

西门豹为邺令，而辞乎魏文侯。文侯曰：“子往矣，必就子之功，而成子之名。”西门豹曰：“敢问就功成名，亦有术乎”？文侯曰：“有之。夫乡邑老者而先受坐之；士子入，而问其贤良之士而师事之；求其好掩人之美而扬人之丑者而参验之。”（《战国策·魏策一》）

“乡邑老者”和“贤良之士”大体上是值得信任的，但终难免于一曲。为能做到有可参验，不惜寻求“好掩人之美而扬人之丑”的人，即存心去寻找对立面。没有这个“二”，便生不出“三”来，得不到“参验”。再如：

卫嗣君重如耳（人名），爱世姬，而恐其皆因爱重以壅己也，乃贵薄疑（人名）以敌如耳，尊魏姬以耦世姬。曰：以是相参也。（《韩非子·内储说上》）

这个叙述特别用了“敌”字“耦”字，都是正相对立的意思。给宠爱的人设立对立面，使一成了二，结论不是“以是相贰也”，不是为二而二，不是自陷于二，而是“以是相参”，以二求三。

一切带“参”字的动词，本来都是这个意思，如参考、参校、参议、参稽、参观、参验、参与、参加……都是要求就原先的“一”，加入一个正相对立的“二”，以使矛盾暴露，本质显现，从而得到一个更好的“三”。所谓“君所谓可，而有否焉；臣献有否，以成其可。君所谓否，而有可焉；臣献其可，以去其否”（《左传·昭公二十二年》晏子曰）；并非察言观色，随声附和，便得谓之参议、参与的。

儒家相信，这种不即又不离于二的第三者，并非别自一物，而正好便是对立二者的调和、折中与统一。他们确认，一曲是不好的、不真的；对立实即各执一端，更是双倍的一曲。纵然此方得以在一定条件下超过彼方，或彼方在另一条件下胜过此方，都免不了一曲之陋。只有二者长短互补，彼此优劣相和，方是最佳状态。故有所谓：

子曰：“质胜文则野，文胜质则史；文质彬彬，然后君子。”（《论语·雍也》）

“彬彬”的状态，就是文、质二者优点之和，它可以看作亦A亦B，也可以说是不A不B，更准确点说，这是参，是免除了文之史和质之野、兼收了文之华和质之实的第三者、中间者，也是文化修养上的最佳状态。又如：

子曰："不得中行而与之，必也狂狷乎！狂者进取，狷者有所不为也。"（《论语·子路》）

这是说的品格，性狂者急于进取，性狷者滞于不为，各流于一偏。调和二者便得中行，也就是用中，或者叫中庸。从这里可以看得清楚，中行或中庸，就是第三者，就是参。

不仅中行或中庸是参，儒家还相信，整个儒家学说，正是一个参。孟子说过：

逃墨必归于杨，逃杨必归于儒。归，斯受之而已矣。今之与杨墨辩者，如追放豚，既入其苙，又从而招之。（《孟子·尽心下》）

墨氏兼爱，杨氏为我，构成正相对立的两派。"逃墨必归于杨"，从一个极端走向另一极端，这是事物发展的一般情景，也是学说史的一般情景。由于史料阙失，我们未必能以指出某谁逃墨归杨的例证；但可相信，孟子这话绝非无的之矢。"逃杨必归于儒"，这位逃者或这批逃者不必正是上次的逃者，从整个学说史的发展来说，总的趋势理应如此。从兼爱之不得实行而转向为我，这是逃墨归杨；而为我的彻底推行又将使社会崩裂，下一步，势必向中间摆动，或者说，兼采二家之长，这便是逃杨归儒。在这里，儒家是个第三者，也可看成是二家之参。虽然从具体历史来说，儒家出现于墨杨之前，是儒家的仁爱诱发了墨家的兼爱，不是相反；但我们不要忘记，儒家到孟子呈现中兴，确立了仁义并举的体系，则显系在墨杨之后，参照了二家的短长所致。孟子以通天教主自命，不愿说出也不能说出这个史实，但终究还是说出了"归，斯受之而已矣”的话。这句话，与其看成是叮嘱弟子们宽宏大量，不如看成是儒学至此又容纳了新的内容，更为符合真实一些，也符合这个真实在孟子头脑中的曲折反映。所以孟子又反复告诫弟子，对杨墨要能兼收并蓄，不要像追放豚那样，关进圈里，再把它捆上；因为他们必然趋向于儒，不会再跑了。

由此，我们很容易会想起孔子的一个类似论断，叫作“齐一变，至于鲁；鲁一变，至于道”（《论语·雍也》）。据说齐政“尊贤上功”，鲁政“亲亲上恩”，这是正相对立的两极。孔子认为逃齐必归于鲁；但鲁的单纯亲亲也不是最好的办法，最终只有走向在亲亲中贯彻尚贤之一途，即兼采两国之得，这便是逃鲁必归于道。

由以上诸端可以看出，“参”的状态，不简单是一个第三者，而是二者之“中”；也不简单是鼎立之三，而是最佳状态。儒家自认为他们的学说正是这样一个最佳的中道。

这样，我们就又接触到了上一章中已多少碰到过的问题，即儒家所理解的最佳，并不是常人所理解的最上乘，或理论上可能想象的最上乘。所谓“参”的状态，实际上只是眼下可行的最佳状态，从而也是真实的最佳状态，乃至绝对的最佳状态，这便是中庸的“庸”字所包含的意思。如下一段名言，可以证明这个推论：

> 子贡曰：“如有博施于民而能济众，何如？可谓仁乎？”
>
> 子曰：“何事于仁，必也圣乎！尧舜其犹病诸！夫仁者己欲立而立人，己欲达而达人。”（《论语·雍也》）

子贡所想象的这个“博施于民而能济众”全无一己之私的境界，只是一种理论上的最佳状态，是政治上的一种极项，作为一个虚悬的目标，当作口号来喊喊，或许是可以的，事实上连尧舜都难以做到。汲汲用世的儒家，不愿拿这种空头作为自己的行动纲领。当然相反的另一极，残贼民众，聚敛自肥，或知道无济于事而不为，也是要不得的。真实可行的，只是一种中间状态，就是既立己又立人，既达己又达人；为了立己、达己而立人、达人，这就叫仁。但即使是这种仁，虽然真实可行，却并非既已存在；虽是大多数人都能达到的，却并非大多数人都已理解并能笃行不移的。从这样一个现实考虑出发，这种中间状态，也就成了最佳状态。

孔子甚至认为他自己就是一个中等的人：

子曰："三人行，必有我师焉：择其善者而从之，其不善者而改之。"（《论语·述而》）

只要三人相聚，必有善于我者和不善于我者，比较而言，我则居中。这里当然不限于人品或才能的整个评价；在某些点上，总会发现有善于自己的人和不善于自己的人，自己总是处于中游。另外，"三人行"也不必在数量上刚好三个，"凡有人群的地方，都有左中右"（毛泽东语），人群都可按某个标准一分为三，而中间往往是大量。这大概便是儒家思想的社会基础之所在。

据说孔门弟子也是一分为三，有过有不及。孔子的办法是因材施教，损有余，补不足，务期于中。后来的儒书上，常常以子贡作为过的典型，子路作为不及的典型，颜渊作为中的典型，形象化地演说儒学的奥义。如：

子路入。子曰："由，知（智）者若何？仁者若何？"子路对曰："知者使人知己，仁者使人爱己。"子曰："可谓士矣。"

子贡入。子曰："赐，知者若何？仁者若何？"子贡对曰："知者知人，仁者爱人。"子曰："可谓士君子矣。"

颜渊入。子曰："回，知者若何？仁者若何？"颜渊对曰："知者自知，仁者自爱。"子曰："可谓明君子矣。"（《荀子·子道》）

这里是一份三位学生对同一口试题目的不同答案和不同评语的记录，即使出于后人想象或追记，并未失事实真相，至少也未失儒家思想的真谛。这三位典型提出了三种智仁观。子路不求进取，只知道要求别人知己爱己；子贡正巧相反，主张自己去知爱别人，无我无私；而孔子亦曾为之自愧不如的颜渊，则取了中道，他强调自知自爱。在实际生活中，大概唯有自知，才能不带主观成见，准确地知人，并博得别人知己；唯有自爱，才能摆脱主观好恶，忠诚地爱人，并换得别人爱己。这正是子路、子贡所片面追求而不可求得的效果。把这一些话换成我们前已证明了的话来说，子路想的只是"己欲立"，"己欲达"，子贡想的只是"立人"、"达人"；而颜渊的"自知"、"自爱"，则包含欲立欲达与立人达人于自身，是二者的有机综合，是目的与手段的高度统一，它本身不复再是目的或手段，只因它已包有它们于自身，它是智仁的自我完成。从这一点来看，颜渊的答案，是最完满的，是对智仁的最好解释，所以孔子许之为"明"。"明"在儒家经典中，是一种切实而又难能的品德。

但是我们都还记得，子贡所答的"知者知人，仁者爱人"，曾是孔子的原话，孔子在一次回答樊迟问仁智时正是如此说的（见《论语·颜渊》）。为什么子贡袭用了这些答案却未得到满分呢？这里有无因材施教的方法在运用着，暂且不论；我们至少可以看出，这种无我的智仁观，大概有如"博施于民而能济众"一样，只有理论上的价值，而在实际上是"尧舜其犹病诸"的。所以，倒是颜渊所答的那种作为正反之合的答案，反而成了最佳定义了。

与此类似的例子还有：

> 或曰：“以德报怨如何?”
>
> 子曰：“何以报德？以直报怨，以德报德。”（《论语·宪问》）

以德报怨，当然是了不起的宽宏大量，但多半只是说说而已，推行起来至为困难。反过来，以怨报德，那将成为小人，也不行。唯一真正可行的，恰在二者之中，即以德报德，以怨（直，值也）报怨，以眼还眼，以牙还牙。这种做法，看上去不那样高尚，讲起来也不怎么堂皇，但却是人人可行、人人应行的正道。

只是孔子已经遗憾地发现，这个正道，这种以参和之中为最佳状态的真理，总是不能为常人准确领悟；上焉者追求过高，下焉者所见过低，以至于本来并无多少玄妙的儒家之道，竟然到处碰起壁来：

> 道之不行也，我知之矣：知者过之，愚者不及也。道之不明也，我知之矣：贤者过之，不肖者不及也。人莫不饮食也，鲜能知味也。（《礼记·中庸》）

我们在这里不去讨论这席话是否真是孔子言论的实录，至少可以当作儒家思想来对待。这里把人分成三等：智者贤者，愚者不肖者，以及介乎二者之间的不智不贤不愚不肖者。这后一等人，应该就是上述的“中行”之人。三等人各有自己的“道”，或过或不及；只有中行之人的中庸之道，为每一个人所普遍实行着，正如“人莫不饮食”一样。只不过上下两等人食而不知其味，倒是中行之人最懂得人生和宇宙的真理；于是，相比起来，智者反而不智，贤者反而不贤，中行之人反而成了大智大贤了。与此相应，过于中庸之道的高调，实际上并不为高。而有如“人莫不饮食”一般的中庸之道，倒由于人人无可逃脱而真正高了起来。

这样，我们可以说，儒家以三分法划分世界，但在价值评定上，它并不以上者为上，而是以中为上的。至少在孔子时候确然如此。这一点很值得注意。

孔子以后，诸子蜂起，墨者主张兼爱利他，道家鼓吹报怨以德，调子越唱越高，天国的入门券不断跌价。流风所至，波及荀子，他虽然依旧运用三分法去观察世界，但在评价上，却不便将中等状态誉为最佳状态，听任别人去贩卖廉价的高调，而不得不时时瞩目于逻辑上可能导出的上等，拿来作为自己的旗帜挥舞了。

例如，他在列举治国御民办法的时候说：

不利而利之，不如利而后利之之利也；不爱而用之，不如爱而后用之之功也。利而后利之，不如利而不利者之利也；爱而后用之，不如爱而不用者之功也。

利而不利也，爱而不用也：取天下者也。

利而后利之，爱而后用之者：保社稷也。

不利而利之，不爱而用之者：危国家也。（《荀子·富国》）

这里有三种治国方案：上等的，利民而不自利，爱民而不用民，或者叫予而不取，但最终可以取天下。中等的，利民而后利己，爱民而后用民，或者叫予而后取，结果是保社稷。下等的，不利民而自利，不爱民而用民，或者叫不予而取，结局是危国家。

治人者食于人。“取”、“用”是他们得以生存的条件，也是他们一切行为的目的；“爱”、“予”不过是手段。前面说过，知道“取”的目的应该通过对立者“予”的手段来达到，并且照办了，那就很了不起了，那叫做仁道和恕道。现在我们却看到，这仁恕在荀子口中，身价并不是最高的，它被认定是“不如利而不利者之利”、“不如爱而不用者之功”；就是说，不仅从宣传鼓动的意义上或理论的价值上，即使从“功…利”的角度来看，它也是次等的。

我们都还记得，那个上等的办法，在孔子那里，是被当成不可实行即无功利可言的高调，是“尧舜其犹病诸”的空想。也许正由于是空想，便具有迷人的魅力，便可以轻易允诺，而一经鼓吹起来，便无人敢于亵渎，便成为思想史上的一种传统，所以以承接孔子自命而又博雅如荀子者，既然生当诸子之殿，免不了也人云亦云，大唱其利也而不自利、爱民而不用民的高调来。

在一些篇章里，荀子更给这种高调作了理论上的论证，说对社会现象进行三分可见，其中、下二段，都还属于“人”的阶段，是人心、人道；而上段便是知“天”和法“天”，是道心、王道了。“天”的特点是不为而成，是博施而无事，相当于人世间的爱而不用、予而不取；天的人格化，便是圣人。而圣人和王道，又被认定是可以出现和实现的。这样，荀子和孔子在对三分的评价上，便存在着明显的不同。

但荀子这种观点在儒家经典中，并非创见，它亦有所根据。

《诗经》有：

帝谓文王，予怀明德，不大声以色，不长夏以革。不识不知，顺帝之则。(《大雅·皇矣》)

所谓“不识不知，顺帝之则”，和荀子的法天正是一个意思。甚至在《论语》中，也可见到“天何言哉”（《阳货》）的赞叹，《礼记·中庸》里也追求“不见而章，不动而变，无为而成”的境界。它们和荀子的道心说是相通的。

虽说如此，荀子之推崇三分中的最上阶段，在儒家队伍里仍属相当突出的。这里除有思想演变上的原因如前所述外，更根本的，当同荀子反映了社会上急进力量的要求有关。就这样，从孔子提倡三开始，中经道家追求一、法家强调二的种种演化，到荀子之回复至三，构成了先秦辩证思想发展上的一个大圆圈。这一个三分法的大圆圈，本身也是符合三分法的。

在结束本章之前，愿再重复强调一句：三分法是一个有关辩证思想的问题，不是一个数学问题。因之，并非任何三的并列或连列都可视为三分法。如：

孔子曰：“益者三友，损者三友。友直，友谅，友多闻，益矣。友便辟，友善柔，友便佞，损矣。”

孔子曰：“益者三乐，损者三乐。乐节礼乐，乐道人之善，乐多贤友，益矣。乐骄乐，乐佚游，乐宴乐，损矣。”

孔子曰：“侍于君子有三衍：言未及之而言谓之躁，言及之而不言谓之隐，未及颜色而言谓之瞽。”

孔子曰：“君子有三戒：少之时，血气未定，戒之在色；及其壮也，血气方刚，戒之在斗；及其老也，血气既衰，戒之在得。”

子曰：“君子有三畏：畏天命，畏大人，畏圣人之言。

小人不知天命而不畏也，狎大人，侮圣人之言。”（《论语·季氏》）

这一连串的三，便不可视为三分法的运用，因为它们并无内在的正、反、中的逻辑，而只是一些简单的三数并列和连列，当然，它们的出现，亦非全无思想史上的价值。为什么这一连串的戒条都是三点，而不见参差？是这种尚三的风气诱发出三分法来，还是相反或无大关系？就是一些很值得研究的问题。

另一方面，也有这样的情况，虽然在表述上呈现的不是三个数，而是两个或四五个或更多，但却仍是三分的结果。两个数的例子，前面谈“二生三”时已经见过了，下面且看大于三的实例：

无国而不有治法，无国而不有乱法；无国而不有贤士，

无国而不有罢士；无国而不有愿民，无国而不有悍民；无国而不有美俗，无国而不有恶俗。

两者并行而国在，上偏而国安，下偏而国危；上一而王；下一而亡。(《荀子·王霸》)

这里提出了由“王”至“亡”的五种情况：在、安、危、王、亡。“王”是上等，“亡”是下等，“安”是中上，“在”是中中，“危”是中下。所以，情况虽有五种，但却仍是三分，不是五分；其法是在第一次按“一”或“并”三分为上等、中等、下等以后，又将中等继续加以三分，而有了上偏的“安”、下偏的“危”和不偏的“在”。这是三分法的连续运用。事实上，国家的“王”“亡”之间，可以细分出若干个状态的系列来。善于辩证思维的人，必将首先分之为上中下。在一般情况下，中间状态是大量的，继续三分下去，便出来五。如果对上下两等亦予三分，便成为九。如此等等，可至无穷。

当然这里也需注意，“九”数在中国古典文献中，是经常碰得到的，有时表示最大、最多或极顶，有时则是尚三的一种形式。就是说，在很多场合，“九”的出现并非三分的结果，而只是一些数的简单并列或连列。例如，《中庸》上说：

凡为天下国家有九经，曰："修身也，尊贤也，亲亲也，敬大臣也，体群臣也，子庶民也，来百工也，柔远人也，怀诸侯也。"

这九条治国的原则，由近而远地排开，缺乏内在的逻辑，便与三分法没有什么关系。

三分法不是一个数学分割方法，它是辩证的逻辑。见对立而尚中，因对立、尚中而有三分法，这大概便是儒家辩证法的体系。

# 肆○儒道周行

黑格尔在演讲印度哲学时曾不无感慨地说道：

我们要注意，印度人在他们的观察意识中认识到凡是真实的与自在自为的就包含三个范畴，并且理念的总念是在三个环节中得到完成的。这个对于三位一体的高卓的意识，我们在柏拉图和其他人的思想中也再度看到。但这种三位一体的辩证思想，后来在抽象的思想领域中却失掉了，只有在宗教里面尚保存着，但是认为属于一个超越的世界。以后抽象的理智跟着抬头了，宣布它（按指三位一体的思想）是无意义的。直到康德才重新打开理解它的道路。一切事物的总念之真实性与全体性，从其本质来看，都为三体合一的范畴所摄入。重新意识到这一真理，乃是我们时代的任务。①

其实岂止古印度与古希腊人而已矣！古代中国人在意识的三个范畴、总念的三个环节或者叫三位一体的辩证思想方面，也有许多高卓之见。黑格尔之不甚了解中国，早为中国人士所一再指出，也有他的祖国学人因之扼腕，这里他又一次表现出对中国哲学的失敬。造成这种现象的原因不止一端，方块汉

①黑格尔：《哲学史讲演录》第1卷《东方哲学·乙》，商务印书馆1959年版。

字之难以识别、中华思想之博大精深，都曾给异邦人士送去过困难；即使是睿智的哲人，在它面前也往往会无可运其玄思，以致使我们在读他们大著之论及中国时，常不免多少有点失望，也多少有点歉意。解决办法之一，应该是由我们中国人自己，出来对古奥的中国哲学作出世界通行的解释，以便让全世界来共享这份精神财富，同时，也可以使我们自己不致数典忘祖，在学术领域里更加理直气壮一些，在对宇宙的理解上更为深刻一些，从而，在思想和行动方面，更加自由一些。

## 反 复

众所周知，黑格尔所津津乐道的三个范畴构成的三个环节，形成的三位一体，就是正反合，或者叫肯定、否定、否定之否定。在惜墨如金的古代中国哲学文献里，曾用一个“反”字，将这一切便统统包括；其最典型的例证，莫过于老子所说的——

反者道之动。（《老子》第四十章）

[道] 强为之名曰大，大曰逝，逝曰远，远曰反。（《老子》第二十五章）

“反”字原形像手掌之覆，本来是与“正”相对的意思，也就是黑格尔三环节的中间一环。但是在哲人眼里，这个反并非僵死的，亦非原生的；它既然作为正之反，从正反了出来，也绝不会安于现状，而要继续反下去，再作为反之反，复返于出发点。这就成了老子所谓的道之动，所谓的大、逝、远、反。这就是说，同一个“反”字，孤立起来看，是与正相对的正反之反；放回运动之流中，便又成了回返之返。因此，在看到正反之反时，应该知道它固然由正变来，却并不就此止步，而会再反成返；看到返回之返时，需要想到它已是一反再反了的，是一轮动态的完成。这就叫“道之动”，说白了，也就是宇宙的规律。

这种反而返的动或规律，不是随时随地都能轻易出现的，它只发生在事物的数量变化抵达临界之时，所谓的——

物极则反。（《鹖冠子·环流》）

穷则反，终则始：此物之所有。（《庄子·则阳》）

所谓“极”或“穷”是一种临界状态。此前的刹那，不管变化已有多大，都还在界内，都还是正；此后的刹那，便进入反，新加的一根稻草，从此遂压垮了骆驼。因此，无论要造成反或者想避免反，关键都在于掌握好这个变化的极。当然，理论上说说容易，若想真正寻到这个极和抓准这个极，向前一步去造成反，或守住此极求不反，使自己左右都立于不败之地，却绝非易事。所以老子才说：

祸兮福之所倚，福兮祸之所伏。孰知其极？（《老子》第五十八章）

大祸原非从天降，享福至极祸自生；幸福亦非命中定，灾难极处有福根，问题是孰知其极。人们多半不认识这个极，抓不住这个极，所以乐极生悲、塞翁失马的故事，总是不断发生。

由正而反，由反而返，转了一个轮回，否定之否定，重新回到了出发点，也叫做“复”。复意味着“复归”。但这个复归之处，貌似开头的出发点，却绝非原来的出发点，这已是饱经了正反两段沧桑而后的一个新的合成点。复归以后，运动也并不就此寂灭，而会重新开始，因此复也意味着“重复”。在反复这一对范畴中，如果说，“反”字强调了运动过程的动态和曲折，那么，“复”字则强调着运动过程的完成与重张；复有待于反，反（返）归结于复。正如庄子所说：

既雕既琢，复归于朴。（《庄子·山木》）

万物芸芸，各复其根。（《庄子·在宥》）

[唐虞以下] 民始惑乱，无以反其性情而复其初。（《庄子·缮性》）

雕和琢，是对朴的否定，是对正的反。雕琢以成的芸芸万物，是发自根毁了朴的反。一切反置着的物件，总是不稳定的，一切反抗中的行为，都不可能永存；它们必待也必须再反掉自己的反，重新到达一个新的正，才能结束动荡，完成发展。庄子认定世界万物都是反，都是对原始和穆的毁坏，所以提倡归朴复根；民亦如此，必待反掉社会礼法所熏染而成的惑乱（正之反），才能反（返）其性情而复其初。在老子，这叫作——

夫物芸芸，各复归其根。归根曰静，静曰复命。复命曰常，知常曰明；不知常妄作，凶。（《老子》第十六章）

天下有始，以为天下母。既得其母，以知其子；既知其子，复守其母，没身不殆。（《老子》第五十二章）

知其雄，守其雌，为天下谿。为天下谿，常德不离，复归于婴儿。（《老子》第二十八章）

天下万物发于根．始于母，源于雌；作为派生物，作为由正而来的反，作为不安定的第二阶段，故曰子，曰雄。老子也认为，这样的万物，是不可执著的；它们变动不居，变化不已，终将回到老家去。因此我们不能目迷五色，流连万物而忘返；所需坚守不离的，倒应该是根是母是雌，以求得“上帝与我同在”，也就是说，使自己在精神状态上与“道”同在，或者形象地称之为“复归于婴儿”。浪子回头金不换，所以说只有到那时候，方可以“没身不殆”。

看来，道家人物确已机智地用反复范畴表达了发展的正反合规律。稍嫌不足的是，这个复，在他们的体系里，未能指出其有别于原始出发点的内容，更没有重新开张的意思；相反，他们满足于以简单回归出发点为目的为理想为指归，表现出某种消极退守遗世独立的气息，未免令人惋惜。

幸好，反复范畴并非道家所专有，它本是中华文化的一个根本思想，也同样弥漫于儒家经典之中。

很多人都知道儒家尚礼义，讲忠恕，也知道儒家鉴于尊卑、阴阳之类对立之存在而主张用中（中庸），主张无过无不及。其实忠恕云云，背后原隐藏有“反复”给既得利益者高悬着的威胁；中庸之道，正不妨看作是“反复”所敲响起的警钟。不少人还知道儒家《易经》中有所谓贞下起元，有所谓否极泰来，有所谓剥极则复。其实这些思想本身，正就是三个环节式的“反复”。

我们只要稍加说明，一切便很清清楚楚：

无平不陂，无往不复。（《易·泰·九三》）

“无往不复”，天地际也。（《易·泰·九三·象》）

反复其道，七日来复。（《易·复·爻》）

"反复其道，七日来复"，天行也。……复，其见天地之心乎！（《易·复·彖》）

君子终日乾乾，夕惕若。厉，无咎。（《易·乾·九三》）

"终日乾乾"，反复道也。（《易·乾·象》）

没有一马平川永不倾斜的道路，也没有一往无前而不复归的道理；从泰卦（䷊）的卦象就能悟出这一真理。它下面三根阳爻代表天，上面三根阴爻有如地，由下往上，一步两步三步，走到天之涯了，再往前迈一步，便不是上天而是入地、不是向前而是向反了。泰卦的九三爻，正是这个临界点，这个天地之际。

因此反复是一种道，这个反复之道，表现（见）了"天地之心"。他们认为，在天行方面，它以七天为一个周期。

人事沧桑也按反复之道运行，因此君子不能安不虑危，得意忘形，而应"终日乾乾"，朝夕警惕着；"知至至之"，"知终终之"（《易·乾·文言》），当行则行，当止则止。那时候，虽难免或有危险袭来（厉），也绝无危害发生了(无咎)。

所谓中庸之道，认真地说，正是由此引申出来的，是反复的规律使得在位者害怕失其位，进取者畏惧转为退，才有了温而厉、威而不猛、不卑不亢、一弛一张之类的行为方法和执中不执一、因时而权变之类的思维准则。用荀子的话来说，这叫作"持满之道"（《荀子·宥坐》），说穿了无非是守住那个极，不要滑向反面；从颜回的操守来看，这也是安贫之道，说穿了则是按部就班，徐图发展。他们所醉心追求的，是某种"居上位而不骄，在下位而不忧"（《易·乾·文言》）的安定和谐的社会局面。这种愿望，也许不宜一律谥为消极保守，在某些历史条件下，也会有其积极进取的作用。

当然，儒家的反复观也未曾指出运动的前进性或上升性；而且，这一问题在他们的体系中，变得比较隐蔽。因为他们讨论的重点不像道家那样，不是放在由反而复上，而是放在居正勿反上。复不复，怎样复，复后怎样，对于儒家，都属次一级的余事，并非当务之急。这根本的是由于，同道家之扑面而来的无非“反”者不同，儒家所极目望去的世界，都是“正”。所以，道家满心向往的是复，从现实的反返回理想的复；儒家则认为自己的历史使命在保住正，防止现实的正演变为可怕的反。这两种截然不同的态度，都建筑在对反复规律的完全相同的了解上，但又各自偏向一边，倒是十分有趣的。后世之所以会有儒道互补，后人之所以多在得势时禹行舜趋、失意后抱朴归真，事功方面恭奉儒术、艺文领域浪迹道山，等等，于此也可寻得某些端倪。

## 终 始

反复也常表述为“往来”。前引的“无往不复”，也就是无反不复的意思；“七日来复”，也可以说成是七日而复。因为从运动变化的角度看，往，就是向前、前往，勇往直前了，必然走到反面；此后继之到来的，将是由反面复归于出发点。所以，往便意味着反，来则表现为复。这一规定，同纯时间意义上的往来的含义颇有差别。在通常被看成是一维的时间里，所谓的往，指的是过去、以往，与反不发生关系；而来，指的是今后、未来，同复也扯不到一块。必待把时间理解为无限的，而这个无限又并非是直线式的延伸，即并非黑格尔所讥笑的那种坏的无限；必待把时间理解为与运动不可分，而运动又不是简单平滑的进退：这样，我们才能懂得反复何以得称为往来的奥秘。

这样，我们也才能更深刻地领会中国古代的许多思想和韬略。譬如说，当我们读到鬼谷子的如下论述时，便不致简单视为只是纵横捭阖，而会推敲其中的哲理了：

古之大化者，乃与无形俱生。反以观往，复以验来；反以知古，复以知今；反以知彼，复以知己。动静虚实之理，不合来今，反古而求之。事有反而得复者，圣人之意也，不可不察。……己反往，彼复来，言有象比，因而定基。重之袭之，反之复之，万事不失其辞。圣人所诱，愚智事皆不疑。（《鬼谷子·反应》）

所谓“圣人所诱”，大概就是阴谋；所谓“圣人之意”，不妨名为阳谋。它们都与“大化”相合，或者说，是根据于“大化”而生。而这个大化，在这里表现为往来或反复。因此，鬼谷先生的纵横捭阖，便不是凭空的多端诡计，而含有对大化的理解运用于其中。

再譬如，《易传》里有这样一段：

《易》曰：“憧憧往来，朋从尔思。”子曰：“天下何思何虑？天下同归而殊途，一致而百虑：天下何思何虑！日往则月来，月往则日来；日月相推而明生焉。寒往则暑来，暑往则寒来；寒暑相推而岁成焉。往者屈也，来者信（伸）也；屈信相感而利生焉。尺蠖之屈，以求信也，龙蛇之蛰，以存身也；精义入神，以致用也，利用安身，以崇德也。过此以往，未之或知也。穷神知化，德之盛也。”（《系辞下》）

这里所说的都只是往来，是形象化了的诸往来。这些憧憧往来者没有徒劳跋涉，它们以此发生出重大效果：日月生出明，寒暑成了岁，尺蠖致其用，龙蛇存其身。天下的千变万化不过如此，除此之外，还能有别的什么呢（“过此以往，未之或知也”）?天下的万事万物生来如此，并非刻意造作故弄玄虚（“天下何思何虑”）。而这就是“神”，就是“化”，一旦能够穷此神知此化矣，便是盛德，便是对大化的最完美的体悟。

而这一些，正是表现为往来的反复。

往来所造成的反复，其发生在社会中或人事上者，当然会有一个价值问题。那时候，对往来将不容同等看待，而会有个趋吉避凶的选择。《易经》上有一双很好的例证：

䷊泰：小往大来，吉，亨。

彖曰：“泰：小往大来，吉，亨”，则是天地交而万物通也，上下交而其志同也。内阳而外阴，内健而外顺，内君子而外小人，君子道长，小人道消也。

象曰：天地交，泰。后以财（裁）成天地之道，辅相天地之宜，以左右民。（《泰卦》）

䷋否：否之匪人。不利君子贞。大往小来。

彖曰：“否之匪人，不利君子贞，大往小来”，则是天地不交而万物不通也，上下不交而天下无邦也。内阴而外阳，内柔而外刚，内小人而外君子，小人道长，君子道消也。

象曰：天地不交，否。君子以俭德辟难，不可荣以禄。（《否卦》）

泰否两卦，一吉一凶，其关键只在于往来有小大之殊。泰卦乾下坤上，内阳外阴。由内卦初爻一步步往前，至三爻而阳极，四爻反为阴；外卦继续往前，至六爻而阴极，再进则反转回来，复为内卦初爻之阳。否卦的情景正好相反。

儒家观念认为，阳为天为刚为君子，阴为地为柔为小人；故由阳往阴之反为小往，阴而复阳为大来，由阴往阳之反为大往，阳而复阴为小来。小往大来，所失小所得大，故泰；大往小来，所失大所得小，故否。何去何从，在这里是明若观火的。

反而所以能复，往而所以必来，有一个隐含的前提条件，那就是：运动是在圆周上进行的，或作圆周状实现的。如果作直线运动，前往就是前往，一去不可复返；即使折回头来逆反，运动的轨迹也完全颠倒，不可能有重复的现象发生。必须是在圆周线上运动，前进才会显现为往反而来复（所谓“蓍之德圆而神……神以知来”——《易·系辞上》）循环无已。前面引到的日月交替、寒来暑往的“天行也”，当是这一思想的神圣依据；而与天行相应的循环往复的农业生产和生活，无疑构成这一思想的坚实基础。

赫拉克利特说过：“在圆周上，起点与终点是重合的。”[①]古代中国哲学家虽不习惯作如此几何学的定理，但同一个真理也还是被发现了；上述的反复和往来，便常常也被表述为“始终”或“终始”，因为他们心目中的运动，本是圆周式的。例如《吕氏春秋·大乐》说：“天地车轮，终而复始，极则复反。”《左传》上说：“君子之行，思其终也，思其复也。”（《襄公二十五年》）“奉吾币帛，慎吾威仪，守之以信，行之以礼，敬始而慎终，终无不复。”（《昭公五年》）无始不反，慎终必复，这一点，在《易经》中尤为常见，如：

《易》与天地准，故能弥纶天地之道。仰以观于天文，俯以察于地理，是故知幽明之故。原始反终，故知死生之说。（《易·系辞上》）

---

①第尔斯：《苏格拉底以前哲学家残篇·赫拉克利特》第103条，载北京大学哲学系编译《古希腊罗马哲学》，三联书店1957年版，第28页。

《易》之为书也，原始要终，以为质也。(《易·系辞下》)

惧以终始，其要无咎，此之谓《易》之道也。(同上)

帝出乎震，齐乎巽，相见乎离，致役乎坤，说言乎兑，战乎乾，劳乎坎，成言乎艮。……艮，东北之卦也，万物之所成终成始也，故曰："成言乎艮。"(《易·说卦》)

大明终始，六位时成。(《易·乾·彖》)

易道与天地之道相等相应，天地之道被它涵盖净尽；而其中最重要的一点，成为《易经》之本质的，便是探始求终（"原始要终"）。如果以八卦代表圆周上首尾相接的八方，设想天帝由东方的震卦开始出巡，按天体运行的轨道，而南而西而北，最终将在艮卦所代表的东北方内与始发点震卦区相接；那儿既是终点也是始点，一轮运行于此完成。太阳（"大明"）的运动便是如此；万物的生长变化亦复如此，成其终也成其始，运转不息，生生无已。因此，原始反终，可以知道死生之说；运用到行为上，鉴于始终之循环相应而戒惧谨慎，则可以无害。这就是终始之道。

将终始之道运用于历史者，以邹衍为甚。据《史记》载，邹衍深观阴阳消息，作《终始》之篇，"称引天地剖判以来，五德转移，治各有宜，而符应若兹"（《孟荀列传》）。这个符应若兹的终始五德，照别的书上引称，约为：

邹子终始五德，从所不胜，木德继之，金德次之，火德次之，水德次之。(李善《文选·左思<魏都赋>》注引《七略》)

五德从所不胜，虞土，夏木，殷金，周火。(李善《文选·沈休文<故安陆昭王碑>》注引《邹子》)

今其书有《五德终始》，五德各以所胜为行。秦谓周为火德，灭火者水，

故自谓火德。（《史记·封禅书》集解引如淳曰）

看来五德就是五行之道的显现或被得到，五者按相胜的次序转移，每一德推出一个朝代，各有其所相宜的政治，所相应的符瑞，各领风骚数百年，然后再被胜德取代。如此终而复始，历史于是成焉（汉刘向父子改用五行相生法转移五德，从包牺氏受木德始，传火传土，所谓“以母传子，终而复始”——见《汉书·郊祀志赞》，为后世沿用。在哲理上，与邹衍无别）。

荀子更进一步，认为终始之道不仅分别存在于天地和人事之中，还表现在天人之际，天与人互为终始：

以类行杂，以一行万；始则终，终则始，若环之无端也，舍是而天下以衰矣。

天地者，生之始也；礼义者，治之始也；君子者，礼义之始也；为之，贯之，积重之，致好之者，君子之始也。

故天地生君子，君子理天地。君子者，天地之参也，万物之总也，民之父母也。无君子，则天地不理，礼义无统，上无君师，下无父子：夫是之谓至乱。

君臣父子兄弟夫妇，始则终，终则始，与天地同理，与万世同久：夫是之谓大本。（《荀子·王制》）

天地生君子，天地是始，君子是终。其步骤为：天地生万物，礼义治万物，万物之灵的人以为之、贯之、积重之、致好之而育成君子，君子行礼义。无礼义将上无君师，下无父子，万物失序，所以君子行礼义遂成为君子理天地，这样一来，则君子是始，天地是终。因此，终始之道，亦如其适用于一切方面那样（“以类行杂，以一行万”），适用于天人关系方面，始则（即）终，终则（即）始，若环之无端。

儒家这些着重于人事方面的天地万物的终始之道，到了道家手里，更上升一层，成为他们齐万物、一死生的根据之一。譬如按庄子的说法，万物是有其终始的，而道则没有：

万物一齐，孰短孰长？道无终始。物有死生，不恃其成；一虚一盈，不位乎其形。年不可举，时不可止；消息盈虚，终则有始。是所以语大义之方，论万物之理也。（《庄子·秋水》）

穷则反，终则始，此物之所有。（《庄子·则阳》）

物有死生或终始，尽管它能终而又始（“终则有始”），甚至其终即是其始（“终则始”），终究因此是不堪执著的（“不恃其成”）。一旦我人“游心于物之初”，或者叫“游乎万物之所终始”，便可发现这种终始本是无终无始的，或者说是“无端”的：

凡有貌象声色者，皆物也。物与物（按，人物与事物）何以相远？夫奚足以至乎先？是形色而已。则物（事物）之造乎不形而止乎无所化，夫（人物）得是而穷之者，物（事物）焉得而止焉！彼（人物）将处乎不淫之度，而藏乎无端之纪，游乎万物之所终始；壹其性，养其气，合其德，以通乎物之所造。夫若是者，其天守全，其神无隙，物（事物）奚自入焉！（《庄子·达生》）

老聃曰：吾游心于物之初。孔子曰：何谓邪？曰：心困焉而不能知，口辟焉而不能言。尝为汝议乎其将：至阴肃肃，至阳赫赫。肃肃出乎天，赫赫发乎地，两者交通成和，而物生焉。或为之纪而莫见其形。消息满虚，一晦一明，日改月化，日有所为而莫见其功。生有所乎萌，死有所乎归，始终相反乎无端，而莫知乎其所穷。非是也且孰为之宗。（《庄子·田子方》）

物有形，有化，于是有终始。而物之初，应该是不形的，无所化的，或者说，物之所终始应该是无终始的；否则便沦为具体一物，而不足为万物之宗。而那便是无状之状的道。所谓得道，很要紧的一点便是体悟这无终无始之状，使自己藏乎这无端之纪里面。

这里我们涉及了一个物之初的“初”字，初与终，也是一对范畴，同始与终仿佛相似。如典籍中常见的“靡不有初，鲜克有终”之类。但若仔细推敲起来，将会发现，初与始虽都表示开头，但起点不同，侧重不同。所谓初，介乎有无之间，是从无到有的过渡状态（至于究竟如何过渡，此处可不置问），其要旨在强调发生或产生。而始则不同，它已然是有，完全脱离开了无，其要旨在强调运动或循环。所以《列子·天瑞》篇谈宇宙的发生时这样说：

有太易，有太初，有太始，有太素。

太易者，未见气也；太初者，气之始也；太始者，形之始也；太素者，质之始也。

太初在未见气和见气之间；太始则是见气之后，有形之初。二者的先后判然有别。我们且不管宇宙是否真的如此发生来的，“初”和“始”字所指的不同，大概正是这样分的。一般地说，初之所指在有无之间，始之所指在动静之间，明乎此，则可以无大过矣。

# 屈曲

既然物极必反，反极必复，既然往来相继，终始为一；那也就是说，任何前进运动，都不会是一往直前的，任何实践行为，都由不得你直情径行。相反，倒是那些有意识地走些弯路，不急于去直奔目标，所谓迂回前进者，反倒常能捷足先登。这便是老子所谓的“曲则全，枉则直”、“进道若退”、“大直若屈”之类妙语的真谛所在。这一点，作为道家“柔弱胜刚强”主旨的中心，素来受学者称道，久已为大家熟知，本文拟不再多赘。下面着重要说的是——

岂止老子而已矣，儒家亦不例外。作为儒士行为规范的《礼记》一书，便也正是以《曲礼》开篇的。经师们说：曲礼者，“以其屈曲行事”，“委曲说礼之事”，故名。至于如何“屈曲”，又为何“委曲”，注经的人大概碍于儒道门户之别，多半不能说得清楚。其实《曲礼》一开始，便已有所交代：

曲礼曰：毋不敬，俨若思，安定辞。安民哉！

傲不可长，欲不可纵，志不可满，乐不可极。

贤者狎而敬之，畏而爱之。爱而知其恶，憎而知其善。积而能散，安安而能迁。临财毋苟得，临难毋苟免。很（争也）毋求胜，分毋求多。疑事毋质，直而勿有。

仪态唯敬，思想必俨，言辞安定，如此乃可以安民。这开宗明义的几句话，说出了“曲礼”的方法与目的，也正是所谓“屈曲行事”的最一般的表述，

“委曲说礼”的最笼统的说法。具体点说，在心态上，傲、欲、志、乐等情绪和愿望，都不可放任至极，以免它走向反面。对贤人，可亲者近而有敬，可畏者远而仍爱，对常人，爱之者知其恶，憎之者知其善。对物，积之亦能散之。对事，安之亦能迁之。临财临难，不苟且于得失；争胜分多，或将适得其反。不知为不知，不应强不知以为知；知之为知之，知道了也勿以为了不起。这就是《曲礼》的开宗明义，这就叫屈曲行事。

屈曲行事，究其实原来是对情志的合理节制，对行为的着意文饰，而这正是儒礼的精义所在。孟子曾说过，仁之实是事亲，义之实是从兄，“礼之实，节文斯二者是也”（《孟子·离娄上》）。所谓节文，就是屈曲行事。所以《礼记》以《曲礼》开篇，儒礼的具体条文，有时也叫作曲礼，有所谓“经礼三百，曲礼三千”（《礼记·礼器》）之说。

屈曲的对立面是径直。屈曲而周则成为圆周，径直就是它的直径；从抽象的几何学来说，二者的长短十分悬殊。但从现实的自然尤其是社会运动发展来说，却不能一概而论，这时候，曲往往比直更“直”，直反而成了某种要不得的“曲”，请以下列一段论礼的对话为例：

有子与子游立，见孺子慕（嚎啼）者。有子谓子游曰：予壹不知夫丧之踊也，予欲去之久矣，情在于斯，其是也夫？子游曰：礼有微情者，有以故兴物者。有直情而径行者，戎狄之道也。礼道则不然：人喜则斯陶，陶斯咏，咏斯犹，犹斯舞，舞斯愠，愠斯戚，戚斯叹，叹斯辟，辟斯踊矣。品节斯，斯之谓礼。（《礼记·檀弓下》）

按，丧礼有所谓“辟踊”。辟即捶胸，踊即顿足。“辟踊，哀之至也。有算为之节文也。”（《礼记·檀弓下》）捶胸顿足，本是至哀的自然流露。但是儒礼认为，不能听任孝子尽情地辟踊，而应该“有算为之节文”，即规定出一个“算”即数目来，于是有“公七踊，大夫五踊，士三踊”（《礼记·杂记》）之制。有子对这种节文不以为然，主张让孝子像孺子放肆嚎啕那样，直情径行，无所限制。子游就此发表了一通大道理，指出，直情径行乃戎狄之道，中华礼道则必须有节文。他所持的理由是：人情的乐与哀，本是相生的；若乐而无节，由陶而咏而犹（摇）而舞，至舞而乐极；极而反为愠，而戚而叹而辟而踊，乐遂反为哀。因此，直情径行，适得其反；有所节文，方能恰到好处，方能谓之礼。

子游不愧为孔门四科中文学首座，他所谈的，正是我们这里所讨论的运动的反复与终始以及由此而起的情志与行为的屈曲问题。这是一个从世界观推演出行为规范，化理论为实践的大问题，可以说是标准的儒家式问题。其在儒家各派中，尤以说礼的一派谈得最为起劲。例如荀子，甚至认“曲”为成圣的必要条件：

佚而不惰，劳而不僈，宗原应变，曲得其宜，如是然后圣人也。（《荀子·非十二子》）

上则能尊君，下则能爱民；政令教化，刑下如影；应卒遇变，齐给如响；推类接誉（与），以待无方，曲成制象，是圣臣也。（《荀子·臣道》）

圣人清其天君，正其天官，备其天养，顺其天政，养其天情，以全其天动；如是则知其所为，知其所不为矣，则天地官而万物役矣。其行曲治，其养曲适，其生不伤，夫是之谓知天。（《荀子·天论》）

……故君子上致其隆，下尽其杀，而中处其中，步骤驰骋厉骛不外是矣，是君子之坛宇宫廷也。人有是，士君子也；外是，民也；于是其中焉，方皇（彷徨）周挟（浃），曲得其次序，是圣人也。（《荀子·礼论》）

荀子曾一再声言“涂之人可以为禹”，相信普通人都可以成圣，那当然并不意味着圣人的规格就此降低了，只不过是强调学习和修养的重要。上列引文表明，圣人和凡人的区别，或凡人所需着重修炼的，似乎只在一个“曲”上。一旦掌握住了“曲”道，办事“曲得其次序”，以曲来“宗原应变”，那时候，其行便将“曲治”，其养便将“曲适”，而“曲成”为一名圣人了。

真可谓曲终奏雅，曲之时义大矣哉！

细审这诸曲的具体要求，可以看出，它也正是中庸之道的要求。如“佚而不惰，劳而不僈”，是说要劳佚适度，劳逸结合；“知其所为，知其所不为”，则能为所当为，当不为所欲为；“上致其隆，下尽其杀，而中处其中”，正是在礼道中为其所当为的具体规定。此外还有：

> 故知者之举事也，满则虑谦，平则虑险，安则虑危，曲重其豫，犹恐及其祸，是以百举而不陷也。（《荀子·仲尼》）
>
> 其言有类，其行有礼，其举事无悔，其持险应变曲当，与时迁徙，与世偃仰，千举万变，其道一也。是大儒之稽也。（《荀子·儒效》）

这里说的虽已不是圣人而是智者和大儒，其实质并没有什么差别，仍然是儒家高悬着的做人的极致。他们居安思危，其豫也曲；他们与世俯仰，其应变曲当。就是说，无论是预防可能发生的或应付已经变成的世事，全凭一“曲”，全凭中庸的持满之道或时中之道。

因此，从节文的意义来说，屈曲行事是在实践礼仪，是尽伦；从中庸之道的角度来看，屈曲行事则是实践一种哲学，是一种行为方式。

行事而屈曲的中庸之道，在《礼记》的《中庸》篇里，又叫做“致曲”。

《中庸》将致曲与尽性对举，说道：

自诚明，谓之性；自明诚，谓之教。诚则明矣，明则诚矣。

唯天下至诚为能尽其性。……

其次致曲，曲能有诚。

他们将人大致分为两类，一类属生而诚者，不学而能，生而知之，是圣人；一类属学而诚者，大概包括学而知之和困而知之者，是贤人和常人。前者也叫至诚，后者可谓有诚。生而诚者发挥其天性，自有明德，故曰“自诚明”；学而诚者因受教而有明德，然后能有诚，故曰“自明诚”。生而诚者其性本诚，所以可以尽性，也唯有他们为能尽其性；学而诚者其性不诚，所以不可尽其性，而必得有所收敛，于是要致曲。前者如果不是出于体系需要而虚悬之格，也只是七十岁时的孔子方能达到的境界，从心所欲而不逾矩的境界；后者通用于一般人士，包括五六十岁时的孔子在内，知天命之如此如此，照着做去便能通顺而已。

以前的经师们不甚注意“曲”在儒学中的方法论意义，不知道曲径通幽之妙，或者说“曲犹小小之事也”（郑玄）；或者说“曲，一偏也”，致曲就是“自其善端发见之偏，而悉推致之”（朱熹）。真可谓是曲说。按“曲”字并无小事的意思；也许可以解作一偏，但所谓“善端发见之偏”，则确实费解。其实荀子早已将曲的大义说得清清楚楚了，可惜历来都未得到经师们的重视。

荀子还有两条曲则全的具体例子，是“致曲”的最好注释：

凡说之难，以至高遇至卑，以至治接至乱。未可直至也，远举则病缪，近世则病佣。善者于是间也，亦必远举而不缪，近世而不佣，与时迁徙，与

世偃仰，缓急嬴绌，府然若渠堰檃栝之于己也，曲得所谓焉，然而不折伤。（《荀子·非相》）

调而不流，柔而不屈，宽容而不乱，晓然以至道而无不调和也，而能化易，时关纳之，是事暴君之义也。若驭朴马，若养赤子，若食馁人。故因其惧也而改其过，因其忧也而辨其故，因其喜也而入其道，因其怒也而除其怨，曲得所谓焉。（《荀子·臣道》）

这两则"曲得所谓"，说的都是一种坚持原则性的灵活性，是"未可直至也"的曲至，或者叫致曲。譬如以渠堰引水，必须随地形左右，譬如以檃栝正木，必须因纹理紧松，方能得其所求，"而不折伤"。譬如驭朴马、养赤子、饲饿汉，必须顺着他（它）们的情绪而予以向导，不可一蹴而就。荀子还曾干脆说过，不知此道，谓之腐儒，谓之鄙夫，必然把事情搞糟，便已和老子的"曲则全"同出一辙了。

## 周行

当然，屈曲只是方法，不是目的；屈曲只是轨迹，不是中心。按儒家的说法，有所谓"尺蠖之屈，以求信也；龙蛇之蛰，以存身也。精义入神，以致用也；利用安身，以崇德也"（《易·系辞下》），说的是以屈和曲，求伸和存；精通事物的这种义理，进入神机妙算的境界，便能妥善地用世安身，发扬高尚的德行。可见，德行才是儒家的运动中心。运动围绕中心按曲线前进，最后将形成圆圈，而成为周行。中国古代思想家大都这样看，差别只在所认定的中心不尽相同。

道家认为这个中心是自然。道生万物，万物复归于道；宇宙的这个大循环，是自然而然的，不仅不假人力或人的德行，而且不容人来干扰破坏。老子说：

有物混成，先天地生，寂兮寥兮。独立而不改，周行而不殆，可以为天下母。（《老子》第二十五章）

天下有始，以为天下母。既得其母，以知其子，既知其子，复守其母，没身不殆。（《老子》第五十二章）

道是先于天地并独立于人之外的，它自身在周行不殆；也正由于此，它才“可以为天下母”，否则便缺乏生机和残破不全。为天下母以后，又带动着整个天下一起周行而“没身不殆”。这种周行而不殆的状况，也正就是道家所谓的“玄”。

“玄”字的含义越到后来越玄，起初只是旋转的意思。此事由杨向奎先生发其覆。他在《释“不玄冥”》一文中披露与郭沫若的讨论云：甲骨文的“⚲即玄字，乃镟之初文，象形。……镟主旋运，眩晕之病亦以旋运为其特征。眩晕则头昏目黑，故玄转为昏黑之意。转义固定而初义遂失。然玄犹存镟之形，实无疑问”（杨向奎：《绎史斋学术文集》）。按，镟一名钻，钻木取火，钻骨问卜，都要借助于镟或⚲的旋转来进行，所以⚲也有了动词“旋”的意思。老子再一转，使之成为哲学名词和抽象名词，转义固定而初义次义均失，玄之又玄起来，然犹存旋转、镟钻之形，实无疑问；其在老子，盖取其旋转不息周行不殆之意，亦可推定。

玄在庄子又曰“天均”、“天倪”、“道枢”、“圆机”。均，制陶的转盘；倪即研即碾，碎谷的农具（参见马叙伦《庄子义证》、武内义雄《支那思想史》）；枢即门户的转轴。皆取其旋转之象。天和道，则谓其自然如此。庄子喜欢强调道既生出万物之后，万物亦在周行不殆，尤其擅长于论说人们的言论是非也是旋转无定的。例如：

万物皆种也，以不同形相禅，始卒若环，莫得其伦。是谓天均。天均者，天倪也。（《庄子·寓言》）

种有机。得水则为㡭，得水土之际则为蛙蠙之衣……久竹生青宁，青宁生程，程生马，马生人，人又反入于机。万物皆出于机，皆入于机。（《庄子·至乐》）

这是说的万物以不同形态相传衍，如旋钧如碾盘，周行不已，无有止时。至于人们的言论，就更加如此：

物无非彼，物无非是；自彼则不见，自知则知之。故曰：彼出于是，是亦因彼，彼是方生之说也。虽然，方生方死，方死方生；方可方不可，方不可方可；因是因非，因非因是。是以圣人不由，而照之于天，亦因是也。是亦彼也，彼亦是也。彼亦一是非，此亦一是非。果且有彼是乎哉？果且无彼是乎哉？彼是莫得其偶，谓之道枢。枢始得其环中，以应无穷。是亦一无穷，非亦一无穷也。故曰莫若以明。（《庄子·齐物论》）

道行之而成，物谓之而然，恶乎然？然于然。恶乎不然？不然于不然。物固有所然，物固有所可。无物不然，无物不可。……是以圣人和之以是非，而休乎天钧。是之谓两行。（《庄子·齐物论》）

何谓和之以天倪？曰：是不是，然不然。是若果是也，则是之异乎不是也，亦无辩；然若果然也，则然之异乎不然也，亦无辩。忘年忘义，振于无竟（境），故寓于无竟（境）。（《庄子·齐物论》）

因物而分彼此，因彼此而生是非，因是非而有然否。究其实，万物之变化若环，认识的角度各异，且彼且此，亦是亦非，可然可否，最终都要归于大道。是以圣人不由，而休乎天钧，处于环中，等万物，齐生死，一是非，任其周行。这就是庄生上述几段宏论的大义。

同为道家大师，老子由周行得出归根反朴的退撄态度；庄子却宁愿游于环中，以与世俗处。也可算得上彼亦一是非，此亦一是非了。可是如果我们再看看儒家，才知道老与庄的不同，原来微不足道。

儒家相信天人合一以重人，认为世界的周行有人的主观能动在起作用，天行和人行交相感也交相胜；天定可以胜人，人定可以胜天。其周行观念最典型地表现在对"元亨利贞"的解释中。

元亨利贞是《易经》乾卦的一句筮辞，本来只是一句微言，并无多少大义。不料历代解经的人非常重视这四个字，几乎将儒家的道德和哲学全部浓缩其中。透过这些解释，可以很方便地捕捉到儒家的周行观念。

《易·乾·文言》说：

元者，善之长也；亨者，嘉之会也；利者，义之和也；贞者，事之干也。君子体仁足以长人，嘉会足以合礼，利物足以和义，贞固足以干事。君子行此四德者，故曰：乾，元亨利贞。

这是元亨利贞的最经典的解释。意在强调人之对己对人对物对事的态度，属于伦理学的范畴，所以称作四德。同样的话，在《左传·襄公九年》也出现过一次，也还是四德的意思。其在《易经》，显然并没有这么多意义。这还不算，尤有甚者，在一本叫作《子夏传》的解经书中，这四德更被说成是四哲，其说见引于唐人孔颖达《周易正义》：

元，始也；亨，通也；利，和也；贞，正也。

孔氏发挥道：因为乾卦“有纯阳之性，自然能以阳气始生万物，而得元始、亨通；能使物性和谐各有其利；又能使物坚固贞正，得终此卦”。一个以元亨利贞为代表的、由始而通而和而终的周行之说，从此遂固定下来。

必须重复指出，“元亨利贞”四个字，无论就其字义还是就其在乾卦里的含义看，本来都并没有如此这般的道德价值和哲学意义。经师们之所以能够附会出这么一大套道理来，实在是由于他们先已存有一大套儒家的道德信条和哲学观念；而乾卦本身所隐约包含着的发展思想，则成了他们点化这四个凡字为四字箴言的触媒。

乾卦从“潜龙勿用”开始，经“见（现）龙在田”到“终日乾乾（健健)”，再经“或跃在渊”到“飞龙在天”，最后成了“亢龙有悔”，这潜、现、健、跃、飞、亢的六部曲，勾勒出了由始而极的一般发展路径。加上因亢而悔再转回到出发点，即后人所谓的“贞下起元”者，则使周行完全形成。其所借喻的龙，有的说是天象的东方七宿，有的说就是水中的某种动物，不管是什么或不是什么，作卦人借以来表示一种发展观点，乃毫无疑问。

为《易经》作传的人抓住了这个观点，大肆发挥，在乾卦的彖、象和文言中，将儒家的周行观念表现得淋漓尽致。其突出的特点有：

“天行健，君子以自强不息。”由于天道是刚健的，所以君子也应该自强不息，与天地合其德。这是总则。

“不易世，不成名，遁世无闷，不见世而无闷……确乎其不可拔，潜龙也。”在“潜”的阶段，应该确乎不拔，不为世俗移易，不汲汲于成名，人不知而不愠。

“知至至之”，“知终终之”。在健行的过程中，时刻明确最高目标所在而努力奋进，也要知道当止步处则戛然而止。

“盈不可久也”，“亢龙有悔，穷之灾也”。物极必反。

“保合大（太）和，乃利贞”，“知进退存亡而不失其正者，其唯圣人乎”！因为进而不已必极，极不可久必反，所以最佳的状态是保和，是守正。和与正也就是中，但它不是几何学上的中，而是所谓的时中，也就是因势而定的一种恰当选择。据说只有圣人才能掌握好这个火候；当然反过来说也可以，谁能知进退存亡而不失其正，那就是圣人了。

前面提到过庄子的“得其环中”，现在看到儒家也因周行之动而主张“保合太和”即持中。且不管这两个中的标准同与不同，我们将由之发现一个共同的秘密，那就是：他们一方面不遗余力地证明世界是周行的，万物无可逃逸其外；另一方面，他们又都追求或相信自己能坐看世界运行，绝不堕落其中，表现出超越周行的气概。

于是乎，哲学家们在我们面前便展现出一幅矛盾的图画，他们自己已沦为矛盾的一方了，却竟然相信是处在道的最高境界。在道家，认为这样便是回复到了自然；在儒家，认为这样便是与天地参。究其实，即使用他们自己的理论来检验，他们也并未能就此同天并老，反而恰恰以此站到了自然或天的对立方面。因为自然或天是周行的（如他们所证明的那样），而他们是超越周行的（如他们所追求的那样）；也就是说，自然或天是运动的，他们是静止的或自认为是静止的。他们用自己的行动毁掉了自己的理论，用自己的精神泯灭了自己的理性；自己为自己设下了一个陷阱，挖掘了一座坟墓。

这是一个大悲剧！是许多理论家常演的悲剧。其根本原因大概在人们无法忘掉自己，并且总是想使自己永生；虽圣人也莫能外，佛祖基督也莫能外。而世界却我行我素，周行不已，并且挟圣人佛祖基督以俱转，每一轮回都进入更高一层。

# 伍○孔孟之间

## ——郭店楚简中的儒家心性说

大思想家之所以为大，不仅在于他提出的问题异常深刻，思人之所不敢思，发人之所未曾发，而且往往也由于他涉及的问题异常广泛，触及人类知识的方方面面。他所达到的思想上的深度与广度，标志着那个时代所可能达到的深度与广度，非一般人之力所能及。所以，一位大思想家一旦故去，他的弟子们，纵以恪守师说为务，其实所能做到的，往往是各守一说各执一端，举一隅而不以三隅反，像粉碎了的玉璧一样，分崩离析以去。历史越是靠前，情况越是如此。

一位战国末年思想家说过的“儒分为八，墨离为三”，便是发生在中国的典型事例。

不过韩非此言多有夸张，我们不必过于认真，真的以为孔子以后，儒学便八瓣开荷花了；其实并没有那么多，逻辑地说来，也不可能有那么多。事实大概是，“自孔子卒后，七十子之徒，散游诸侯，大者为师傅卿相，小者友教士大夫，或隐而不见”（《史记·儒林列传》）。真正能“遵夫子之业而润色之，以学显于当世”者，只有“威、宣之际”的“孟子、荀卿之列”（《史记·儒林列传》）而已。

这一历史叙述倒是合理的。我们知道，孔子学说主要是强调仁和礼两个方面，仁者内部性情的流露，礼者外部行为的规范。仁不能离开礼，所谓“克己复礼为仁”；礼不能离开仁，所谓“人而不仁如礼何”（《论语·颜渊》、《论语·八佾》）。仁和礼的相互为体相互作用，是孔子思想的最大特色最大贡献。二者之中，礼是传统既有的，仁是孔子的发明；为什么人间需要礼，早已为大家所熟知，至于为什么人性会是仁，这样一个新问题，孔子自己也没有来得及作出完满的回答。

孔子以后，弟子中致力于夫子之业而润色之者，在解释为什么人的性情会是仁的这样一个根本性问题上，大体上分为向内求索与向外探寻两种致思的路数。向内求索的，抓住“人之所以异于禽兽者几希”处，明心见性；向外探寻的，则从宇宙本体到社会功利，推天及人。向内求索的，由子思而孟子而《中庸》；向外探寻的，由《易传》而《大学》而荀子；后来则兼容并包于《礼记》，并消失在儒术独尊的光环中而不知所终。

儒家学说早期发展的主要脉络大抵如此。但是我们一直缺乏足够的资料来描绘它的细部。一些传世的文献，由于年代不能敲定，也不敢贸然使用。于是，一个重要学说的重要阶段，多年来始终若明若暗，令人徒唤奈何。

谁也不会料到，事情竟在今天出现了转机。

1993 年 10 月，湖北省荆门市沙洋区四方乡郭店村一号楚墓中，出土了一批竹简，据说曾数经盗扰，可是仍幸存八百余枚，凡一万三千余字。墓主姓名、身份及下葬年月因无文字记载，已无从确知。考古学家根据墓葬规格、器物型样推断，墓主当属士级贵族，且很有可能便如殉葬耳杯铭文所示，乃“东宫之师”，即楚国太子的老师；入土年代在公元前 300 年上下①。这批竹简全部为学术著作，经整理编定为十六篇，其中除《老子》、《五行》两篇与 1973 年湖南长沙马王堆出土的帛书同名篇章大体相

①参见湖北省荆门市博物馆《荆门郭店一号楚墓》，载《文物》1997 年第 7 期；崔仁义《荆门楚墓出土的竹简 < 老子 > 初探》，载《荆门社会科学》1997 年第 5 期。

似，《缁衣》一篇与传世文献基本相同外，其他十二篇儒家类的书籍和一篇道家类的书籍，皆为今人所未之或闻[①]。初步阅读后可以认定，这十四篇儒家经典，正是由孔子向孟子过渡时期的学术史料，儒家早期心性说的轮廓，便隐约显现其中，实在是一份天赐的珍宝。

二十四年前，马王堆汉墓帛书部分资料面世，有一篇被称为“《老子》甲本卷后古佚书之一”的书，因其儒家面孔，当时备受冷落，以致能够轮到我来发现，它的思想属于“孟子之列”，是子思、孟轲五行说的重要佚著，可以帮助解决儒家学说史乃至整个学术史上的许多难题，于是为文推荐，施以注释，并取名为《五行》篇。现在这同一篇著作又以简明形式在郭店楚简中出现，且自名“五行”，抄写时间较帛书上提前约百年，与其他十多篇“孟子之列”的竹书同在。根据这些新的情况，我猜想，这些见于竹帛的儒家经典，属于同一思孟体系，以文体互有差异，故非一人一时之作[②]；其成书年代，应与子思（前 483？~前 402 年?）、孟子（前 380？~前 300 年?）的年代相当，至少也在《孟子》成书之前。《汉书·艺文志》儒家者流有“子思子二十三篇”，《孔丛子》又说子思“撰《中庸》之书四十九篇”，这些书籍虽已失传，我们仍可想象得出，它们当像与之同时的《庄子》那样，也是一部论文集，由孔子向孟子过渡学派的论文集；现在郭店楚简儒家部分的一些篇章，很有可能便曾侧身其中。

## 二

上面提到孔子以后有向内求索和向外探寻两大路向，郭店楚简属于向内

①见《郭店楚墓竹简》，文物出版社 1998 年版。以下引用此书只注篇名或页码。

②十四篇儒书体裁各异：《五行》篇自我标名；《缁衣》篇不断“子曰”、“诗云”，且有章数统计；《鲁穆公问子思》为语录体；《语丛》各篇则堆积警句名言。

派，其向内面目，在在都有表现，即使当它处理天地这些最大外在对象时，仍然毫不含糊。

现在被名为《语丛一》的诸简中，有十几片论道的短语，它们这样说：

有天有命，有物有名

有命有序有名，而后有鲧

有地有形有□，而后有厚

有生有智而后好恶生

有物有鲧而后谚生

有天有命，有地有形，有物有容，有家有名

有美有善，有仁有智，有义有礼，有圣有善（第193页）

读着这些哲理诗，首先会感到奇怪的是，它在谈天说地时，居然没有来一句“有阴有阳”这样顺理成章的话，当然也就没有由之推演开去，构造出一幅宇宙生成图和人间浮世绘来，像人们在《易传》之类著作中通常总能看到的那样。其中奥妙所在，就在于不同的路向。

在《易传》里，我们随时能够读到“一阴一阳之谓道，继之者善也，成之者性也”，“天尊地卑，乾坤定矣；卑高以陈，贵贱位矣”这类由天到人、以天准人的高论，它设想，人的善性，乃继阴阳之道而成；人间社会的尊卑贵贱，完全脱胎于天地效法于天地。这便是孔子以后儒家向外探寻的典型论断。

郭店楚简代表的是另一路向。它也谈天，甚至很有可能也是从天开始构筑自己体系的。但它着眼之点不是天道，而是天命；不是天以其外在于人的姿态为人立则，向人示范，而是天进入人心形成人性，直接给人以命令和命运。所以它一则说“有天有命，有地有形”，再则说“有天有命，有物有名”。

在它看来，天之有命，正如地之有形、物之有名那样正常和简单，而且，仿佛是，天之主要的（唯一的?）属性、作用，就在于这个“有命”。命者命令，命令固化了，便是命运；听令受命的，当然是人，只能是人。天命是人性得以形成的直接原因。

这也就是楚简另一篇中所谓的“性自命出，命自天降”（《性自命出》，第179页）的意思。天降命，命出性。性又怎样？性出情（第179、203页：情生于性）。情呢？情动心（参第180页中段）。有了情之流露、心之活动，是为有生。所以在《语丛三》里，我们竟然三次读到“有性有生”的话。本来性就是生，生就是性，当时一般大概都是如此理解的；《孟子》中就有记载（见《孟子·告子上》“告子曰：生之谓性”）。但是对于一个向内索求人性之所以的学派来说，简单地在人性和人生之间画个等号，就远远不够了。正如我们在这批楚简所见，它已被展开为性与命、性与情、性与心这样三个方面的问题，并作了充分的论证。

## 二

有关性与命关系的最经典的论说，大概要数《中庸》开篇的那句话：“天命之谓性。”楚简中，同样的思想也已有了，只是表述上还不洗练，一句话被说成了三句：有天有命；性自命出，命自天降。

天到底是什么，命又是什么？天是如何降命的，命又是如何出性的？这样的致命的问题，是只有我们这些远离神权时代阴影的人，才能提得出来的风凉的问题。

当时，它在人们心目中，是并不存在的，因为它不成其为问题。

虽说如此，我们还是能从楚简的相关话题中，寻出一些蛛丝马迹来。譬如《穷达以时》篇说：

> 有天有人，天人有分。察天人之分，而知所行矣。有其人，无其世，虽

贤弗行矣。苟有其世，何难之有哉？

……遇不遇，天也。（第145页）

这里有个“天人之分”，绝非荀子那个“天人之分”，这是需要首先辨明的。因为这个天，不是荀子那个“不为尧存，不为桀亡”的自然之天，而是如文中所说的那样，是或有或无的“世”，不可强求的“遇”，穷达以之的“时”。

世、遇、时是什么？它不是穹庐的苍苍，也不是人格的天王，或者义理的原则、无为的天成；而是运气，是人们所无从预知也不能控制而不得不受其支配的超人力量，是或忽然来去或周期出没的机会，是得之则兴失之则衰却无可挥招的条件，是人们战战兢兢俯仰其中赖以生息的环境。因而当时被尊之曰天，一种特定意义的天。这种意义的天，用我们现在的概念来说，其实就是社会环境、社会条件、社会机遇，或者简称之曰社会力。这个社会力，有时会比自然力量厉害多多，也诡诈多多。从人这方面看来，它是藏身冥冥之中、对之莫可奈何、多半只得臣服之的绝对命令，所以也叫作天命。所谓“命自天降”，所谓“有天有命”，就是这个意思。

人是不能离开社会而存在的。于是人就必得遵从社会的力量和命令而生活，不知不识，顺帝之则，在社会中完成自己，造就出所以异于禽兽的那点灵魂，形成为人的本质，是为人性。所谓“性自命出”，就是这样“出”来的。

楚简中未见正面解释为什么以及怎么样“性自命出”的事，但是有这样的提法：

知己所以知人，知人所以知命，知命而后知道，知道而后知行。

有知己而不知命者，亡知命而不知己者。（《尊德义》，第173页）

知己知人所以能够知命，成为知命的条件，无非由于知己知人则能知所以异于禽兽的那点人性，知性然后方能知其所自出之命。至于知命而后知道知行，则是上述过程的逆转，道和行者，动态之性的动向和准则也。如果一个人仅仅知道自己，不知道别人，不知道人性一般，自然无从知命，这叫作“有知己而不知命者”。反过来看，只要知命，知道人性之所从出，自然不会不知己了，这就是“无知命而不知己者”。

## 三

这批楚简的儒书中，未见有讨论性善性不善的事；看来这个后来成为儒家必谈的大题目，当时也还没有成为问题。关于人性是什么，它只是这样说：

喜怒哀悲之气，性也。及其见于外，则物取之也。

好恶，性也。

四海之内，其性一也。（《性自命出》，第179页）

凡有血气者，皆有喜有怒，有慎有□。（《语丛一》，第195页）

就是说，它所谓的性，既非食色自然之性，亦非善恶道德之性，而是种种存于中、未及见于外的气，一些可以姑且名之曰“情气”的气。这样的气，无所谓善不善的问题，顶多是一些可以为善可以为不善的素材，一些待发的力。所以简中又说：人之有性（情气），犹如“金石之有声”，“弗取不出”（《性自命出》，第179页）。

这些待发的动力一旦引发出来，或者叫取出来，遂释放而为情。《语丛二》里说：

爱生于性，亲生于爱，忠生于亲。

欲生于性，虑生于欲，悟生于虑，静生于悟，尚生于静。（第203页）

智生于性，卯生于智……

子生于性，易生于子……

恶生于性，怒生于恶……

喜生于性，乐生于喜，悲生于乐。

慍生于性，忧生于慍，哀生于忧。

惧生于性，监生于惧，望生于监。

强生于性，立生于强，断生于立。

弱生于性，疑生于弱，背生于疑。（第204页）

这里生于性的那些词，都是人情之种种（第180页上说，人之诸情属于爱类者七、智类者五、恶类者三、所为道者四）。它们次生、再生下去，则逐步由真情实感向行为规范过渡，而成为道，例如第一条最后生出了“忠”那样。这也就是《性自命出》中所说的：

性自命出，命自天降。道始于情，情生于性。始者近情，终者近义。知情者能出之，知义者能纳之。（第179页）

在这个天—命—性—情—道的程式中，性是居中的核心；命和情，是性之所自出与所出；天，前已说过，不是外在的自然或上帝，而是社会力；至于道，需要特别强调指出的是，它也不是天道，而是人道：这是此一学派的很重要的特色。在这批楚简的儒书中，除《五行》篇外，一律不谈天道，并且一再说，道有好多，“唯人道为可道也”（第179、180页）“是以君子，人道之取先”（第173页）。这一特色，当然和这个学派的致思路向有关，是它向内求索的明显标志。

这种以情释性、指性为情的说法，在《大戴礼记·文王官人》或《逸周书·官人》中，也有一些痕迹。那里说：“民有五气：喜、怒、欲、惧、忧……五气诚于中，发形于外，民情不可隐也。”（此据《逸周书·官人》，《大戴礼记·文王官人》略同）气诚于中，形发于外，性和情，只有未发已发的分别，没有后儒常说的性善情恶的差异，在道理上，显然更顺通些。《大戴礼》、《逸周书》和楚简的这一一致性，对于我们了解楚简的身份，也许会有一些帮助。

由于释性为情，关于性，便没有多少话好说了；而情，则受到绝大的重视。《性自命出》中这样说：

凡人情为可兑（悦?）也：苟以其情，虽过不恶；不以其情，虽难不贵。苟有其情，虽未之为，斯人信之矣。未言而信，有美情者也。未教而民恒，性善者也。未赏而民劝，含福者也。未刑而民畏，有心畏者也。贱而民贵之，有德者也。贫而民聚焉，有道者也。（第181页）

情的价值得到如此高扬，情的领域达到如此宽广，都是别处很少见到的。特别是，有德与有道，在这里竟也都被拉来当作有情，当作有情的某种境界，这种唯情主义的味道，提醒我们注意：真情流露是儒家精神的重要内容。真情流露就是率性。“率性之谓道”，后来《中庸》开篇的这第二句话，大概是应该以楚简的思想来解释，方才可以捉住要领的。

## 四

由天命而出性，因率性而生情以至于道。可是这个居于核心地位的性，这个由天命生出来的性，作为情与道之底蕴的性，还得需要“心”来帮助，方才能够成其为真实的性：

金石之有声，□□□□□；□□虽有性，心弗取不出。（第179页）

此简有残，但意思大体还能猜得出。它是在说，金石之有声，棰弗击不鸣；凡人虽有性，心弗取不出。由此可见，性对人固然很重要，如果没有心去取它出来，不过是人体的一种潜在可能性而已。唯有心，才是人身上的积极力量；心不取，性不出，情更无由生，人还成其为人么？

那么心是什么？它是从哪儿来的？现存的简文中未见交代，但有一处指出过心的一个值得注意的重要特点：

凡人虽有性，心无奠志；待物而后作，待悦而后行，待习而后奠。（第179页）

人有性，有心；性是某种潜能，心是激活之的动力。双方配合得很。可是“心无奠志”，也就是说，没有既定的方向，好比一辆没有轨道的火车头。潜在的性和无定向的心的这种关系，不禁使我们想起《孟子》引述的告子的一段话：“告子曰：性犹湍水也，决诸东方则东流，决诸西方则西流。人性之无分善不善也，犹水之无分于东西也。”（《孟子·告子上》）楚简未必便是告子的作品，但告子的“水”和“决”的比喻，倒确实与楚简的性和心的关系类似。告子着眼于水，结论是“人性之无分善不善”。楚简以无奠志的心去取性，着眼于决，其结果则应该是：可以为善，可以为不善。

这是相当重要的结果！这就回答了“均是人也，或为大人，或为小人，何也”（《孟子·告子上》）的问题，那是一个困惑着所有心性学说的难题。从后来的《孟子》书中，我们读到过性善论者对这一难题的直接回答，也读到了性善论者所转述的性无善恶论者的间接回答；现在从楚简里，我们终于看到了第一手的可以善恶论者的答案，是一桩很值得兴奋的事。

当然还有一个必须回答的问题是：心无奠志，何也？简文是这样答复的：

四海之内，其性一也。其用心各异，教使然也。（《性自命出》，第179页）

人性是同一的，因为它受命于同一个天；人心是各异的，因为它受教于不同的人。这是一个典型的儒家式的答案。本来是从天谈起的，天命为性；性又有赖于心，心弗取不出；心哩，还得受教的塑造。于是，天命成了虚悬的一格，真实起作用的倒是人教。

儒家所谓的教，主要指德教。“教，所以生德于中者也”（第179页），生德于中也就是生德于心，其目的在于使心有定志，人心一如。但由于受教的不同，所以现实状况是人心不同，各如其面，从而又增加了教育的迫切性。在楚简中，可以读到教人如何以心取性由性生情的谆谆叮咛：

凡忧患之事欲任，乐事欲后。身欲静而毋□，虑欲渊而毋伪，行欲勇而必至，貌欲壮而毋拔，欲柔齐而泊，喜欲智而亡末，乐欲亲而有志，忧欲俭而毋昏，怒欲盈而毋□，进欲逊而毋巧，退欲□而毋轻，欲皆口而毋伪。君子执志必有夫□□之心，出言必有夫柬柬之信，宾客之礼必有夫斋斋之容，祭祀之礼必有夫斋斋之敬，居丧必有夫恋恋之哀。君子身以为主心。（《性自命出》，第181页）

这里有些字还认不出，有些心态还说不清，但总的倾向是明白的，可以用《中庸》开篇的第三句话来概括，那叫作：“修道之谓教。”

# 陆○论孔子思想中心

## 一、“思想中心”和“中心思想”

孔子是一位博学多能的人，也是一位能够“一以贯之”的思想家。这个贯穿着孔子思想的“一”，究竟是什么，历来就有争论，现在也有着几种不同的看法。比较多的人认为“仁”是这个“一”，是孔子思想的中心；因为《论语》上记载着“一以贯之”的是“忠恕”，而“忠恕”就是“仁”。另一些人则认为“礼”是孔子思想的中心；因为“仁”的地位固然很突出，但“仁”以“复礼”为内涵，所以“礼”更深刻。也许由于看到了这种争执，有些人就进一步主张，孔子思想根本没有什么中心，是一个“杂拌儿”。另一些则反对说：不对，孔子的“仁”和“礼”以及他的所谓“道”，都是一贯相通的。

那么，究竟通于什么呢？什么是孔子思想的中心点呢？为了弄清这个问题，有必要先把“思想中心”这个范畴的含义搞清楚。我觉得，“思想（的或底）中心”和“中心（的）思想”不是同等的概念。

所谓“思想中心”，是指一个思想家的各个思想方面所集中的那个焦点；反过来说，这个思想家的各种具体的思想方面，都是从这一点辐射出来的。这个“点”，就是这个思想家的“思想中心”。而所谓“中心思想”，则是指的一个思想家的各种具体思想方面中的某个方面，这个方面，在他的所有思想方面中，地位最突出、最显要。比如，拿马克思主义来说吧，无产阶级专政的学说就是它的“中心思想”，是它的“最主要之点”（列宁），是真假马克思主义的试金石。而马克思主义的“思想中心”，却并不也在这里。列宁说：

如果我们想用一个词来断定全部通信集的焦点，即其中所发表所讨论的一切思想集结的中心点，那末这个词就是辩证法。

这是列宁为《马克思恩格斯通信集》的出版而写的一篇论文中的几句话。在列宁看来，马克思主义的中心是辩证法，因为：

马克思和恩格斯最为注意，他们对之有最重要最新颖的贡献，因而在革命思想史上造成了天才进步的地方，就是运用唯物辩证法来根本改造全部政治经济学，把唯物辩证法运用于历史、自然科学、哲学以及工人阶级的政策和策略方面。①

《马克思恩格斯通信集》收集了他们从1844年到1883年所写的1 386封信。这些信中，讨论了从玄妙哲理到生活常识等各个方面的问题，而“其中所发表所讨论的一切思想集结的中心点”，是“辩证法”。据此，我们可以十分肯定地说：马克思主义的各个组成部分的中心点也正是这个“辩证法”。并且，列宁的这个评价和马克思自己在《资本论》第一卷第二版跋言中的观点，是完全一致的；和恩格斯自己在《反杜林论》第二版序言中的观点也是完全一致的。

① 《马克思恩格斯通信集》第1卷，人民出版社1957年版，第3页。

可见，所谓某一思想家或某一主义的思想中心，不是指的这种思想或主义的某个方面，尽管是很突出的方面；而是指的真正贯穿着这种思想或主义的那个内在的观点，或者说，那个灵魂。所以，我们并不以无产阶级革命和无产阶级专政的学说当作马克思主义的中心，尽管它十分重要，甚至是真假马克思主义的分水岭；因为它不过是整个马克思主义的一个方面。被认为是马克思主义的中心的，倒是它的理论的基础——唯物辩证法。

根据这个理解，应该允许在孔子思想的讨论中运用这样一个区分："仁"、"礼"（或者别的什么）如果是被当作孔子思想的各个方面中的突出方面来谈论的话，那最好说，这是孔子的"中心思想"，而不要说它是孔子的"思想中心"；因为"仁"、"礼"在这里不过是孔子各个思想中的一个方面——伦理方面或政治方面。如果谈的是孔子"一切思想集结的中心点"，那么就来用"思想中心"这个概念。我这里想探寻的，就是这后一个问题。

也许有人不批准这个建议，说不能拿马克思和孔夫子作简单的类比。因为，由于一些历史的甚至地理的（特别在早期）原因，中国思想家是更多地谈论伦理，而较少地谈论哲理的，中国思想家多是"贤人"，而不是"智者"；因此，应该从伦理思想中，而不是从哲理思想中去寻找孔子的思想中心；何况，两千多年前的孔子学说与两千多年后的马克思主义，又隔着多么大的一段时代距离呢！

这种怀疑是不必要的。因为，我们谈的是"思想中心"，是贯穿着整个思想的质的问题，而不是思想的各个部分的比例，不是思想的量的问题。即使孔子的思想全都是伦理的，也不妨碍我们从其中剔除他处理伦理问题的一般观点；而这个观点，会正是哲学的。这种研究思想家的方法，对于两千年前或两千年后的思想家，都是一样适用的。当然，为能做到这一点，即为能找出某个思想家的思想中心，应该注意到他的思想构成的特点，并且正就从这轻重不等的思想的各个领域着手。

当我们这样着手的时候，首先会发现伦理思想在孔子的全部思想中所占分量最大，而伦理思想中，“仁”的地位又最为显要；于是，人们往往就似乎觉得，“仁”是孔子的思想中心。清代的一些学者，更用简单归纳的办法，统计出《论语》中谈“仁”的有多少章，“仁”字有多少个。这种方法，貌似科学，其实不过是把搜集当作研究，把起点当作终点，因而就容易把侧面当作中心了。

其次，当我们这样着手的时候，还得注意，我们是在解剖孔子的思想，而不是编纂《孔子集语》，因此，孔子是否在什么地方说过某某是他的“思想中心”，以及他是否意识到了某某是他的“思想中心”，都不足以影响我们的进程。如果孔子确实说过了某某是他的“思想中心”，或者别人代他说了这样的话，我们也不便轻易相信；而要考究一下，事情是否真的这样。

这种适用于研究一切思想家的方法论上的精神准备，在研究孔子思想的时候，被证明是十分必要的。

## 二、“吾道一以贯之”

因为，孔子果然说了，他的思想有一个中心；当时就有人代他解释，这个中心是某某：

> 子曰：“参乎！吾道一以贯之。”曾子曰：“唯。”子出，门人问曰：“何谓也？”曾子曰：“夫子之道，忠恕而已矣！”（《论语·里仁》，以下凡引《论语》，只注篇名）

所谓“吾道一以贯之”，也就是“吾道以一贯之”。这个贯道的“一”，应该就是上面所说的“一切思想集结的中心点”或“思想中心”。曾子说，这个“中心”是“忠恕”。曾子的解释，似乎真的抓住了孔道所贯之“一”。因为孔子和子贡还有过这样一段对话：

子贡问曰：“有一言而可以终身行之者乎？”

子曰：“其恕乎！己所不欲，勿施于人。”（《卫灵公》）

这里孔子没有提“忠”，在形式上更符合那个“一”的要求。其实“恕”是统摄着“忠”的。因为“恕”和“忠”都是讲的待人接物时要将心比心；不过一个从消极方面来说，一个从积极方面来说罢了。

如此说来，是否可以论定，“恕”或“己所不欲，勿施于人”就是孔道之“一”？但事情并不这样简单，因为孔子和子贡还曾有过这样一段对话：

子曰：“赐也！女以予为多学而识之者与？”

对曰：“然。非与？”

曰：“非也，予一以贯之。”（《卫灵公》）

这段对话比“参乎”章要更明白些（对我们探究“孔道之一”来说），虽然这个“一以贯之”仍然没有孔子自己的下文，但至少——孔子自认为——它不是“多学而识之”。如果如曾子所说，这个“一”是“忠恕”（伦理学范畴），那么，它怎么会与“多学而识之”（认识论问题）对待而言呢？这是烦恼着后儒的一个大问题。

一般说来，“多学而识之”，分明谈的是“知”的问题（《述而》：“多见而识之，知之次也。”）；与知对待的，只能是“行”。所以，清儒阮元就对“一以贯之”提出了新解释：

贯，行也，事也。……一以贯之，犹言“壹是皆以行事为教”也。弟子不知所行为何道，故曾子曰：“夫子之道，忠恕而已矣。”……子贡之“一贯”，亦当训为行事……夫子恐子贡但以“多学而识”学圣人，而不于行事学圣人也。（《研经室集·<论语>一贯说》）

阮元还列举了许多例子，证明“贯”字确应训“行”，“一”字实宜训“专”。这样说来，一贯于孔子之“道”的，应该是“行”。这倒也说得过去，因为孔子确是重行甚于重知的（《学而》：“行有余力，则以学文。”）。但将“一以贯之”解为“壹是皆以行事为教”，总觉有点欠妥。如果原意真是如此，则“参乎”章的“门人问曰：何谓也”，就完全多余了。因为众门人即使再笨，也不至于连“壹是皆以行事为教”都不知所云吧！把它放到“赐也”章里，也只有改“赐也”句为“赐也，女以予以多学而识之为教乎？”才能上下通顺。

也许有鉴于此，所以与阮元齐名且同时代的焦循就提出了另外一个解释：

一贯者，忠恕也。忠恕者何？成己以及物也。孔子曰：“舜其大知也与？舜好问而好察迩言，隐恶而扬善，执其两端，用其中于民。”……舜于天下之善，无不从之，是真一以贯之，以一心而容万善，此所以大也。孔子告颜渊曰“克己复礼为仁”，惟克己斯能舍己……克己则无我，无我则有容天下之量。……惟事事欲出乎己，则嫉忌之心生；嫉忌之心生，则不与人同而与人异；不与人同而与人异，执一也，非一以贯之也。……贯则不执矣，执则不贯矣，执一则其道穷矣，一以贯之则能通天下之志矣！……舍己以从人，于是集千万人之知，以成吾一人之知，此“一以贯之”所以视“多学而识之者”

为大也。(《雕菰楼集·“一以贯之”解》)

又说:

凡执一者皆能贼道,不必杨墨也。……杨则冬夏皆葛也,墨则冬夏皆裘也,子莫则冬夏皆袷也。趋时者,裘葛袷皆藏之于箧,各依时而用之,即圣人一贯之道也。使杨思兼爱之说不可废,墨思为我之说不可废,则恕矣,则不执一矣。圣人之道,贯乎为我、兼爱、执中者也。善与人同,同则不异矣!(《雕菰楼集·“攻乎异端”解》)

焦循释“一”为“忠恕”,为“有容天下之量”,为“皆藏之于箧,各依时而用之”。且不论这种说法是否切合孔子的那个“一”,至少在解释“参乎”、“赐也”两章以及“子贡问一言”章上是通行不悖的。因为焦循认为行“忠恕”的主要标帜是“不执一”,主要目的是“集千万人之知”,因此“忠恕”就在这样的意义上可以与“多学而识之”对待而言了。

到了章太炎,更干脆把“忠恕”当作认识论的范畴来解释:

问曰:“为道则贯以忠恕是已;彼为学者,何与忠恕事邪?”答曰:“举一隅以三隅反,此之谓恕。……故以人度人,以情度情,以类度类,以说度功,以道观尽,古今一度也;类不悖,虽久同理。顾凡事不可尽以理推,专用恕术不知亲证于事,理多失矣!救此失者,其唯忠。忠者,周至之谓:检验观察,必微以密;观其殊相,以得环中。斯为忠矣!今世学者,亦有演绎、归纳二途,前者据理以量事,后者验事以成理。其术至今用之,而不悟孔子所言,何哉?”(《菿汉微言》)

“忠”就是“归纳法”，“恕”就是“演绎法”。“忠恕”作如此解，那个讨厌的“多学而识”与“一以贯之”的对立，就解开了；曾子所提供的“一以贯之”的肯定答案，与孔子所透露的“一以贯之”的否定答案，也就统一起来了。

从曾子到章太炎所假设的这几个答案（此外还有许多人设想了许多答案，我没有录取），是否猜中了孔子心意，以及特别是是否探得了孔学中心呢？

我觉得，焦循所说的“不执一”，章太炎所说的“观其殊相，以得环中”，是颇得要领的。至于这种说法怎样去和曾子的“忠恕”相扣，又怎样去和《论语》上的某些字眼相切，那都是不重要的，甚至是可以不予考虑的；只要它和《论语》的思想内容符合（焦、章二氏尚未注意及此），能切合孔道之“一”。并且，即使孔子根本没有说过“吾道一以贯之”那样的话，也不妨碍我们把“不执一”和“观其殊相，以得环中”算作孔道之“一”（当然需要证明），算作他的“思想中心”。现在孔子既已说了两次“一以贯之”，并且颇有以自已能“一以贯之”为能的意思，我们自然更可安心地来说孔子思想是有一个“一”的，有一个“中心”的。这个“一”，这个“中心”，简单点说，就是“执两用中”，或者叫“中庸”。

**三、“用中”或“中庸”**

中庸的思想，在孔子的一派后学中，曾有过彻底的发挥，并明白地提高到宇宙论的高度，那就是后来收集到《礼记》中的《中庸》。《中庸》中引用了很多据说是孔子说的话，但我们不便就看作真是孔子自已说的；研究孔子的思想，最保险的根据当然是《论语》。《论语》中明显谈到“中庸”的地方，只有一处，那就是《雍也》篇中的：

子曰："中庸之为德也，其至矣乎，民鲜久矣！"

话虽说只有一句，又不知其何所为而发，但却可看出它十分重要：一是它告诉我们，"中庸"在孔子的心目中，是被推为"至德"的；二是"民鲜久矣"的叹息，这一评语，几乎活现了孔子的全部政治情绪。

当然，我们还得注意，不要因为这一句话就以为"夫子自道也"，相信孔子已经把他的"思想中心"向我们和盘托出，而不再相信自己了。可是，我们也不妨借助这一句话向前进行，准备着"得鱼忘筌"。

所谓"中庸"，简单点说，就是"用中"。（《说文》："庸，用也。从用庚。庚，更事也。"）"中"本无定位，因两端而存在，所以"用中"总是"执两用中"。任何事物，都有两端，执一而行，常适得其反，这是任何对生活抱现实态度、而不是抱游戏态度或蛮横态度的人都能理解（或感触）的；执两而行，在事实上又不可能。所以，最现实的办法，常常是"执两用中"。这个思想，在《尚书》所代表的年代里，就已经出现了，比如：

汝分猷念以相从，各设中于乃心！乃有不吉不迪，颠越不恭，暂遇奸宄，我乃劓殄灭之，无遗育，无俾易种于兹新邑！（《尚书·盘庚中》）

这是盘庚决定迁都时对人民的训话，顾颉刚先生把它今译为：

你们应当各各把自己的心放得中正，跟了我一同打算！倘有不道德的人乱作胡为，不肯恭奉上帝，以及作歹为非，劫夺行路的，我就要把他们杀戮了，绝灭了，不使得他们恶劣的种子遗留一个在这个新邑之内！①

这段话的意思，可以联系《尚书》逸文“先时者杀无赦，不逮时者杀无赦”来理解（见《荀子·君道》）。就是说，那时候，统治者是要求人民既不“先”，又不“不逮”，而“设中于心”的。至于统治者自已，也以“执中”为戒：

丕惟曰，尔克永观省，作稽中德；尔尚克羞馈祀，尔乃自介用逸。（《尚书·酒诰》）

这是周公告诫康叔的一句话，意思是说：你如能经常省察（现实），从而执行中正之德，那么你将能保住君位，并且能得到“饮食醉饱”。“中德”的思想，在这时候已经开始了。不过它的发扬光大，是以《论语》为权舆：

仲弓问子桑伯子。子曰：“可也，简。”仲弓曰：“居敬而行简以临其民，不亦可乎？居简而行简，无乃太简乎？”子曰：“雍之言然。”（《雍也》）

“居简而行简”则“太简”，此“执一”所至也，所以“临民”不可“执一”。

子曰：“鄙夫可与事君也与哉？其未得之，患得之；既得之，患失之。苟患失之，无所不至矣！”（《阳货》）

执得则患失，执失则患得，以至“无所不至”，什么坏事都能干得出来，此“执一”之弊也，所以“事君”不可“执一”。

---

①顾颉刚：《古史辨》第2册，朴社1930年版，第49页。

子贡曰："师与商也孰贤?"子曰："师也过，商也不及。"（《先进》）

"过犹不及"，此执一端犹如执他端也，所以"修身"不可"执一"。

子夏为莒父宰，问政。子曰："无欲速，无见小利。欲速则不达，见小利则大事不成。"（《子路》）

"欲速则不达"，此执一端而适得彼端也，所以"治国"不可"执一"。

因此孔子反对"执一"，所谓"毋意，毋必，毋固，毋我"，一句归总，就是"毋执一"。他自己在这方面的修养大概是相当成功的：

子温而厉，威而不猛，恭而安。（《述而》）

子钓而不纲，弋不射宿。（《述而》）

从这两条有关起居的琐事来看，孔子在"允执其中"上，确是言既出而躬亦逮的。至于没能达到这种境界的人，孔子则"诲之不倦"：

子路问："闻斯行诸?"子曰："有父兄在，如之何其闻斯行之!"冉有问："闻斯行诸?"子曰："闻斯行之。"公西华曰："由也问闻斯行诸，子曰有父兄在；求也问闻斯行诸，子曰闻斯行之。赤也惑，敢问。"子曰："求也退，故进之；由也兼人，故退之。"（《先进》）

这是在"行"的方面帮助弟子达到"中庸"的一条很典型的例子。

子曰："吾有知乎哉？无知也。有鄙夫问于我，空空（一本作"悾悾"，训"悫诚"，似更得真）如也，我叩其两端而竭焉！"（《子罕》）

"叩其两端而竭"，是通过反问他的疑难两可之点，以求中而获释。这是在"知"的方面帮助"鄙夫"进于"至德"的办法，也是"执两用中"的最生动的说明。所谓"不愤不启，不悱不发"，大概也是这种方法。我甚至觉得"季文子三思"那一章，也是这个思想的表现。为什么孔子不主张"三思而后行"，而要说"再，斯可矣"呢？"再"的内容，不正是"叩其两端"吗？至于"三"，就"太过"了，以至于狐疑不定，手足无措，反而等于"不及"了。"再"，可以"用中"；"三"，反而"执一"了。

"执一"也叫作"固"，孔子最讨厌这个"固"：

微生亩谓孔子曰："丘！何为是栖栖者与？无乃为佞乎？"孔子曰："非敢为佞也，疾固也。"（《宪问》）

"疾固"，病世人之固执，疾"民鲜久矣"也。为了使世人出于固执，入于"中庸"，孔子曾栖栖皇皇，席不暇暖，上说下教，奔波一生，可见"执中"而不"固"的重要了。

孔子是很重视"学"的。学之所以可贵，所以有"乐在其中"，正因为"学则不固"（《学而》）。

"学"又足以"辨惑"，什么叫"惑"？"爱之欲其生，恶之欲其死；既欲其生，又欲其死：是惑也。"（《颜渊》）爱之欲其生，恶之欲其死，皆是"执一"，不知"用中"。

说到这里，我们似乎已经可以比较肯定地说，“中庸”或“用中”的思想，是贯穿在孔子思想的各个方面的。无论是伦理思想，还是政治主张，无论是修己还是诲人，无论是事君还是临民，无论是为政还是为学，无不以“允执其中”为核心；“中庸”之在孔子的思想体系中. 犹如轴之在轮，其为“至德”也宜矣！

说到这里，我们似乎也已经可以比较肯定地说，孔子说他自己的思想有一个“中心”的话，是可以信赖的；说“中庸”是“至德”的话，也是合乎他的思想内容的。看来，“得鱼忘筌”的打算是过虑了，我们是既得其鱼，又未失筌。

不过，值得特别注意之点是，孔子的“执两用中”和我们的“两点论”是性质上不同的两种方法论，两种世界观。我们主张“两点论”，是说要注意全面地看问题，“不但要看到事物的正面，也要看到它的反面。在一定的条件下，坏的东西可以引出好的结果，好的东西也可以引出坏的结果”[①]。孔子的“执两用中”，则是从不承认转化的条件性而引申出来的结论。如果一端和他端的转化是无条件的，命定如此的，那么，对策只能有两个：一个是退处柔弱的那一端，以准备着它自然地向刚强的另一端转化去，这就是老子所采取的；另一个则是，不此不彼，不强不弱，站在中间，任它天旋地转，我自岿然不动，这就是孔子所采取的。其实，“转化”不是一个独立自在的东西，而是整个发展过程的一个环节，特别是，它是有条件的。因此，投机地退处在与发展进程相违背的弱端，就只会永远踯躅在这个弱端；调皮地站在中间，也将由于发展的结果而变成了新情况下的末端。中乎哉，不中也！

---

①毛泽东：《关于正确处理人民内部矛盾的问题》，中国青年出版社 1956 年版，重点是作者加的。

当然，孔子是看不到这一点的，后面我们还要说到是什么东西限制了他的眼界。现在且继续追踪孔子，看看关于“中庸”他还说了些什么。

**四、“和为贵”**

“中”因“两端”而存在，与“两端”对比而言，叫作“中”。“中”也由“两端”而形成，由其形成来说，谓之“和”。“中”是通过“和”来达到的。

“和”的思想由来也已很久了，《诗经》、《尚书》中都有，《左传》、《国语》里更有过详细的记述。那就是：

和如羹焉：水火醯醢盐梅，以烹鱼肉，燀之以薪，宰夫和之，齐之以味，济其不及以泄其过，君子食之以平其心。君臣亦然：君所谓可，而有否焉，臣献其否以成其可；君所谓否，而有可焉，臣献其可以去其否。是以政平而不甘，民无争心。（《左传·昭公二十年》）

夫和实生物，同则不继。以他平他谓之和，故能丰长而物归之。若以同裨同，尽乃弃矣。（《国语·郑语》）

“济其不及以泄其过”，“以他平他”，这是“和”的最精确的定义。孔子是继承了这一思想的，并把它拿来为“中”服务。

比如“质”和“文”，是自我修养上的内外两端，文而不质固然不行，质而不文也是“执一”。棘子成以为质更重要，所以提出“君子质而已矣，何以文为”的主张，子张反驳说，那样一来，将出来“虎豹之鞟犹犬羊之鞟”的混乱，虎皮去了毛，跟没毛的狗皮也就差不多了。所以孔子说：

质胜文则野，文胜质则史。文质彬彬，然后君子。(《雍也》)

“野”和“史”，皆“执一”之弊；“彬彬”，郑注曰：“杂半貌也。”“杂”从“集”，聚也；“彬”俗作“斌”，取文武相半意（参《说文》）。所以，“彬彬”就是文质交融的状态，相成的原是相反的。

“学”和“思”的关系也如此：

子曰：“学而不思则罔，思而不学则殆。”(《论语·为政》)

“学”（狭义的）和“思”是对立的两端，两端相“和”，就得其所“中”，无罔无殆，成了通常所说的“学”（广义的）了。“博”和“约”、“狂”和“狷”的关系以及对之应采的“用中”办法，也无不如此。“博约”为大家经常谈论，没有异议；“狂”、“狷”与“中行”的关系，自孟子解说以来，几成定论；但我觉得仍有讨论的必要。《论语》载：

子曰：“不得中行而与之，必也狂狷乎：狂者进取，狷者有所不为也。”(《子路》)

子在陈，曰：“归与，归与！吾党之小子狂简，斐然成章，不知所以裁之。”(《公冶长》)

《孟子》上有一章是解释这两章的：

万章问曰：“孔子在陈，曰：盍归乎来？吾党之小子，狂简进取，不忘其初。孔子在陈，何思鲁之狂士？”孟子曰：“孔子不得中道而与之，必也狂狷乎！狂者进取，狷者有所不为也。孔子岂不欲中道哉？不可必得，故思其次也……狂者又不可得，欲得不屑不洁之士而与之，是狷也，是又其次也。”（《尽心下》）

孟子释“必也狂狷乎”为“不得中道，则退而求狂，不得狂则退而求狷”，给后来的《论语》注疏家定下了一个基本规范；后人的解释，多是设法来弥缝它而已。比如包咸《论语注》说：“狂者进取于善道，狷者守节无为。欲得此二人者，以时多进退，取其恒一。”《后汉书·独行传》更发挥成：“此盖失于周全之道，而取诸偏至之端也。然则有所不为，亦将有所必为者矣；既云进取，亦将有所不取矣。”包咸根据孟子而揣摩“必也狂狷乎”的用意是“取其恒一”，还算接近孔子思想；到范晔说成是“取诸偏至之端”，则和孔子思想相去不下十万八千里了！但范晔也有可取处，那就是，他演绎出了“然则有所不为，亦将有所必为”等语，从而给了我们一个提示：原来孟子所以要释“必也狂狷乎”为“其次……又其次”，是为他自已的“人有不为也，而后可以有为”（《孟子·离娄下》）的主张作张本的。

其实，孟子的解释对于《论语》的那两章，甚至在字面上也有说不过去之处。“子在陈”一章，分明以狂简为不足取，亟思回去“裁之”。所谓“裁之”，使致“中行”也。反过来说，不得“中行”的时候，不流于“狂”，必流于“狷”。这就是“不得中行”章的含义。孔子的话里，哪里有“狷”次于“狂”的意思？孔子是以“狂”和“狷”为俱不足取的（见《微子》篇“逸民”章及前引的“过犹不及”等章），怎会有“故思其次”的主张？即使有“思其次”的想法，在“狂”与“狷”中，也定会先执于“狷”。孔子是以“温良恭俭让”见称的，是一位“温而厉”的儒者，不是“厉而温”的法家；怎会先去取“狂”？“子欲居九夷”等章，不是明证吗？

所以，“狂”、“狷”与“中行”的关系，只有和孔子的整个思想联系起来看。解释成“狂”、“狷”是处世态度上的“两端”；“狂”而“不知所以裁之”，则语之以“狷”；“狂”、“狷”的“和”，就是“中行”。

所以，“和”在孔子手里，就成了达到“中”的境界的手段，并且是唯一的手段；它不仅可用在修身上去调整“文质”“狂狷”，而且可用以治国：

丘也闻：有国有家者不患寡而患不均，不患贫而患不安。盖均无贫，和无寡，安无倾。（《季氏》）

均以输贫，和以济寡，安以扶倾。这是孔子“拨乱世”的具体方针。孔子认为，富则易骄易暴，贫则易忧易盗；国家的不安，就是由这富贫众寡的不均所致。解决的办法，除了要求“大人”和“小民”各自克己，以求达到“富而无骄”、“富而好礼”，“贫而无谄”、“贫而乐道”外，为政的人还应设法“均”之“和”之。这种“均”和“和”，当然不是墨子的那个“有余财以分人”，仍然是“修文德”，是所谓“尊五美，屏四恶”：

子张问于孔子曰：“何如斯可以从政矣?”子曰：“尊五美，屏四恶，斯可以从政矣!”子张曰：“何谓五美?”子曰：“君子惠而不费，劳而不怨，欲而不贪，泰而不骄，威而不猛。”……子张曰：“何谓四恶?”子曰：“不教而杀谓之虐；不戒视成谓之暴；慢令致期谓之贼；犹之与人也，出纳之吝，谓之有司。”（《尧曰》）

“惠而不费”、“先教后杀”等这一套，就是在为政上得其“中行”的具体纲目。不教既不行，不杀也不行，教、杀之和，就是先教后杀。

“和”既如此是进于“中庸至德”的唯一途径，难怪有子说：

礼之用，和为贵；先王之道，斯为美。小大由之，有所不行；知和而和，不以礼节之，亦不可行也。（《学而》）

“礼”，是“先王之道”里面最“美”的一道，实行起来，以不卑不亢、不僭不逼、恰如其分为难能，故以“和为贵”。虽然事无巨细皆唯“礼”为据，好像人们对“礼”很熟知了，但也常有“不行”的时候，由于没有掌握“和”也。可是如果一味追求“和”，为和而和，没有一个原则，没有一个标准，也同样“不行”。

“知和而和……亦不可行”这句话，最能反映出孔子思想的精神。在孔子看来，一切都不能“固”，一切都不能“执一”，包括达到这种“不固”状态的“和”的手段在内。“和”虽可贵，但也不能绝对化。说得玄深一点，就是“和”本身也必须是和的；说得浅近一点，就是“和”得有一个现实的标准。没有坐标，“和”也不知其为“和”，与“不和”又有什么两样？这个坐标，就是“礼”。

**五、“以礼节之”**

这套思想，在“克己复礼为仁”这一名言中得到最典型的表现。这一名言，已在近年来的讨论中被从各种可能的角度上解释遍了，我的理解与大家的似乎又不相同。

所谓“克己”，我想参照《尚书·洪范》所记的“三德”来理解。《洪范》虽疑为战国末年作品（据刘节教授），但其中某些思想当是古已有之。其中“三德”一章说：“三德：一曰正直，二曰刚克，三曰柔克。平康正直……沉潜刚克，高明柔克。”最后这两句话，在《左传·文公五年》中也曾引用过。（《左传》以为“商书曰”，与今之在《周书》不同。或此数语原不在《洪范》？）杜注曰：“沉潜，犹滞溺也；高明，犹亢爽也。言各当以刚柔胜己本性，乃能成全也。”杜预的解释，是否符合《洪范》本义，不能妄定，但至少是符合《左传》的。参考杜预的解释，可否这样理解《洪范》：人的性格有三种，一是平康，一是沉潜，一是高明。平康者，自能正直；沉潜者，以刚克求得正直；高明者，以柔克求得正直。

不过这个“正直”也不是死死板板的，它大概像《皋陶谟》上所说的那种“九德”：“宽而栗，柔而立，愿而恭，乱而敬，扰而毅，直而温，简而廉，刚而塞，强而义。”《皋陶谟》的成书时代不会早于战国，出于儒家之手的迹象是明显的，比如这个“九德”，分明是“子温而厉，威而不猛，恭而安”的进一步完善。这种“九德”式的“正直”，当是儒者修己的最高标准，是条理化了的孔子思想。

如果这种理解还算说得过去，那么，可否把“克己”解释成“刚克”、“柔克”，而“为仁”就是求得“正直”的“九德”？

我认为，以孔子的全部思想倾向为根据，是应该容许这一解释的。这样，“克己”就是以刚克柔（沉潜）或以柔克刚（高明），而刚柔之“和”，就是“仁”（中、正直）了。

什么叫“复礼”？可参照“知和而和……亦不可行”的话，把它看作是刚克柔克的标准。沉潜者以刚来克自己天生的柔德，高明者以柔来克自己天生的刚德，这是“和”以求“中”的工夫；但克到何种程度就算“和”，就得其“中”呢？标准就是“礼”。能做到“非礼勿视，非礼勿听，非礼勿言，非礼勿动”的程度，这个“克”将是“和”的，无过与不及之弊的，这就是在“求仁”，其结果则将是“得仁”。

所以，孔子的“和”，不是“和事佬”的“和”，而是有以“节”有所“变”的“和”，是以礼为依据的“和”。或者说，用以相“和”的两端，在既“和”之后，仍有一端占据主导方面；这一端是合“礼”的。《中庸》记“子曰”说，“和而不流强哉矫”。“和”而无所依据，就是“和而流”了；“和”而以“礼”为据，就是“和而不流”（焦循释“一贯”时，不仅没能区分“和”与“流”，且有混“和”于“同”的倾向）。而“礼”的精神偏于“让”，所以孔子的“和”，就不是化学上的“和”；孔子的“中”，也不是几何学上的“中”，不真是“中立而不倚”的“中”，而是中间偏右的。比如：

奢则不孙，俭则固。与其不孙也，宁固。（《述而》）

富与贵，是人之所欲也，不以其道得之，不处也；贫与贱，是人之所恶也，不以其道得之，不去也。（《里仁》）

奢和俭都不好，都是“执一”。《礼记·杂记下》篇有一则“孔子曰”说：“管仲镂簋而朱纮，旅树而反坫，山节而藻棁，贤大夫也，而难为上也。晏平仲祀其先人，豚肩不掩豆，贤大夫也，而难为下也。君子上不僭上，下不逼下。”管仲失之奢，晏婴失之俭，都不知“用和”，都有所不行；但“与其奢也宁俭”，这是为什么？这就是“以礼节之”了。因为“礼之本”是偏重于“俭”的（参见《八佾》篇“林放问”章）。拿“礼”作为“和”的标准，这是我判定孔子思想中间偏右的主要依据。“礼”的问题，谈起来很复杂，简单点说，“礼”是一种“道德的政治”或“政治的道德”；孔子心目中的“礼”，虽已不全是“周礼”，虽已加进了“仁”的内容，但它依旧是以维护旧的统治制度为鹄的，虽然维护的方法与程度颇有不同，但实质总是一种维护。比如上引的欲富贵而恶贫贱，这在孔子看来，虽是人之常情，但不以其道得富贵，则不处，不以其道得贫贱，却不去！这又是为什么？这不是似乎又有违“中和”之道吗？不。这恰恰正是孔子的“以礼节之”的“中和”之道。孔子要求大家安贫守分，这在当时，在客观上，只能有利于维护旧制度；而在孔子的主观上，就认为这是“复礼”，是“和”的准绳。王充在“问孔”时，没能看出这个秘密，以为孔子那章“富与贵”的话，有说错了的地方，主张把它更正为“不以其道去贫贱，不去也”（《论衡·问孔》），这样一来，对待富贵与贫贱的态度，就是一个半斤，一个八两，真正不偏不倚了；但这已经不是孔子的精神，而成了王充的精神！孔子是相信“以约失之者，鲜矣”的（《里仁》）。

不过，孔子究竟还是以“中庸”为至德的，并没有让到极端，比如，他并不主张“以德报怨”，像道家那样；而是主张“以直报怨”（《论语·宪问》）。“直”当是那个“正直”了，“质直”被说成是“达”的基本。可是这个“直”，也不是“其直如矢”的：

叶公语孔子曰：“吾党有直躬者，其父攘羊而子证之。”孔子曰：“吾党之直者异于是，父为子隐，子为父隐，直在其中矣。”（《子路》）

直而无礼则绞。（《泰伯》）

直躬之“直”，在孔子看来，并不足道，它将引导到“绞”。（马融：“绞，绞刺也。”皇侃：“对面说刺他人之非，必致怨恨也。”）吾党之“直”，才是真“直”，因为它是“复礼”的。

所以，孔子虽没有退到道家的“以德报怨”的一偏（当然更不容忍“以怨报德”的另一偏），但也反对直躬之直。因为，孔子的“和”，虽是对“两端”的折中，但仍保留其中一端作主要方面的；孔子所求得中直的“和”，是有一个依据的，并不是绝对的。

## 六、“义之与比”

“中”之为中，当然更不是绝对的。“中”本随“两端”而存在，依环境所提供的两种可能而存在，环境变了，“中”也自应跟着变。比如，“爱人”是“仁”的标准，但如果叫“仁者”下井救人，“仁者”也应该拒绝。这种随条件而变化所“中”的工夫，叫作“权”、“时”或“义”。孔子把它立为修养上的最高境界。

可与共学，未可与适道；可与适道，未可与立；可与立，未可与权。（《子罕》）

可见“权”比“立”更高一级。“立”者，知道一般原则也；“权”者，能够无背原则而随机应变，“从心所欲不逾矩”也。孟子对这一点解释得很好，“男女授受不亲，礼也；嫂溺援之以手者，权也”（《孟子·离娄上》）。“执中无权，犹执一也”（《孟子·尽心上》）。“礼”是一般的中庸之道，“不知礼，无以立”（《论语·尧曰》）；“权”则是更高的“中庸”，“执中”而无权，与“执一”无异。孔子也把“权”放得最高。可与权者，无以复加！所以刘安说：“权者，圣人之所独见也。故忤而后合者谓之知权，合而后舛者谓之不知权。不知权者，善反丑矣？”（《淮南子·泛论》）不知权，合而后舛，善而反丑，可知“权”的重要了。孟子甚至说：“夫道二，常之谓经，变之谓权；怀其常道而挟其变权，乃得为贤。”（据《韩诗外传》卷二）“权”被提到“道”的高度，虽说已是战国色彩，而其滥觞处，却在孔子：

子曰：“中人以上，可以语上也；中人以下，不可以语上也。”（《雍也》）

子曰："可与言而不与之言，失人；不可与言而与之言，失言。知者不失人，亦不失言。"（《卫灵公》）

孺悲欲见孔子，孔子辞以疾。将命者出户，取瑟而歌，使之闻之。（《阳货》）

孔子是以"诲人不倦"、"有教无类"见称并自励的，上列三章引文却好像与这种宗旨有违，其实不然。孔子在教学上是懂得用"权"的，所以他对人的教诲，在内容和方式上，很是不一样。对孺悲的刺激办法，也正是一种教诲。孟子就说过："教亦多术矣。予不屑之教诲也者，是亦教诲之而已矣！"（《孟子·告子下》）这就是教诲上的"权"。如果把《论语》上孔子答弟子问的语句仔细分析一下，考证一下问答的时间地点和对象的特性，我们将会深信，孔子在教学上，不仅是"因材施教"，而且是因时因地施教的。这就是"权"。

天下有道则见，无道则隐。邦有道，贫且贱焉，耻也；邦无道，富且贵焉，耻也。（《泰伯》）

有道则见，无道则隐，这是最大的"权"。据说南容、宁武子、蘧伯玉都能做到这一点，南容并因此而被孔子选为侄女婿。

这个"权"，也被称作"时"。孟子说："孔子，圣之时者也。"（《孟子·万章下》）因为孔子"可以仕则仕，可以止则止；可以久则久，可以速则速"（《孟子，公孙丑上》）。这是帮助我们理解孔子"无可无不可"态度的最好注脚。

子曰：不降其志，不辱其身，伯夷、叔齐与！谓柳下惠、少连，降志辱身矣，言中伦，行中虑，其斯而已矣！谓虞仲、夷逸，隐居放言，身中清，废中权。我则异于是，无可无不可。（《微子》）

不问条件，一味地出世，不问条件，一味地入世，虽说难能，但并不为孔子所取，因为那都是“固”。只有能做到当进则进，当退则退，没有一个固定的“可”与“不可”，不固于出、处、语、默，与时进退，才称得上圣人。这样的态度，《中庸》上名之为“时中”：“君子中庸，小人反中庸。君子之中庸也，君子而时中；小人之中庸也，小人而无忌惮也。”君子的“中庸”是随时而中；小人也有自己的“中庸”，特别是“无所忌惮”，大概是不“复礼”的意思。于是“君子”的时中就是真中庸，“小人”的无忌惮的中庸则成了反中庸。

子曰：学而时习之，不亦说乎？（《学而》）

前人多说这是论学的，训“习”为诵习，“时”为按时。焦循却说：“当其可之谓时。”（《论语补疏》）我看很有道理。“时”，就是“圣之时也”之“时”，“习”，应释为实习之习，与“性相近也，习相远也”的“习”字同训。《说文》：“习，数飞也。”徐灏笺：“鸟肆飞也。”则“习”的本义为实习。“学”“习”两个字连在一起，本有“学了并根据所学去实习”的意思。“时习之”，随“时”而“习之”也，“可以仕则仕，可以止则止；可以久则久，可以速则速”。在孔子看来，这是一件很快乐的事。

《乡党》末章的“山梁雌雉，时哉！时哉”大概也是论“时”的，与“色斯举矣，翔而后集”的诗句不无关系。可惜或有断简，不便强解。

“权”和“时”也叫作“义”。“义者，宜也。”（《礼记·中庸》）古书“义”字作“谊”，今字“仪”作“义”（据郑玄《周礼·肆师注》）。《说文》：“谊，人所宜也。”所以，孔子所谓“义”，本没有后儒所加予它的那一套伦理的意思，简单的就是“适宜”，“恰到好处”。

君子之于天下也，无适（敌）也，无莫（慕）也，义之与比。（《里仁》）

子路曰：“君子尚勇乎?”子曰：“君子义以为上。”（《阳货》）

君子“义以为上”，觉得合适就做，没有固定的亲疏，没有不变的勇怯；甚至说了的话可以不算数，做了的事可以不期完成，只要“义”当如此。孟子说：“大人者，言不必信，行不必果，惟义所在。”（《孟子·离娄下》）这与孔子把“言必信，行必果”定为“小人”的观点是一致的，孔子与阳货的那一段故事，大概就是这个观点的实践了。

不过这个适宜不适宜绝不是从得失上来计较的，而是从动机上来衡量，所谓“君子喻于义，小人喻于利”（《论语·里仁》），就是用来分别这一点的。从得失上来考虑，“不义”的举动也可因其有“利”而被当成“义”的，所以孔子再三告诫要“见利思义”，正是为此。

“义”的地位到孟子手里被充分提高了，可是它的苗头还是从孔子开始的。

主忠信，徙义，崇德也。（《颜渊》）

质直而好义，察言而观色，虑以下人，在邦必达，在家必达。（《论语·颜渊》）

这里还只把“义”当作较次的东西，提出“徙义”（闻义能徙）、“好义”的要求，在《卫灵公》篇里，则有：

君子义以为质，礼以行之，孙以出之，信以成之，君子哉！

“义”已被提到首位了。这也是逻辑的必然结果。因为既以“中”为贯道之“一”，主张“立于礼”，“主忠信”、“质直”，而“中”的彻底贯彻，必然走向“时中”，走向“义”，否则就不得其“中”了。这样，就必然从“质直而好义”到“义以为质”。

所以，能做到“义”和“时”，在孔子看来，是很不容易的。《宪问》篇有一则记载说：

子问公叔文子于公明贾曰：“信乎夫子不言不笑不取乎?”公明贾对曰：“以告者过也。夫子时然后言，人不厌其言；乐然后笑，人不厌其笑；义然后取，人不厌其取。”子曰：“其然，岂其然乎?”

孔子不相信公叔文子能够做到“时然后言，义然后取”，我们不必去追究公叔文子的德行究竟怎样，至少可以看出，孔子在这里是把“时”和“义”悬得很高的，正如他抬高“权”一样。

尽管孔子把“权”、“时”、“义”抬得很高，我们却不能也对它评价很高，把它说成和唯物辩证法的具体分析的观点没有区别，其实是有很大区别的。

具体分析的观点，是在承认对立面斗争的绝对性的前提下，研究对立面在怎样条件下统一和转化的观点；在这里，斗争是绝对的、无条件的，统一是相对的、有条件的。而在孔子那里，“权”、“时”、“义”的观点，是“执两用中”观点的引申，是“和”的观点的发挥；就是说，是奠定在对立面统一的绝对性和斗争的相对性的基础上的。所以，二者的区别，十分判然。

关于“用中”，前已说过，它是以对立面转化的无条件性为前提的一种观点；因此，它也就把对立面的斗争看成是有条件的了，至少，在“中”的地位上，孔子认为是摆脱了转化的浩劫和斗争的痛苦的。至于“和”，孔子实际上是把它说成了无条件的统一，对立双方的调和。而由此引发出来的“权”、“时”、“义”，不过是前两个观点的变形，是它们的复杂化，是在一切情况下灵活运用斗争的相对性和统一的绝对性。

不过，辩证法和形而上学的对立，并不只是绝对的。孔子的“用中”、“和”、“时、权、义”的观点中，有许多地方可和辩证法相通，如果我们不把它们绝对化，正可发现许多合理的和有用的东西。

## 七、“中庸”和“反中庸”

孔子当然不能看到他的“中庸”观点和我们的辩证法的对立，因为时代和地位限制了他；但他却深深感触到了另一个和他“对立”的观点，那就是所谓“乡愿”的观点。

据《孟子》载：“孔子曰：过我门而不入我室，我不憾焉者，其惟乡愿者！乡愿，德之贼也。”（《尽心下》）《论语》中只保存有这最后一句话，很难捉摸。幸好《孟子》上所记的“过我门而不入我室”等语，和《论语》上对“小人”的评语有互通之处，因此，可以由此来推敲。

乡愿，是一种貌似“君子”而绝非“君子”的人，即所谓“过我门而不入我室”的人。这种人，《论语》上是称之为“小人”的。

君子周而不比，小人比而不周。（《为政》）

君子泰而不骄，小人骄而不泰。（《子路》）

君子和而不同，小人同而不和。（《子路》）

“周”与“比”、“泰”与“骄”、“和”与“同”，以及“闻”与“达”、

“贞”与“谅”、“矜”与“争”、“群”与“党”、“仁”与“佞”、“欺”与“犯”、“义”与“利”、“乐”与“淫”、“哀”与“伤”等，都是似是而绝非的。在孔子看来，前一条，都是“君子”之德；后一条，都是“小人”之德。做到了前一条的人，就算进孔门而入孔室了；停留在后一条的人，就是“过我门而不入我室”。“过我门”三个字非常传神，它说明了道德上的“君子”和“小人”，神虽非而貌颇似，“小人”之所以常被孔子申斥，“乡愿”之所以被谥为“德之贼”，大概正由于此。因为正是这种人，才足以“乱德”。

这种人，是“乡人皆好之”的（《子路》），“一乡皆称愿人焉”（《孟子·尽心下》）。他“同乎流俗，合乎污世，居之似忠信，行之似廉洁”，你对他也没办法；“非之无举也，刺之无刺也”，所以“众皆悦之，自以为是”。但有一个最根本的区别就是：“不可与入尧舜之道。”（《孟子·尽心下》）

这个“不可与入尧舜之道”的根据，正在于：“君子”是以“中庸”为指导思想的，“小人”或“乡愿”是按反中庸的折中主义行事的。“中庸”，如前所说，是通过“和”来“执两用中”的，而这个“中”又表现为“时中”；“反中庸”，大概是通过“同”来得其所中的，因而“肆无忌惮”。中庸者“能好人、能恶人”（《里仁》），因而“乡人之善者好之，其不善者恶之”（《子路》）；反中庸者“同乎流俗，合乎污世”，因而“一乡皆称愿人焉”。可见，中庸是有原则的，反中庸是无原则的；中庸是克己复礼的，反中庸是克己谀人的；中庸是和而有节（或“和而不流”）的，反中庸是知和而和（或“和而流”）的。如果说反中庸也有原则的话，那么它的原则在人，而中庸的原则在己；它的愿则在“利”，中庸的原则在“义”；它的原则在“得”，中庸的原则在“安”；它的原则在效果，中庸的原则在动机。这是正、反中庸的根本区别，也是孔子告诫弟子“为君子儒，毋为小人儒”（《雍也》）的理论根据。

其实，如果我们想钻一个空子的话，就要说：“乡愿”的“中庸”，倒应说是真中庸，因为它既“喻于利”，倒往往在实际上得其正中；孔子的“中庸”，倒应说是反中庸，因为它保留有主导面。不过这个“空子”也不过貌似“空子”而已，在现实社会中，绝对的“中”是找不出来，不以自己阶级利益为主导面的思想也是没有的。“乡愿”的“中庸”，实际上也是以一己之利为依据、作主导的，因此，我们倒是乐于以孔子的这个表示了以不中为中的“中庸”作真中庸看。它之所以为“真”，就在于它流露了真感情。如果有人不见这个秘密，而谴责孔子的中庸思想为折中主义的杂拌儿，我们倒是很难同意的。

我们所要做的，应该是不要受孔子情绪的感染，把“中庸”和“反中庸”的差别，也看得那样天渊。从理论上说来，“中庸”、“反中庸”与真理的距离，不过是五十步与百步而已！“反中庸”的原则，正是“中庸”的原则的彻底贯彻，是更加把对立面的统一说成绝对、把斗争说成相对罢了。在开始，它们是同出一辙的。

“中庸”之为德，既如此与“反中庸”只有“一念之差”，而自己又那样地和而有节，中而有时，立而有权，难怪孔子的得意门生如颜渊者，都要“喟然而叹”其“仰之弥高，钻之弥坚，瞻之在前，忽焉在后”了，难怪善于辞令的子贡要喻之为“宫墙”，说“夫子之墙数仞，不得其门而入，不见宗庙之美，百官之富，得其门者盖寡矣”了。子贡的赞辞，使我们联想到恩格斯对黑格尔体系的一段评语。恩格斯说：“人们只要不是无谓地停留在它们面前，而是深入到大厦里面去，那就会发现无数的珍宝，这些珍宝就是在今天也还具有充分的价值。”① 孔夫子当然不能和黑格尔相比，子贡更不能与恩格斯并论，两个评价的科学性也绝不一样，但如果我们说，在孔子的思想体系中，也包含有例如把相反的看成是相成的，在相似中指出其相反处的（以及

①恩格斯：《路德维希·费尔巴哈和德国古典哲学的终结》，人民出版社 1972 年版，第 10 页。

其他本文中未涉及的）宝藏，直到现在还保存着自己的十足价值，不是也可以吗？当然，这些东西已埋藏得很久很深了，就有如周代的铜器一样，不仅需要考古发掘，而且需要细致鉴别的。

孔子自己把中庸之道弄得如此玄妙，又去大叹其“民鲜久矣”，真有点作茧自缚。我们今天倒可以看得很清楚，“民鲜久矣”的话是完全信不得的。这样的中庸思想，在原始社会里固然没有存在的根据，即使在第一个阶级社会还没有显著分解，上下层人还没有充分交流，中间势力还没有大量出现的时代，也是不会产生的；只有到了孔子的时候，在他这种阶层的人的身上，才会真像“天生德于予（孔子）”似的发芽开花起来。

## 八、“士”的思想

因此，我们就来分析一下中庸思想的社会实质。

孔子所生活的春秋时代，是一个大变化的时代。经济在急剧上升，政权在逐步下移；旧的统治势力在日益卑弱，新兴的压迫集团在渐趋形成；宗法制度在瓦解，官僚政治在蠢动；天的威信步步低落，人的力量天天抬头；大人的权威已不再绝对神圣，小民的作用也开始引起重视。

在这样一个日新月异的动荡中，对变化最有切肤之感的，与其说是处在社会两极的那些阶级，毋宁说是处在社会通衢的那个阶层。这个阶层，也就是所谓的“士”。士是贵族中的最低层，平民里的最上层；既无封土，也不食力；既因其贵族身份而熟习典章制度，也由于接近下层人民而“多能鄙事”；既是军事上的骨干力量，也在文化上拥有知识；既能上达到贵族大夫，也会沉沦到平民庶人。所以，重而不重，贤而不达，卑而不鄙，困而不穷，就是他们的社会地位的显著特征。不过，他们终究还是贵族，贵族的身份决定了他们多留恋旧的，少向往新的，多向上看，少向下看。孔子就是在这样一个

“士”阶层中熏陶出来的，孔子的思想，正是这个阶层的地位的反映；我们上面所分析的“中庸”，正是这个阶层的思想情趣的结晶。

在政治主张上，是“政者正也”，是“举直错诸枉”，是“君使臣以礼，臣事君以忠”，这些“正”、“直”、“礼”、“忠”，正就是“中庸”一词的政治译语。具体点说，就是在上位的要薄赋敛，慎刑罚，明教化，举贤才；在下位的要不犯上，不作乱，安其居，乐其业。这样就可以达到“君子爱人，小人易使”的局面。冉求为季氏聚敛，孔子要“小子鸣鼓而攻”的故事，是大家熟知的。为说明孔子的政治主张，有另外一件事还值得一说：

鲁人为长府，闵子骞曰：“仍旧贯，如之何？何必改作。”子曰：“夫人不言，言必有中！”（《先进》）

“长府”是藏货财之府。旧注都以为“仍旧贯，何必改作”是不必改作长府，省却一笔修缮费用，以免劳民伤财。日本人荻生茂卿说：“旧贯，就税敛言；注家就长府言，非也。闵子言税法因鲁国旧事而不厚敛，则长府足矣，何必改作以益之？”（转引自日人太宰纯德夫《论语古训外传》）我看荻生的理解很对，可由孔子的赞语证实。如果仅是修缮几十间房子的事，孔子不至于如此夸奖闵子；闵子之值得表扬，正在于他推行了孔子的薄赋敛的主张。

在伦理学说上，中庸思想最集中地表现在一个“仁”字上。“仁”是“相人偶”，人与人彼此相安，尔不虞，我不诈，相交以“恕”，彼此相爱，互相拥抱。这与那些当权派用来骗人的“如保赤子”的说法是不一样的，孔子是真心诚意地提倡互爱的（事实上能否互爱又是另外一回事）。因为处在两大阶级疆场之中的“士”阶层，真正感受到了“上下交争利”的苦楚，只有他们才有相安无事的需要。同时正是他们这些“中间”阶层，不能理解阶级对立的严酷，最容易产生幻想，要求中庸之道。不过，“士”阶层到底还是多向上看少向下看的，“富与贵”终究还被定为是“人之所好”，所以“爱”还得有个“差等”，乱来不得；“礼”的作用于是被强调起来，“义”的作用于是被发明出来。整个伦理学说就这样完成起来了。

伦理学说之在孔子思想中占着特别突出的地位，这固然与整个宗法社会有关，也更与孔子所代表的社会力量有关，因为只有伦理思想，最适合中庸之道。刑政不是这个阶层所能轻易掌握的，他们并不寄奢望于刑政；完全鄙弃刑政而“隐居放言”，也为他们所不甘心；“喻于利”的事，更为他们不屑顾。最温和的改革武器，莫过于伦理。因为谁都在人伦中占有地位，谁都可以“闻斯行之”。抓住了伦理学说来做“上说下教”的工具，把全部学说都包裹以伦理学的糖衣，就这样必然地决定了。

天和鬼，他们不会迷信的，因为他们掌握着足够破除天鬼的知识；他们也没有以天鬼来麻醉人民的强烈愿望；更没有以天鬼作为起义旗帜的要求。这就决定了他们在天道观上的中庸主义。“性与天道，不可得而闻”，“子不语怪、力、乱、神”，这些记录，说明了这样一个幕后消息：在弟子们看来，博学如孔子者，是应该就天道问题有所教诲的，为什么不谈呢？殊不知这是孔子在用回避的办法来“解决”问题：说肯定的吧，自己也难相信；说否定的吧，又有碍于“民可使由之”的原则；最适宜的办法当是讳莫如深了。“未能事人，焉能事鬼”，“未知生，焉知死”，这仍然是一种回避；“敬鬼神而远之”，“不知命无以为君子”，这就倾向于麻醉剂了。这种中间偏右的实践态度，就决定了他的中庸之道的理论面貌。

所以，“中庸之德民鲜久矣”的话，实在是孔子的“托古改制”，并且是他的一切托古改制的理论基础。前面说过，虽然在孔子以前已经有了一些“用中”、“用和”的思想片段，但都没有形成体系；现在我们更看到，那时根本不可能形成一个“中庸”体系，因为这个体系的社会基地，到孔子时代才涌现出来。孔子作为“士”阶层的思想家，吸取了前人的思想作资料，创建出一个完整的思想体系来，并且意识到了自己的思想体系是有中心的，说到了这个中心（“至德”）是“中庸”，这是孔子作为一个思想家的伟大。

我们应该说，中庸之德，自孔子始！当然它并没有也不会“于孔子终”。不过后来的“中庸”，已经不是孔子的中庸了，这是需要细加分别的。

# 柒○仁义：儒家哲学的基本范畴

我想先请大家考虑一个问题，有没有人把仁、义看成一对像阴阳那样的对立范畴？据我所知，这样的人比较少。研究传统文化的人注意到了天与地、阴与阳、刚与柔、是与非的对立，却很少注意到仁与义之间的对立关系。但是，仁、义这对范畴在开始的时候，的确是作为对立的东西而存在的。《周易·说卦》有云："立天之道曰阴与阳，立地之道曰柔与刚，立人之道曰仁与义。"也就是说，天的运行规律由阴和阳组成，地的存在规律由刚和柔组成，而人的行为规律则由仁和义组成。在这里，我想廓清仁与义的范畴是怎样形成的，以及二者如何形成对立的关系。明白了这两个问题，将加深我们对仁、义的理解，有助于我们解答与仁、义相关的种种问题。此外，诠释过程将为大家生动地展示我研究中国古代思想范畴的特殊方法——从字形、字义、字根等入手追溯文字的演变，进而探讨其背后所隐藏的思想意识的发展过程。我首先讲仁，然后讲义，最后讲仁和义的对立统一。

## 一、解仁：爱的情感

### 追溯古文“仁”的字形

什么是“仁”呢？《说文解字》云：“仁，亲也，从人二。”这个解释很简单，只是说明仁这个字表示亲爱的意思，在字形上是“人”字旁加个“二”。两千多年来，历代学者基本上都接受了这种理解。但是现在我要说，这个理解是完全错误的。当然，历代学者以“亲”训“仁”，并没有背离原始儒家思想中“仁”的本意。但是，如果认为“仁”原来的字形就是“从人从二”，并据此对之进行词源学上的分析并解释其意义，那就大错特错了。

我之所以这么肯定，是因为我比古人掌握了更多的文献，看到了新近出土的材料。例如，十几年前在湖北郭店出土了 13，000 多字的战国中期文献，这就是前代学者所没有见过的。郭店竹简的年代大约在孔子与孟子之间。这个时段的文献几近亡佚。尽管在这一百多年中，孔子的后学以及其他学派的学者应该有很多著述，但是流传下来的却非常少；其中，儒家著作尤其少。郭店竹简正好填补了文献上的空白，为我们提供了确凿的材料证明汉代学者的许多谬误——其中就包括他们对仁字的解释。

首先，《说文解字》对仁字结构的说明就错了。它说，仁“从人从二”。而郭店竹简中的仁字却写作：上半部分是一个人的图形，在人的腰部画了一个圈，以示强调，指代人的身体；下半部分是个“心”字，人心的心，说明这个字是表示心态的。总的来看，这个字，既强调人的身体，又与人的心理状态有关。因此，我们把它写成正字，就是“身”字下面放一个“心”字。郭店竹简中出现的七十多个仁字都是这样写的。这说明，在古文字中，

“仁”不是“从人从二”，而是“从身从心”。

《说文解字》的作者许慎是否知道这一点呢？我猜想，他应当是知道的。许慎在“从人从二”的正式定义后，又补充说：“，古文仁，从千心”，“芦，古文仁，或从尸”。“，古文仁，从千心”的观点是正确的。我们在郭店竹简中看到的“仁”字，实际上是在人的图形上更加强调了身体，并在下面添了个“心”字。因此，我们说它“从身从心”。如果把郭店竹简的仁字稍微简化一下，可以写作；再进一步简化就是“从千从心”的。因此，许慎所云“古文仁，从千心”，应当是符合历史事实的。而且，在郭店竹简的众多仁字中，也的确有近似于“从千从心”的写法。

许慎在《说文解字》中的解说显示，他认为仁字实际上有三种写法：一种是当时“从人从二”的写法；另外两种是此前古文中的写法，或者“从千从心”，或者“从尸从二”。但是，《说文解字》并没有给出更多的理由说明为何“从尸从二”就是仁，为何“从千从心”也是仁。因此，后人在诠释“仁”字时，多半根据“从人从二”的字形来解释说，仁字之所以“从人从二”，是因为它表示人与人之间的关系。也就是说，仁爱的“仁”发生在两个人之间，如果只有一个人的话，就无所谓仁不仁，爱不爱。历代学者大都接受了这个观点。宋儒讲得更清楚一些，也更绝对一些。他们强调，仁爱只有在人与人的关系中才能得到彰显。如果没有他人的存在，仁就只能潜存于内心深处，而缺乏现实化的条件。需要说明的是，这些说法在词源学上都是靠不住的。为什么呢？首先，“从人从二”的仁字只是汉代的写法，而且是由“从尸从二”的写法演变来的。它本身并不足以说明仁字的原初意义。再者，我们在郭店竹简中看到的仁字，虽然有些看似“从千从心”，但实际上还是“从身从心”。最后，许慎提到的“从尸从二”的古仁字，也有待进一步诠释。

《说文解字》没有说明为什么仁有“从尸从二”的写法，“仁”跟尸字又有着怎样的关联。而此后的学者，也就更加难以通过古仁字“从尸从二”的写法来探讨仁的原初意义了。

我给大家展示一幅拓片，。这个符号就是《说文》提到的“从尸从二”的古仁字，见于河北满城县中山靖王墓出土的铜器铭文中。整个符号似乎是一个人坐在什么东西上面——或是凳子，或是两块土块，或是石头，总之是一个人坐在那里。所谓“从尸从二”的古仁字，实际上就是这样的，它并不是“从尸”，而是坐在某个东西上的一个人。如果我们把符号中各个元素的位置稍微挪动一下，就会变形为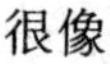，很像是“从人从二”的仁字。可事实上，左边这个拐了弯的符号不是“人”字旁；而是“尸”，尸体的尸字。如果把左边的符号弯曲得更厉害，更夸张一些，就成了，上半部分像是尸体的尸字。于是，我们不仅要问，为什么“从千从心”是古文的仁字，“从尸从二”也是古文的仁字？这两个字有什么关系？为什么会出现这样的字形？它们又说明了什么？

我们先来研究“从尸从二”的古文字。为什么“仁”会“从尸从二”？尸是怎么回事？我这里有块甲骨文拓片。拓片中，尸字与方字连在一起，指尸这个地方。“尸方”是个地名；甲骨文中曾多次提到。“尸方”在哪里呢？参考甲骨文和一些传世文献，我们可以知道，尸方指的是山东沿海一直到江苏北边这一带，也被称作夷。夷大概是当时口语中尸字的发音，后来也用夷来代替尸这个字。当时，东夷、西戎、南蛮、北狄被用来称谓四方的少数民族。其中，东方的少数民族就叫“夷”。

**早期的“仁”：尸方人特有的美德**

东边的少数民族为什么叫“尸”（夷）?尸字为什么成为仁字的偏旁？前人之所以没有讨论这个问题，是因为他们没有注意到仁和尸（夷）的关系。这个叫作“夷”的少数民族的名字“尸”，构成了“仁”字的主要部分。这一点可以在《论语》的两则文字中得到旁证。《论语》有云：“子欲居九夷。”说孔子想要到九夷那个地方去生活。九表示数量众多。九夷就是很多个尸方。孔子所处的时代被认为是“礼崩乐坏”的历史阶段。也就是说，随着社会的发展，许多旧的传统被抛弃，新的东西出现了。作为文化保守主义者的孔子，不愿生活在新环境里，想到九夷去。为什么要去九夷呢？他说：“礼失而求诸野。”在繁华的大城市里，人们已经丢失了礼。这让孔子很不满意，所以要到九夷去寻找。也就是说，在当时，夷这个地方的某些风俗传统被认为是好的；某些在大城市里已经丧失的东西，却在那里保留着。所以孔子才会提出“欲居九夷”。

那么，大城市的人丧失了什么？九夷这个地方的少数民族又保留了什么好东西？从仁的字形中我们可以看出，这个好东西应该就是“仁”，就是人和人之间的亲爱之情。它在大城市里已经淡化，而生活在东方沿海的少数民族却依然保持着。“仁”是尸方人特有的，或者说比较重要的一种行为准则和道德规范。因此，尸方的“尸”字，加上其他符号，就组成了仁爱的“仁”字。《说文解字》所说的“从尸从二”的古仁字，也证明了这一点。

请大家注意，在孔子的时代，仁被看作是一种地域性的美德。“子欲居九夷”就是在这个意义上说的。大城市里已经没有这种美德了，而东部少数民族的那个地域性、民族性的团体里还保留着这样的美德，所以孔子愿意到那里去居住。这种美德的具体内容就是“亲爱”，就是“孝悌”。《论语》说：

"孝弟也者，其为仁之本与。"仁的根本在于孝与悌（弟）。孝是父子之间的关系，悌是兄弟之间的关系。可见，"仁"最初的意思是指血缘亲族之间的感情以及由此延伸出的宗族内部的亲情。因此，《说文解字》所云"仁，亲也"，强调的就是"亲亲"，即，有血缘关系的人之间的某种情感。当时，仁的主要内容是孝和悌，而孝和悌就是尸方人特有的美德。当然，我们不能说当时的大城市里绝对没有这种美德，但是，在孔子看来，至少是越来越淡薄了，所以他有"居九夷"的想法。这样，我们就把"仁"与"尸"的关系搞清楚了：尸就是夷；居住在尸方的人有一种美德，这种美德被称作仁。

这样讲，可能绕了一些弯儿，显得比较复杂。我再讲一个比较简单的例子来帮助大家理解。这个例子是"夸"字。方言中说某个人很夸，意思是说这个人的审美观念有点问题，大概是比较粗犷的那种，经常使用诸如大红配大绿一类看上去很有跳跃性的搭配。对于那些比较细腻的人而言，这种审美情趣就是夸。"夸"原本是什么意思呢？在上古，夸本来是一个部族。大家都知道"夸父追日"的神话，说夸族的首领或夸族的英雄，突然发狠要去追逐太阳。从东海一直追到西海，在快要追上的时候，又累又渴，最终死去。他死后，手杖化为邓林。夸这个部族的人很质朴强悍，也很粗犷，因此他们的首领才会锲而不舍地追逐太阳。也就是说，夸人有一种特别而鲜明的性格，所以，这个民族的名字"夸"就被用来形容这种性格了。同样的道理，居住在尸方的少数民族比较重视血缘内部的亲亲关系，所以人们就在尸这个字上加一些东西，表示仁。

有的学者不同意我的观点，认为拓片中的符号就是"从人从二"的仁字。我已经说明，左边的符号不是人，而是尸。此外，右边的符号也不是二。"二"这个符号在古文字里经常出现，实际上是为了美化字形构图的一种装饰。比如说，一个字的某个部分有空白，写字的人就加上两画来填补。在汉字里，这叫“饰笔”，装饰性的一笔；也被称为“羡画”，羡就是多余，即多余的一画。“二”这个符号就是多余的，装饰性的一笔，而不是“二”这个字。关于这一点，我可以举出许多例子来证明。比如，忠心耿耿的忠字，“从中从心”。通常的写法没有“二”，但在古文字中，有时候也在“中”字旁边加上“二”来装饰一下。再比如“胃”字。我们现在通常的写法，它的下半部分并没有两横。但是，在最初的时候，这里有作为饰笔的两横。总之，在中国古文字里，“二”经常被用作装饰性的笔画，而不是“二”这个字。

况且，根据当时造字的惯例，表示两个人之间的关系，也不会用“人”加上“二”这样抽象的办法。不是画两个人，而是用“二”来表示两个人，这看起来很简单，但却是非常抽象的，需要人类的思维由具体提升到抽象才能实现。这在当时显然是不可能的。对此，我可以列举五个字来说明，它们都是由两个“人”组成的。前四个字是通行字，最后一个字是我造的。“”是“比”。比就是靠在一起，前面有一个人，后面另一个人靠着他。“”是“从”，就是跟着。你在前面走，我在后面跟着，也是表示两个人的关系。“”是“北”，东南西北的北。北就是背，即背靠背。“”是“化”，变化的化。字形是一个立着的人和一个倒过头来的人。这就表示人死了，发生变化了。可见，我们的祖先在造字时，有相当高明的手段来表示两个人之间的关系。所以，如果要用两个“人”表示人与人之间“亲爱”的关系，那就应该是“”。这个字是我造的，古文字中并没有。我用两个“人”手拉手，脸对脸，表示他们之间“亲爱”的关系。古人没有用这样的符号，而是用“从尸从二”来表示“仁”，说明“二”只是装饰性的符号，跟“两个人”这层意思没有关系。也就是说，古人只是用尸（夷）这个民族特有的德行来表示仁。

**孔子之后的“仁”：被儒家从地域性提升为普遍性的美德**

仁最早只是一种地区性、民族性的美德。孔子及其后学做了一项非常重要的工作，把这个地区性的美德提升为普遍性的美德；把这个民族性的美德推广为人类性的美德。这时，人们不再用“从尸从二”的写法来表示“仁”，而是采用“从身从心”的写法。这两种写法虽然都是古文字，但是“从身从心”的写法应当比“从尸从二”的写法出现得更晚。“从尸从二”明显带有地区性、民族性的色彩；而“从身从心”则暗示了普遍性、人类性。它显然不再认为仁是夷人的德性和尸方的美德，而是任何身体都具有的一种心态。

“从身从心”的写法大约出现在孔子和孟子之间的时代，孔子的弟子与再传弟子活跃于其间。通过郭店竹简，我们可以发现，那时有一个非常奇怪的现象，出现了一大批带“心”字旁的字。在郭店竹简的13，000字里面，至少可以找出几十个“心”字旁的字。我举两个例子。比如，“忈”是“为”字底下放个“心”字。汉代的《说文解字》里没有这个字，郭店竹简以前的文献里也没有。因此，郭店竹简刚刚面世时，大家都不认识这个字。如果把它转换成现代文字，可能有两种写法：“忈”或“伪”。不过，现代汉字中并没有这两个字。结合其他材料，我们可以推断它的意思。大家请看，如果去掉心字旁，就是“为”，表示行为、动作；那么带心字旁的“为”也应该是一种行为，只不过，这种行为里面参杂着某种心态罢了。比如，你要学雷锋，做好事。看见别人有困难，就自觉地帮助，而没有任何其他考虑在里面。那么，这个行为就是发自本身的，是身体的一种外化，跟用“心”去做是不一样的。如果你心里总是想着，我今天要去学一次雷锋，做一件好事。那就是“有所为而为”。这个意义上的“为”就不是本来的朴素的“为”，而是“做秀”。“忈”表示要做一个行为给别人看得。它也是“为”，但是在“为”里面增加了某种心态。什么“心”呢？为了达到一定的效果，我有必要这样做——这多少带有功利色彩，所以我把它称为“作秀”。再比如，“𢚛”是容易的“易”字下面放个“心”字。事情很容易，容易就容易吧；或者很难，很难就很难吧。如果事情本来不容易，人们却以为很容易，那该怎样表示呢？就用这个“从易从心”的字。类似的例子在郭店竹简中还有许多，如：困难的难字下面加心的字、知道的知字下面加心的字、畏惧的畏字下面加心的字。带“心”字旁的字在孔孟之间的年代大量出现，说明当时学术界非常重视对心理状态的研究和探讨。后来，许多这样的字在汉代许慎的《说文解字》里却不见了，这反映出，重视研究心理状态的时代已经过去了。

在现代汉语中，最后一批新造字出现在20世纪初。当时，自然科学从西方传来，许多新的名词术语是汉字系统中从来没有的，因此，只好临时创造。这个造字浪潮说明那是一个新兴科学传入的时代，是一个关注自然科学的时代。比如，我们本来只知道有空气。但是，近代自然科学却告诉我们，空气由许多种气体组成：氧气、氮气、氢气、氦气、氪气、氖气、氙气，等等。原先我们只有一个繁体的“氣”，现在用羊、亥、乃、山等来替换“米”，造出许许多多的新字，以应对自然科学新发现的需要。金属也是如此。以前很简单，只有金银铜铁。但是，在近代自然科学引入之后，我们知道还有锰、锌、镉、镍等许多金属元素，这就需要创造出新字来。所以，在当时，化学家和医生都是造字大王。

现在，我们来谈谈郭店竹简里的“仁”字。这个字用“身”下面放个“心”来表示，说明是一种心态，是一种发生在人身体内部的心态，或者说，它跟人的身体有关。既然这种心态跟身体有关，那么它也就跟血缘有关。请大家注意，仁爱的“仁”字最初只适用于血缘集团内部，在集团之外是不谈仁爱的。古仁字“从尸从二”的写法，后来演变为“从身从心”的形式。字形的变化反映出“仁”逐步从地域性、民族性的美德转变成普遍性、人类性的美德；也展现了学术思想的演进理路。把“仁”字改写为“从身从心”，是孔子及其后学的重要贡献。他们强调，“仁”是普遍性，人类性的美德，应该突破血缘界限，把仁爱的德行施行于全人类。过去没有人知道儒家学者的这个贡献。我之所以能够注意到这一点，并不是我比前辈学者高明，而是因为我有幸生活在这个时代，能够看到前人看不到的材料。郭店竹简中仁字的写法，为我们提供了重要线索去发现千年之前的历史事实，认识孔子及其后学的卓越贡献。

结合出土文献，从文字学的角度研究“仁”，进而探寻其意义的演变历程，这的确是一个新问题。正因于此，有些地方我还没有研究透彻。大家如果有兴趣，可以继续推敲。

### 二、释义：杀的理智

义的简体写法对我们考察古人的思想帮助不大。因此，我们只讨论繁体的“義”字（为了书写方便，后文中我们仍将用简体的写法），研究它所反映的学术思想。首先，义是什么？这是一个很复杂的问题。“义”有多个义项。比如，在“主义”这层意思上，可以说封建主义、资本主义、修正主义；在“义务”这层意思上，有义工、义演；在“假”这层意思上，假牙也被称为义齿；“义”这个字还用来指那些关系非常亲密但却没有血缘关系的人，例如义子、义父等。在日常用语中，还有很多使用义字的词汇，大义灭亲、主持正义、英勇赴义、义无反顾等等。那么，“义”最初的意思是什么呢？对于这个问题，我们仍将结合出土文献，以汉学的方法慢慢推敲。

### “义”的字形及其含义

请大家先看郭店竹简的一则材料。其中的一枚竹简上有三个字，转换成现代文字就是“义，宜也”。第一个字是仁义的义字，写作“我”字底下放个“心”。第二个字是宜，就是适宜、合适。宜、义互训的用法，在传世文献中也有。比如，董仲舒所谓“正其宜不谋其利，明其道不计其功”。宜与利相对，实则可以训作义。但是，“宜”为什么可以同“义”互训，古人并没有详细说明。现在我们就从竹简中“义，宜也”这三个字出发，一步步地分析，找出“从我从心”的“义”就是“宜”的原因所在。

我们首先来分析“宜”这个字。它在大篆中写作“”，从字形上看，很像鞋底；实际上是切菜用的刀板。下面是刀板，上面的符号表示被切碎的菜叶肉末。何以见得这个字的下半部分表示刀板呢？请大家看“宜”的另一种写法“”。这种写法在“宜”字旁边加了个“刀”字。之所以加刀，不过是强调宜字表示刀板。其实，即使不加刀字，宜的下半部分仍然表示刀板。我们现在把宜字的上半部分，调整一下位置，可以得到两个字：一个是“人为刀俎，我为鱼肉”的俎字；另一个是菜肴的肴字。在古文字中，这两个字与宜字有同样的部首和字根，应该说都是从宜字变化而来的。根据这些字的字形、字与字之间的关系以及文献中的相关内容，我们可以知道，宜最早指的是一种杀戮行为，也是一种祭祀的名称。

在“三礼”（即《礼记》、《仪礼》、《周礼》）中，宜字常常作祭祀讲。例如，出征前，要进行各种各样的祭祀，其中一项就是“宜于社”。社是什么呢？它最初是指供奉土地神的地方。在出征以前，“宜于社”。这种祭祀是如何进行的呢？文献材料说某年某月某日“宜于社”，后面总要提到宰杀猪、牛、羊作为祭品。甲骨文中也有类似的例子，如“即位，宜于义京”，后面也提到牛、羊、猪。也就是说，即位这天，在义京这个地方进行了“宜”的活动，宰杀了若干只牛、羊、猪。这则文字同时提到了“宜”和“义”，对我们理解“义，宜也”很有帮助。这里的“宜”是什么意思呢？在我看来，宜就是宰杀。那么，义京又是什么地方呢？我们现在一般把“京”理解为都城，比如南京、北京。但在甲骨文中，“义京”应当指的是两个比较高大的土堆，所有“宜”的祭祀都在上面进行。引文中所说的“即位，宜于义京”，就是讲在即位的这天，在土堆上宰杀了若干牛、羊、猪。据此，我们可以初步得出结论，宜和义都带有杀的意思。

有的学者不同意我的观点，倾向于接受古人“义，宜也”的解释。古人把“宜”解释为合适。这并没有什么不对，宜字的确有合适的意思。但是，需要说明的是，“合适”仅为宜字形式上的规定，其内容上的规定还有待进一步推敲。对于宜字而言，当然存在合适不合适的问题。更准确一点说，就是当杀则杀，不当杀则不杀。人与人之间当然应该相亲相爱，但是也要有个限度。在最初造字的时候，古人把“仁”限定在以家庭、部族为单位的血缘内部；血缘外部的关系，讲究的不是仁，而是礼、信。这就牵涉到“当不当”的问题，宜与义也由此引出。

我认为，义原初的意思跟杀有关。这层意思不但在甲骨文中有所体现，在现代用语中也有所保留。比如，我们通常说的“大义灭亲”。如果说成“大仁灭亲”可以吗？显然不行。仁的核心是爱，虽然有差等，但不管是“亲亲”、“仁民”，还是“爱物”，都跟杀无关；更何况在这个语境下，亲是最根本的，又怎么会被灭掉呢？又比如见义勇为。讲见到应当做的事情，即便有危险，也勇敢地去做。这里的潜台词说明其间有争斗，因此，还是多少跟杀有些关联。看起来，大义灭亲的义字跟杀的意思比较接近；见义勇为的义字与应当的意思更相似。那么，义齿的义字又当如何解读呢？是说该装假牙就装吗？显然不是。要解释清楚义齿的义字，就不能不涉及血缘问题。在文明的起始阶段，仁字被限定于血缘内部，所谓仁爱、亲爱都是家庭内部的情感交流。而没有血缘关系的问题，只能交付理性来处理。所谓义齿，跟我并没有血缘关系，是外来的。同理，义父、义子等也不是建立在血缘基础上的，而是建立在理性、承诺上的关系。

《礼记·丧服》有云："门内之治，恩掩义；门外之治，义断恩。"《孟子》也曾讨论内、外的问题。告子有"仁内义外"的观点，孟子对此提出异议，并加以批判。告子认为，仁是血缘内部的关系，义是血缘外部的关系；或者说，仁是就内心世界而言，义是就外在行为而言。告子所持的是当时比较流行的观点，也是仁、义较为原初、古老的含义。孟子之所以要提出批判，是因为他有所创造，试图将仁、义提升为全人类的美德，并落实到每个人的内心之中。《礼记》所说的"门内之治，恩掩义；门外之治，义断恩"，同告子的主张有类似之处。也就是说，在血缘内部，应当更加重视恩而不是义，当二者发生冲突时，恩居于优先地位；在血缘关系之外，应当更加强调义而不是恩，当二者发生冲突时，义居于优先地位。我对这则材料有点疑问。我怀疑，两个恩字，实际上应当是"从身从心"的仁字，只不过因为这个古"仁"字在汉代已经不再通行，所以整理者将它当作"恩"字。如果我的猜测是正确的话，上述引文就更能反映当时的历史真实。也就是说，仁这种情感是就自然的血缘关系而言，义这种理性是就社会的非血缘关系而言。在文明的起始阶段，两个范畴之间存在着很大的差异。而孔子及其后学对之进行了改造和提升，后代学者也接受了他们的观点，更加强调二者的统一。

汉代儒学宗师董仲舒在其《春秋繁露》中有云："以仁安人，以义正我，故仁之为言人也，义之为言我也，言名以别矣。"在他看来，仁是用来安抚他人的，义却是用来要求自己的。董仲舒从字形出发，论证了仁、义的功用：

因为仁字有人字旁，而繁体的義字下面有我字，所以“仁之法在爱人，不在爱我；义之法在正我，不在正人”，即，仁是用来关爱他人的，义是用来纠正自己的。这种解释在一定程度上体现了儒家的理念，但是未必符合仁、义原本的意义。下面我们来分析義字的字形。

繁体的義字“从我从羊”，也正是因为其中有“我”字，所以董仲舒才有“以义正我”的解释。但实际情况并非如此。从“我”的字形来看，“”是一只手拿着一把武器。现在人们用“在下”、“鄙人”来指代“我”，多少有些文质彬彬的谦逊意味。但是，在最初造字的时候，“我”的字形却是手拿兵刃，很有些耀武扬威的感觉。古人为何用“手拿武器”来表示“我”呢？大家可以设想，一个人在劳动的时候，任何工具都不如他用惯了的工具顺手。如果使用别人的工具，可能会事倍功半；但如果使用自己的工具，就会效率很高。这里面蕴含着一层意思：最习惯的，因而也最方便、最顺手的工具，与“我”有着某种关联，甚至可以说，该工具带有“我”的某种属性。工具如此，武器也如此。古人可能注意到了这一点，所以在造字时，用跟“我”关联最密切的工具或武器来指代“我”。当时，人们正处在游牧阶段，部族之间争斗不断。对于每个人而言，“手拿武器”都是最为切己的，因此，可以用来指代“我”。可见，“我”的字形也跟杀戮有关联。

谈完“从我”，再来看“从羊”。有学者认为，“羊”在汉字的构造中，代表着某种吉祥。比如美、善等字都带有“羊”。对于善、美或许可以这么解释，但是对于“義”字，这却是错误的。在“義”字的结构中，“手拿武器”表示“我”，上面的“羊”应当是翎毛。京剧里面的武将，大都在头上插若干翎毛来显示威武，其实倒跟“義”字的结构有相似之处。既然“義”字同战争、杀戮有关，那么，从事战争、杀戮的人在头上插若干翎毛作为表示威武的装饰，也是可以理解的。

### 义、宜、仪的分别

下面我们来区分义、宜、仪这三个字。前面我已经谈到，宜字的字形实际上就是在刀板上将菜、肉切碎，其形象描绘得非常具体清楚，杀戮的意味也非常浓厚。最初，大家习惯用“宜”这个字，甚至在谈到“義”的时候也用“宜”字来表示。这一点在出土文献中可以得到验证。河北满城中山王墓出土的铜器铭文中，凡是谈到“義”的地方，都写作“宜”。可以说，这篇铭文展示了原初的用法。后来，由于“宜”这个字过于强调杀戮，血腥味太浓，人们觉得应该掩饰一下，用另外一个字来代替，于是就产生了“从我从心”的“”。如前所述，“我”在字形上是“手拿武器”；旁边添个“心”字，就表示“手拿武器”时应当具有心理状态，或者说有某种内心的裁制。实际上，这就是后来与仁相对的“义”字。有时，人们将“心”字旁换作“羊”字旁，就成了“義”。它不再强调“手拿武器”的心理状态，而是强调“手拿武器”的外在形态，这实际上是“仪”字的前身。所有的仪式、仪仗都带有耀武扬威的色彩，所看重的不过是外在形态。此后，为了将仪表的“义”同仁义的“义”区分开来，人们为它加上了“人”字旁，就成了现在通用的“仪”字。

## 三、儒家处理仁义矛盾的原则：大仁小义

仁、义两个字的字形演变，大体就是这样。我们从中可以看出其背后所隐藏的思想上的变化。尽管，人们通常很少把仁与义当作对立的范畴，但是我们通过对字形的分析却发现. 仁是爱，义是杀，二者是对立的。孔子实际上已经注意到了这一点。《论语》有云：“唯仁者能好人，能恶人。”好就是

喜欢，恶就是厌恶。也就是说，只有儒家学者心目中的理想人格才能真正做到爱其所当爱，恨其所当恨。请大家注意，在孔子的思想体系中，义居于次要地位。因此，儒家思想的人格化被他称为“仁者”。出于同样的理由，他虽然注意到爱人、恶人的不同，却没有把仁与义的对立清楚地表述出来。在孔孟之间的一百多年里，仁与义的对立逐步得到了廓清与彰显。前面所引述的《礼记·丧服》篇可以作为代表，即“门内之治，恩掩义；门外之治，义断恩”。这里的恩字实际上就是仁字。仁就是爱，义就是杀，二者的适用范围分别是血缘内部和血缘外部。总之，仁是自然的，侧重于感情的；义是社会的，侧重于理性的。至此，儒家的道德学说体系才构建得比较完整，并与墨家、法家思想截然区分开来。

墨家的代表人物墨子曾受到儒家的影响，但其学说与儒家有所不同。墨子主张“兼爱”、“非攻”。所谓“兼爱”就是博爱，就是普遍的，无差等的爱。这与儒家的道德学说完全不同。儒家对于血缘关系较为关注，认为“仁”适用于血缘内部；而对于血缘以外的关系，则应当用“义”来解决。墨子的“兼爱”把“仁”的一面推向极端，适用于一切对象。其实，这种主张不过是一种宗教理想，只有在宗教情绪下才能够实现。博爱不是一种政治思想，它单单强调“仁”的一面，否定“义”的价值，以致当杀而不杀。所以在政治实践中缺乏合理的操作性。与墨家相反，法家则把“义”的一面推向极端，从而否定“仁”的价值。法家的主张在政治生活中自然有着不可忽视的地位和功能，但是用“义”的原则来处理血缘内部的关系，在情感上很难为大众所接受。如前所述，孔孟之间的儒家学者注意到了仁与义的对立，并加以明确表述。但是，对立双方如何统一的问题也就随之产生了。不解决这一问题，儒家的道德学说体系就会分崩离析，学者的道德践履也会面临困境。

实际上，仁与义的统一是非常困难的，需要诸多条件才能够实现。如果处理不好，就会面临“忠孝不能两全”的困境。对于这一难题，儒家有自己的解决办法。当忠与孝发生矛盾时，儒家一般会选择孝，而放弃忠。就是说，儒家把立足于血缘关系的“仁”看得比维系社会关系的“义”更加重要。

《孟子》里有这样一段问答：

桃应问曰：“舜为天子，皋陶为士，瞽瞍杀人，则如之何?”曰：“执之而已矣。”“然则舜不禁与?”曰：“夫舜恶得而禁之？夫有所受之也。”“然则舜如之何?”曰：“舜视弃天下犹弃敝蹝也，窃负而逃，遵海滨而处，终身䜣然，乐而忘天下。”

桃应是孟子的学生，他有一天问孟子说：“假设舜是天子，皋陶是法官，而舜的父亲瞽瞍杀了人，这时应当怎样处理呢?”大家知道，瞽瞍不是一个品德高尚的人，而同时作为孝子和圣君的舜怎样处理父亲杀人这一难题，就反映出儒家面对仁、义对立时的抉择。孟子回答道：“作为法官，皋陶应该公正严明，把瞽瞍逮捕起来，并进行审判。”桃应又追问：“舜难道不制止皋陶么?”孟子回答道：“作为圣君，舜不应当干涉皋陶执法，只能接受。”桃应再次发问：“作为孝子，舜会怎么办?”孟子回答道：“舜应当抛弃天子的尊位，在深夜里将父亲从狱中救出，背着他逃往海滨，在蛮荒之地躲藏起来，享受天伦之乐。”在这里，孟子看似兼顾了仁与义，但是他的核心观点仍然是“视弃天下犹弃敝蹝”。也就是说，相对于父子亲情而言，天下可以像破草鞋那样被舍弃。大家试想，“窃负而逃”是否符合义的法则呢？显然不符合。但是，在儒家的道德体系中，以血缘亲情为内容的“仁”居于首要地位，“义”则居于次要地位；当两者发生矛盾时，儒家学者认为，应该保留仁，而舍弃义。

《论语》里也有类似的例子。比如：“叶公语孔子曰：‘吾党有直躬者，其父攘羊而子证之。’孔子曰：‘吾党之直者异于是，父为子隐，子为父隐，直在其中矣。’”叶公向孔子请教：在我的家乡，有正直的人，父亲偷了别人的羊，儿子会出来指证他。孔子说：我的家乡不是这样的。“父为子隐，子为父隐，直在其中矣”。父亲犯了罪，儿子会代为隐瞒；同样，儿子犯罪，父亲也会为之隐瞒。“直”就在“父为子隐，子为父隐”的行为中得到体现。孔子所说的“直”是情感的真实。父子亲情是出自本能的情感，顺应此种情感，不加掩盖，不加粉饰，就是率性而为，就是“直”。在孔子看来，叶公所说的“直”乃是出于理智的考量，多少带有“作秀”的色彩。总之，在儒家的道德体系中，建立在血缘亲情基础上并由此加以推广的“仁”相对于“义”有优先性，而此种优先性常常作为处理“仁”、“义”对立的原则。

儒家通过强调“仁”的优先性来实现“仁”、“义”的统一。这种观点是否正确，可以讨论，但是其影响却非常深远。之所以如此，是因为这一主张在一定程度上符合人性。当然，我们现在不提倡“父为子隐，子为父隐”。但是在司法实践中，大家也注意到了这一现象，并在制度上做出规定，防止人们为了家族利益损害社会利益。比如，现在法律上有“亲属不能作证”的规定；如果法官与原告或者被告一方有亲属关系，也应当回避。这样的规定显然是为了防止“仁”损害“义”，确保“义”得到贯彻；但同时也隐晦地承认，血缘情感是出自本能符合人性的，是真实存在的。

在“仁”与“义”发生矛盾，不能兼顾时，儒家偏向于“仁”，主张“大仁小义”，即以“仁”为大，以“义”为小。其实，二者的对立不仅存在于原始儒家思想内部，也存在于古今中外的人类社会生活之中。但凡有人类存在的地方，这一问题就或多或少，或明或暗地存在着。比如，现在许多国家废除了死刑。这实际上就是在“仁”与“义”发生矛盾时，让“义”对“仁”作出一定的让步。“仁”代表爱的情感，“义”代表杀的理智，在处理罪犯时，二者存在着一定的矛盾。本来，“杀人者死”是公理。那些废除死刑的国家，就是在“仁”、“义”发生矛盾时，做出倾向于“仁”的调整。尽管许多国家没有废除死刑，但是在执行的时候，诸如凌迟、斩首、剥皮等方法也不再使用，而改用打针、电刑等方法，这实际上也是让“义”作出让步，增加一点“仁”。刑法上的这些调整，也是“仁”与“义”关系的反映，值得我们去研究。

我们可以继续追问，“仁心”是否存在？如果存在的话，应当怎样处理它与“义”的矛盾？北宋著名理学家程颐在论述“君子远庖厨”时，谈到他的兄长程颢处理“仁”、“义”关系的态度说：“旧先兄尝见一蝎，不忍杀，放去。颂中二句曰：‘杀之则伤仁，放之则害义。’”程颢看到一只毒蝎子，按照“义”应当杀了它，但却于心不忍。于是就做了一篇颂，描述当时的心理状态。其中有两句是这样说的：“杀之则伤仁，放之则害义。”意思是说，杀了蝎子就会损伤仁心，而放了蝎子又会损害义理，到底是该杀还是该放，一时无法抉择。最后，程颢还是放了这只蝎子。因为在他看来，“仁”比“义”更加重要。儒家学者在面临“仁”与“义”的对立时，基本态度是以仁为大，义为小；选择仁，舍弃义。当然，这种态度值得讨论。我们在这里只是陈述，而不做评论。

关于仁、义，我就简单地介绍这些内容。其中，最重要的不在于所讲的具体内容，而在于分析问题的方法：从字形、字义、字根等入手来说明文字的演变，进而探讨此种演变背后所包含的学术思想的变化。如果这样来理解的话，我们的论说也就具有某种典型意义。我一向主张，用汉学的方法来解决宋学的问题。汉学注重考据，宋学注重义理，但是二者不是截然分开的。我们可以通过音韵、训诂、文字等考据方法，来分析典籍文献，进而为研究心性、天道、政治、经济等义理内容打下坚实的基础，从历史中汲取更多的经验和教训。

# 捌○释《论语》“民之于仁”

在孔子思想的讨论中，有一个颇为关键的争论是“民”和“仁”的关系。那就是：仁的对象包括不包括民？民有没有资格做到仁？

《论语》中，谈到民、谈到仁的地方很多，但是直接把民和仁连在一起时，只有两处：

君子笃于亲，则民兴于仁。（《论语·泰伯》）

民之于仁也，甚于水火；水火，吾见蹈而死者矣，未见蹈仁而死者也。（《论语·卫灵公》）

前一章的含义比较明显，是说只要统治者能够笃厚于亲，那么被剥削的劳动者就能够兴起于仁。后一章，却存在着两种不同的解释。一个是比较流行的说法：“水火及仁，皆民所仰而生者，仁最为甚。蹈水火或时杀人，蹈仁未尝杀人。”（马融）另一个是王弼的说法：“民之远于仁，甚于水火；见有蹈水火者，未尝见蹈仁者也。”（据邢疏）一个说，民仰于仁易生；另一个说，民远于仁而存。这两种说法，几乎根本相反，当然不能共存。究竟哪一种说法更符合孔子的原意呢？

我们先从训诂来推敲推敲。

像“×（名词）之于×（名词）也”这样的句法，在古书里大概有两种情况。一种是，前一名词是主格，后一名词是受事格，两者表现为主谓关系；接着就在下一子句中把所主所受的动词说出，以完成一个句子。如：

知其说者之于天下也，其如示诸斯乎？（《论语·八佾》）

君子之于天下也，无适也，无莫也。（《论语·里仁》）

吾之于人也，谁毁谁誉。（《论语·卫灵公》）

这都是《论语》上的现成例句。别的书上也很多，例如：

寡人之于国也，尽心焉耳矣！（《孟子·梁惠王上》）

先王之于民也，懋正其德而厚其性……（《国语·周语》）

另一种情况是：分列在“之于”两边的名词表现为主从关系，接着用下一子句把这种关系加以注释。如：

麒麟之于走兽，凤凰之于飞鸟，泰山之于丘垤，河海之于行潦，类也。（《孟子·公孙丑上》）

口之于味也，目之于色也，耳之于声也，鼻之于臭也，四肢之于安佚也，性也。（《孟子·尽心下》）

看起来，“民之于仁也”应该属于第一种情况。不过它比我们这里列举的各个例句的情况都更为复杂，因为它不是接着就点出动词（动词“蹈”字很晚才出现)，以表明“民”和“仁”的主谓关系，而是在中间插入了一些比较成分，因而使这个句子成为一个很复杂的并列复合句。如果我们把它简化一下，应该是这样：

民之于仁也，弗蹈。

民之于水火也，有蹈而死者。

或者改造成这样：

民之（惧）于蹈仁也，甚于蹈水火！

那就更为简明了。

因此，我觉得王弼的解说是合乎句法的。而以马融为代表的那个传统解说，只能用于前半句：“民之（仰）于仁也，甚于水火”，后半句就解不通了。既然水火为民所仰而生，为什么要蹈之而死呢？其所以会有这样的错误，大概是囿于孟子的“民非水火不生活”（《孟子·尽心上》）那句话，这个谜底，刘宝楠已经透露出来了。其实，如果严格要求的话，这种解说连前半句也通不过，除非改为“仁之于民也，甚于水火”。《中庸》上有一则类似的句子，叫：“声色之于以化民，末也。”可以参照。

王弼的解说，不仅合乎句法，也合乎《论语》思想；或者说，正因为合乎句法，才合乎《论语》思想。

通本《论语》没有一点“民仰于仁”的思想。所仰于仁或应仰于仁的都是大人。至于民，则被规定为在仰于仁的大人之下表现出“服”、“敬”、“忠”、“劝”、“有耻”、“不偷”、“用情（诚）”、“易使”、“由之”，一直到“战栗”。把这一切思想感情和行为状态，归结成一句话，就叫“兴于仁”。兴于仁和仰于仁是根本不同的两回事。“仰于仁”是自觉的、主动的；“兴于仁”却是被迫的、“莫敢不”的：

上好礼，则民莫敢不敬；上好义，则民莫敢不服；上好信，则民莫敢不用情。（《论语·子路》）

为什么民只能“兴于仁”，而不能“志于仁”、“依于仁”或“仰于仁”呢？

因为“仁”这个东西，已经被孔子神圣化了。本来，仁的含义并不深奥，那是造字的当时规定了的，即“二人”，即人和人之间的关系，人之所以为人的道理；通俗点说，即是要做一个“人”。正因为它是这样一个道德的字，和“从”、“比”（反从为比）、“北”（二人相背）那些从“二人”的具体的字不同，所以不同的阶级就可赋予它以不同的内涵。孔子代表着贵族中的地主或地主中的贵族的利益既不能也不愿十分得罪贵族奴隶主，又不能也不愿十分抑制新兴地主；对于劳动者的民，又需要适当争取。于是“仁”这个有着“大家做人”意义的字眼，就特别被他抓住，并被鼓吹起来。

# 玖○中庸：古代中国人的核心价值观

“中庸之道”是中国古人最基本的价值观、方法论。时至今日，它仍然是大家耳熟能详的一个概念。但是，正如黑格尔所说，“熟知不等于真知”，中庸的内涵意蕴仍有待我们深入探究。

五四运动以来，中庸一直被当作折衷主义加以批判。在那个时代，整个社会的主流思想是激进变革的。“折衷主义”虽然不反对变革，但其态度暧昧模糊。当时，中国社会中的保守势力非常强大，对于革命者而言，要肃清这些敌对势力，就需要旗帜鲜明地表明自己的主张，因此“折衷主义”最为他们所反对，“中庸之道”自然也就在批判之列。二十几年前，我写过一篇文章，题目叫《中庸平议》，主张平心静气地，客观地研究中庸问题。下面，我只讲一些最为普遍，最为重要的观点；其他问题，大家可以参阅《中庸平议》。我将讨论三个问题：首先分析“中”和“庸”这两个字的含义；其次谈谈中庸思想的基本形态；最后比较它与折衷主义的异同。

### 一.“中”的三层含义：真、善、美

在字源学上，“中”与“庸”各自有着怎样的意义呢？对此，我没有进行过深入的研究；学术界迄今也没有达成共识。甲骨文的“中”字，与现代

汉语的“中”字，在字形上没有太大的变化。在甲骨文里，“中”字写作中。有时在图形的上方添加几面小旗．有时又在图形的下方添加几面小旗。学界对此大体上有三种解释。其中最简单的一种观点认为，这个符号其实就是在圆圈的正中间画一条线，以此来表示“中”。图形中的小旗是装饰性符号，即所谓的“饰笔”。“饰笔”是甲骨文、金文中相当普遍的现象。古人也有对美的追求。当某个字笔画过少，空白太多时，他们往往会添加一些装饰性的笔画，使其显得严整好看。比如“从人从二”的“仁”字。起初，“二”就是饰笔。与这种看法相比，第二种解释就复杂一些。它认为，这个符号表示的是某种类似于“敖包”的东西。大家知道，在内蒙古、西藏等地，人们聚会的中心被称为敖包。其结构就是在石堆上面插若干旗子。每当集会的时候，人们就聚拢在“敖包”周围，以它为中心举行各种活动，而“中”字就像此之形。第三种解释较为有趣，与一种叫作“投壶”的古代游戏有关。游戏中用到的器具是某种类似于壶的口窄肚圆的金属器皿。具体规则是：人们与壶隔开一定距离，手拿箭支往里面投；如果恰好投入器皿中，就会高喊一声“中”(音 zhòng)。甲骨文的“中”字，圆圈代表壶，中间的线是指投中的箭支，上下的小旗表示未投中的箭支。整个图形是用投中的箭支表示不偏不倚的意思。既然这三种解释都认为“中”表示不偏不倚的意思，我们也就不妨接受下来，不必深究哪种更为合理了。

但是，用作“中庸”的“中”字，含义要更为复杂深刻，大抵有“真”、“善”、“美”三层意思。就价值判断而言，它可以释作“善”。许多早期文献都是在这个层面上使用“中”字的。《尚书·盘庚》篇说：“汝分猷念以相从，各设中于乃心。”盘庚是商朝的一位君主，他在迁都前向臣民发表的讲话，就是所谓的《盘庚》篇。“汝分猷念以相从”，你们应当遵守我制定的规范；“各设中于乃心”，各自在内心深处建立起善的观念。也就是说，你们应该端正态度，跟随我迁都，我会为你们安排很好的生活。这里的“中”不是几何学意义上的“中”，而是伦理学意义上的“中”，意思是“善”。可见，早在商代，“中”字就作“善”来使用了。《尚书·酒诰》曰：“尔克永观省，作稽中德。尔尚克羞馈祀。”《酒诰》是周公对其侄子康叔的训诫。引文的意思是：你如果能够时常反省自己，就能够切实践履中德；你若能够切实践履中德，也就能够保有自己的职位，享受相应的待遇。这里的“中”，不是指不偏不倚地位于中间，而是一个与德性相关的概念，带有“善”的意味。金文中也有类似的例子。在青铜器铭文中，“从中”、“中德”、“中心”等词汇都昭示了“中”的价值意义——“善”。西周的牧簋铭文所说的“不中不刑”则是就刑罚而言。意思是说，如果法官不公正，就不应当对犯人施用刑罚。这说明，“尚中”的道德观念，已经影响到司法领域。

“中”不仅是价值判断上的善，也是认知判断上的真。《论语·微子》记载说：

(孔子) 谓：“柳下惠、少连，降志辱身矣。言中伦，行中虑，其斯而已矣。”谓：“虞仲、夷逸，隐居放言，身中清，废中权。”

孔子认为，柳下惠、少连二人，虽然被迫降低自己的意志，屈辱自己的身份，但其言辞却符合伦理规则，行为也经过深思熟虑；虞仲、夷逸过着隐居的生活，说话很随便，但却能够洁身自好，离开官位也算是符合权宜之道。这里的四个“中”字都作“符合”讲。古代学者认为，事物的真实存在就是其价值层面上应当具有的形态。因此，对他们而言，价值判断与认知判断之间的界限不是很清楚。所以，符合伦理规则，既是真，也是善。

“中”字的第三层意思是“美”。前两种理解是就静态而言。倘若从动态上讲，“中”就是体现了美的“和”。所谓“和”，就是两个或两个以上的事物，结合在一起，形成某种和谐的状态；这种状态相对于原来的事物，可以被称作“和”。“和”就是一种美。古人曾经用烹饪来诠释和，有“和如羹焉”的说法。厨师用各种原料、调料，按照一定的步骤，精心烹制出一道菜肴。这盘菜实际上就是那些原料、调料所呈现出的“和”的状态，我们称之为“美味”。音乐也是如此。美妙的音乐之所以悦耳动听，是因为创作者能够将清浊、快慢、高低诸元素完美地协调起来，达到“和”的状态。古文中的“和”一般写作龢。这个字由表音和表义的两部分组成。表义的这部分看起来很像芦笙或编箫。大家知道，在乐器中，不管是芦笙，还是编箫，都由许多竹管组成。古人造字时，用乐器的形象指代音乐，进而以音乐表现“和”的状态。因此，从字源学上讲，动态的“中”，有“美”的含义。

### 二、“庸”的三层含义：用、平常、大常

中庸的“庸”字也有三层意思。与“中”字相比，“庸”的三层意义更为复杂。“庸”的第一层意思就是“用”。“庸者，用也”。宋人的注解基本符合“庸”字的初始意义。战国时期的儒道两家，也大都是在这个意义上使用“庸”字。《中庸》记载：“子曰：‘舜其大知也与！舜好问而好察迩言，隐恶而扬善，执其两端，用其中于民，其斯以为舜乎！’”所谓“执其两端，用其中于民”，意思是说，人们对同一件事情有两种不同的意见。他们各自看到问题的一个方面，都有其合理之处。舜的智慧就在于，他汲取了两方的优点，既不偏重这方，也不废弃另一方，将“中”运用于民。实际上，“中庸”就是引文中的“用其中”。“用”与“庸”在古汉语中是互通的。《庄子·齐物论》说：

唯达者知通为一，为是不用而寓诸庸。庸也者，用也；用也者，通也；通也者，得也；适得而几矣。因是已。已而不知其然，谓之道。

庄子也谈到“庸也者，用也”。需要说明的是，庄子的“庸”不同于一般的“用”。它是不用之用，或者说是大用。在道家看来，一般的“用”乃是师心自用，即，用某种成心去看问题。与自己的成心相一致就加以肯定，与自己的成心不合者则彻底否定。所谓“成心”，就是思维中有某种固定的标准、格式，并以之改造他人、他物，使之符合主体的要求。道家认为，“成心”没有任何积极作用。所以，他们的种种修养训练，都是为了消除“成心”。只有清除“成心”，人的内心才能达到虚静的状态。此时，“不用之大用”方才得以成立。人们就会按照事物本有的属性去认识它，而不是将自我意识强加于外物。总之，战国时期的儒道两家都在“用”这层意思上使用“庸”字。

“庸”字的第二层意思是“常”。在中国传统哲学中，“常”与“变”是两个对立的范畴。“常”就是某种不变的，客观存在的法则。在这个意思上，“庸”字又可以被分作两层来理解：一层是“平常”，另一层是“大常”。在道家文献中，“大常”也被称为“常道”。《老子》曰：“道可道，非常道。”可以言说的事物仅仅是相对的存在，而“常道”是绝对的存在，是不可言说的。任何绝对的存在，一旦用语言表述出来，就失去其绝对性，而沦为相对的概念。比如，“白”这个概念与“黑”相对；“大”这个概念则与“小”相对。《老子》所云的“常道”，强调的是“常”的绝对义。

在汉语中，“常”也作“平常”讲。所谓“平常”就是普普通通，没什么特殊之处。将“庸”释作“平常”，看似与“大常”的义项相矛盾。但是大家都知道，中国哲学认为，绝对的存在往往显现为平常的形态。郭店竹简《成之闻之》篇说：“天降大常，以理人伦。”上天赋予人某种绝对的法则，人们用它来处理各种社会关系。这种绝对的法则之所以被称为“大常”，是因为它是恒久不变，放之四海而皆准的，是适用于万事万物的。但就其实用性而言，作为绝对存在的“大常”又是“平常”的，或者说，“大常”的存在形态就是“平常”。因此，“中庸”的“庸”字同时具有“大常”、“平常”两层含义。

《中庸》里所说的“极高明而道中庸”，集中体现了“大常”与“平常”的统一性。下面，我们在《中庸》的语境下来分析这则文字。《中庸》曰：“苟不至德，至道不凝焉。故君子尊德性而道问学，致广大而尽精微，极高明而道中庸。温故而知新，敦厚以崇礼。”什么意思呢？“苟非至德，至道不凝焉”。天道悠久、高明、博厚，作为绝对的存在，它创造并养育了万事万物。人的德性修养如果达到最高境界，就能够“与天地同其德”，同天道一样创造、哺育万物。此时，天道就凝聚于个人。也就是说，只有那些拥有“至德”的人，才能真正得到并了解“至道”，并有所作为。所谓“至德”，并非是自然生成的，而是通过人的道德实践逐步实现的。那么，人怎样才能达到这种最高境界呢？《中庸》说：“故君子尊德性而道问学，致广大而尽精微，极高明而道中庸。温故而知新，敦厚以崇礼。”如果希望探知天道，就必须达到人生的最高境界；而要达到人生的最高境界，就必须在文中列举的诸多方面进行切实的努力。这里，我们着重讲讲“极高明而道中庸”这句话。“高明”是指某种境界。“极”是动词，表示想要达到某种极致。“中庸”是指日常的应事接物。“道”字是以动用法，以某种东西为道路，或者说以某种东西为方法。“中庸”的“庸”字在这里作“平常”讲，与“高明”相对。所谓“极高明而道中庸”，就是说，如果想达到最为高明的境界，就应当在最为平常的待人接物中践履道德法则。

为了更好地理解“极高明而道中庸”，我们有必要讲解一下“尊德性而道问学”、“致广大而尽精微”两句。先看“尊德性而道问学”。在性善论的前提下，“德性”是人天生具有的本心，但是如果不加以涵养，就会被遮蔽。“问学”也是人天生具有的能力，但是如果不加以施展，就只能是某种潜在的可能性。所谓“尊德性而道问学”，就是说学者应当尊重自己的本心，并加以涵养、凸显，与此同时，还要在“问学”的道路上进行切实努力，二者应该相辅相成，而不是有所偏废。再来看“致广大而尽精微”。“致广大”，如就人的认知活动而言，是说尽可能认识更多的事物；如就人的道德行为而言，是指尽可能成就更多的事物。“尽精微”如就人的认知活动而言，表示尽可能更深刻地认识事物；如就人的道德行为而言，表示尽可能细致周密地成就事物。所谓“致广大而尽精微”，就是要求学者同时兼顾上述两方面，不可有所偏废。

在解释完“尊德性而道问学”、“致广大而尽精微”之后，我们再来审视“极高明而道中庸”。请大家注意这三句话在语法上的相似。“德性”与“问学”相对，是两种不同的天赋能力，虽然有所不同，但并非截然对立。学者完全可以通过“尊德性”来规定“道问学”的用途，用“道问学”来实现“尊德性”的目的，二者殊途同归。“广大”与“精微”相对，是指行为主体的两种不同努力方向，虽有差别，但是“致广大”有助于“尽精微”，“尽精微”推动了“致广大”，二者也是相辅相成的。“极高明而道中庸”也可以如此理解。“高明”与“中庸”相对，是行为主体的两种不同状态。就人的修养历程而言，“高明”的境界需要通过“中庸”的道路来达到；而所谓“中庸”的日常应对恰恰体现了“高明”之处。如果说这则文字中的“高明”是就“大常”而言，“中庸”是就“平常”而言，那么作为该书主题的“中庸”则将二者集于一身。

“中庸”的“庸”字有“大常”、“平常”两层意思，前者是绝对的存在，后者则是普通形态，二者密不可分。这一点在孔子的言论中也有体现，但前代学者却很少注意。《论语》曰：“中庸之为德也，其至矣乎！民鲜久矣。”这里的“其至矣乎”，既可以作为感叹句，从正面理解；又可以作为反问句，从另一个角度诠释。我们先来看看它作为感叹句的含义。“中庸”乃是人生的最高境界。但是，长期以来，由于社会风气的败坏，普通人已经很少能够达到此种境界了。这里的“庸”字作“大常”解。我们再来看看作为反问句的意思。“中庸”难道是不可企及的人生境界吗？它原本是很普通、很平常的道理。但是，长期以来，由于社会风气的败坏，普通民众中已经很少有人能够领悟并掌握这个道理了。此处的“庸”是“平常”之义。显而易见，这两种解读都说得通。

大家知道，成德是儒家学说的核心问题，“由凡入圣”是儒家知识分子的人生理想。为了说明道德修养的必要性，就必须显示“凡”与“圣”在人生境界上的层次差异，否则，道德修养就会沦为可有可无的摆设。“庸”的“大常”之义即由此确立。同时，为了说明道德修养的充分性，就必须强调“凡”与“圣”两种境界的相通性，否则，人们践履道德的信心就会动摇。“庸”字的“平常”之义由此而出。总之，在人格修养的过程中，“凡”与“圣”既存在差异，又是相通的。庸字的“大常”与“平常”两个义项正是在这一过程中得到了统一。而这一过程的结果，也反映了“大常”与“平常”的统一。儒家思想肯定现实世界，肯定现实世界的道德意蕴。儒者追求“高明”的人生境界。其实，“高明”的境界只不过意味着更好地处理日常事务，而不是否定生活琐事，更不是逃离现实的纠缠。因此，对于“圣人”而言，“大常”与“平常”是统一的。

上面，我们主要探讨了“中”、“庸”二字各自的三层含义。“中”字既是价值判断上的善良；也是事实判断上的真实；而动态的“中”，又带有美的意蕴。“庸”字也有三层意思。宋人将之解读为“用”，是符合战国时期儒道两家思想的。我重点讲解了“庸”字的“大常”与“平常”两义，并强调了二者的统一。希望对大家理解“中庸之道”有所帮助。

### 三、中庸之道的表现形式

下面我们谈谈中庸的形式。“中庸之道”需要通过一定的形式才能表现出来。所以，通过研究其形式，我们就能更好地理解“中庸之道”。我归纳出以下四种形式：第一种我命名为“A 而 B”；第二种叫“A 而不 A′ ”；第三种是“不 A 不 B”；第四种称为“既 A 又 B”（即“亦 A 亦 B”）。其中，A 和 B 表示矛盾的对立双方。所谓形式，就是逻辑上可能的思维状态。A 与 B 是对立的两个方面，形成某种对立的思想或状态。中庸的基本思想就是把对立统一起来。这也是辩证法的实质。辩证法是什么？把那些常人看来是对立的、不可调和的东西，统一在一起，并指出它们统一的条件、统一的状态，说明统一的原因，这就是辩证法。实际上，“中庸之道”就是这样一种思想。

### A 而 B

“A 而 B”，“而”是连接词。连接词有两种用法，一是正着连接，二是反着连接；或者说，一种是顺接，一种是转接。“A 然而 B”是转接，含有转折之意。举个例子，《论语》载“子温而厉”。说孔子“温”然而“厉”，如春温秋肃。“温”是他的主要状态，即，矛盾的主要方面。在“温”的同时，孔子又能做到“厉”。“温”就是温和，“厉”就是严肃，也就是说，孔子态度温和但又不失严肃。他的主要状态是 A（温），此外他有 B（厉）的一面。为什么呢？因为任何一个事物，都有缺点。而其不足之处恰恰是它对立面的优势所在。A 长于此，B 就长于彼。“A 然而 B”就是拿 B 的长处来弥补 A 的不足，使 A 完满，以达到中庸的状态：对人温和又保持严肃；坚持原则又有适当的灵活性。毛泽东对邓小平的评价“绵里藏针”，就是“温而厉”的意思。“绵”即海绵一样的东西，这是“温”；里面所藏的“针”就是“厉”。一个人既有绵又有针，就达到了一种完满的状态，即中庸。这是中庸最基本的形式。

如果“而”用作顺接，即“A 而且 B”，其结果就不是中庸了。我们不妨举个例子。《诗经》上有个赞美人的诗句，叫“洵美且仁”，说这个人长得很帅，心眼又好。这里的“且”就是顺接，作“而且”讲。“洵美”和“仁”不是对立的，而是同一的，并列的。事实上，这句话根本不是我们所说的“A 而 B”，而是“A 而 A”，即句法上所说的排比句。至于“温而厉”，我叫它两端句——有两端，并通过“然而”连接在一起。排比句不是中庸的形式，而是一种文学修辞形式。

刚才提到的“极高明而道中庸”、“致广大而尽精微”、“尊德性而道问学”是一种复杂的“A 而 B”形式。“而”也作转接之用。“尊德性”和“道问学”是对立的两个方面。从宋代至清代，二者孰轻孰重的问题一直是儒者争论的焦点。其实，可以把“尊德性”和“道问学”这两种不同的修养方式统一起来，成为“尊德性而道问学”，即“A 而 B”的中庸形式。“极高明而道中庸”也是如此。中庸是一种普通状态，但是以之为起点，就可以达到“极高明”的境界。目标是“极高明”，道路是“道中庸”；理想是“极高明”，手段是“道中庸”。通过普通的行为进入高明的境界，就叫“极高明而道中庸”。

### A 而不 A′

中庸的第二种形式是“A 而不 A′ ”。A′ 指的是极端化的 A。“A 而不 A′ ”就是说，处在 A 的状态，但是不要让它走向极端。趋极是事物的一种属性。任何事物如听任其发展，都有极端化的趋势。走到极端之后，如果继续下去，物极必反，就走到了自己的反面。为了避免事物走到极端而反向发展，应该提倡一种“A 而不 A′ ”的中庸形式。这就是刚才说到的“温而厉”的下句：“威而不猛。”孔子非常威严，但是不凶猛。威严是一种庄重大方的气质，凶猛对于人而言则是贬义词。凶猛恰恰就是威严的极端化，过分威严就会变为凶猛。因此，“温而厉”是中庸的第一种形式；“威而不猛”则是中庸的第二种形式。

与“A 而 B”有顺接、反接两种理解相类似，在“A 而不 A′ ”的状态下，既有中庸形式，也有非中庸的形式。比如说，《国语·楚语下》说：“其为人也，展而不信，爱而不仁，诈而不智，毅而不勇，直而不衷，周而不淑。”表面上看，这里的句式跟“A 而不 A′ ”完全一样。但是，它们恰恰截然不同。为什么呢？因为中庸的“A 而不 A′ ”形式有一个前提：A 必须是一种正面的德行和状态；A′ 则是 A 极端化后的负面表现。可是，在这里，“诈而不智”是说人狡诈但是没有智慧；恰恰把 A 和 A′ 的位置颠倒过来了。所以，它们不是中庸的第二种形式。我们通常所说的“华而不实”也是这样的。表现自己、炫耀自己叫作“华”。正确的做法应该是“实而不华”：有能力、有德行、有学问，自身是充实的，而不要文过饰非地吹嘘。“实而不华”符合“A 而不 A′ ”的状态；“华而不实”则恰恰不是。

另外一种与“A 而不 A′ ”类似的状态也值得注意。它在语法上叫“描述句”——不是两端，不是趋极，而是描述一种状态。比如说，“君子和而不同，小人同而不和”。这里的“和而不同”，一边是“和”，一边是“不同”。“和”就是“不同”，“不同”就是“和”。这个句子表面上看好像是中庸的第二种形式，但它后面的“不 A′ ”并没有对前面的“A”进行限制，而是仅仅描述了一种状态。我们将“和而不同”与“和而不流”进行比较，就会更清楚。“和而不流”是《大学》上的句子。“流”是“和”的一个极端。所谓“和”，就是不同的，对立的东西形成相反相成的和谐状态，互相补充、互相促进、互相帮助。但是，如果“和”走向极端的话，就沦为“流”。“流”就是失掉主导，丧失原则。“和而不同”可不是这个意思。“和”就是“不同”，或者简单地说，“和”就不是“同”。假如有两个东西，你想让其中一个与另外一个完全相同，这就不是“和”，而是“同”。“和”就是每个事物不相同，都保持自己的特性，但又能够和谐共处。当今世界局势最能说明这个问题。美国人就是用“同”的思路去搞全球化，主张让全世界都采用它的社会结构、生活方式。很多民族国家都反对这种主张，认为应该保持各自的民族特性，和平共处，即在“和”的状态中，保存自己的“不同”。可见，“和而不同”与“和而不流”是两种不同的思维模式。

“子温而厉，威而不猛”的下一句作：“恭而安。”“温而厉”是“A然而B”的形式，“威而不猛”是“A而不A′”的形式。二者结合起来就成了“恭”。“恭”就是既“温”又“威”的状态。请注意，这里的“恭而安”不是“A然而B”的形式，而是“A而且B”。它不是两端句，而是排比句。“子温而厉，威而不猛，恭而安”这句话的逻辑比较复杂。孔子“温而厉”，达到一种中庸状态；与此相对立的另外一种中庸状态叫“威而不猛”。前一种是“A然而B”；后一种是“A而且不A′”，就是用“厉”来补充“温”；用“不猛”来限制“威”，此后达到的就是“恭”的状态。中医的治疗原则也是这样。比如说治疗阴虚通常有两种办法：第一是“补阴”；第二是“泻阳”。阴虚所以要“补阴”；反过来讲，阴虚就是阳亢，阳亢就要“泻阳”。另外，大家还应该知道“过犹不及”这个观点。“过”跟“不及”是两种状态，既要防止“过”，又要补充“不及”。这就是中国学问所提倡的，用于修身治国的“中庸之道”的最基本原则。

### 不A不B

下面讨论中庸的第三种形式“不A不B”。显而易见，这是标准的“中”的状态，不偏不倚。它实际上是中庸的第一种形式“A然而B”的反面说法。“不A不B”，既不是A，也不是B，恰好处在A和B的中间状态。这也是我们最常用到的一种形式。比如，我们形容一个人长得漂亮，用“不胖不瘦”。太瘦了不好，太胖了也不好。我们说一个国家在外交上应该“不卑不亢”，“卑”和“亢”是两种不正确的态度。这个思想在古希腊亚里士多德那里谈得最多。亚氏在《尼各马可伦理学》中谈到“中道”，其中最主要的原则就是

“不A不B”，即，中庸的第三种形式。他说任何美德都是超越了两个极端而形成的，所以一再强调“不A不B”。A是一个极端，B是另一个极端，而美德就是超越了二者的，“不A不B”的“中道”。比如说，勇敢是一种美德。它是鲁莽和怯懦之间的“中道”。鲁莽不是勇敢，怯懦当然更不是勇敢，而鲁莽和怯懦之间的“中道”才是勇敢。再比如，慷慨是一种美德，即，在吝啬和挥霍之间的“中道”。吝啬和挥霍都不是慷慨，既不吝啬又不挥霍才是慷慨。再比如，谦逊是一种美德，是羞涩与无礼之间的“中道”。不讲礼貌的粗鲁，或者羞羞答答不敢出头，都不是谦逊。亚氏分析了几十种美德，基本上都可以归纳为“不A不B”的形式。

我们也要甄别“不A不B”的表达形式。其中有些并不是中庸的形式。比如说，“不三不四”、“不伦不类”。它们在语法上是排比句，不是两端句。再比如，一个人打扮得“不男不女”，描述的是一种负面状态。因此，虽然它也是“不A不B”，但却不属中庸之类。我们经常说“高不成低不就”。这也是个负面状态。尽管在句型上也是“不A不B”，但实质上并不是中庸的状态。还有一种“因果句”，也不属于中庸。比如，我们说“不塞不流，不止不行”。如果不把另一个地方堵住的话，水就不会往这个地方流；这儿如果不停止，那儿就不会行动。这是原因和结果的关系，是前因后果的因果句，而不是两端句。孔子说“不愤不启，不悱不发”，也是类似的情况。在你考虑问题时，不到解决不了的时候，我不启发你。它们实质上都不是“中庸之道”。

### 亦A亦B

最后，我们来讲中庸的第四种形式“亦A亦B”。“不A不B”最清楚地表现了“中”；“亦A亦B”则最明白地反映了“和”。这种形式与第三种正好相反：第三种形式既不偏这边儿，也不偏那边儿，是处在两者之上的超越状态；“亦A亦B”则是一个混同的状态——既有这个，也有那个，两方兼具，呈现一种和谐的状态。在形式上，它是对“不A不B”的否定，也是“A而B”形式在空间和时间上的展开。在内容上，它是对两端的包容，把两端的长处集中于一身，最能表现“因地制宜”这层意思。

需要提醒大家注意的是，我们要在时间和空间上来理解“亦A亦B”，也就是说，要从大范围、长时段来分析“亦A亦B”。而不是每时、每事都要“亦A亦B”。下面，我们用士大夫的“出处”问题作为例子来说明。知识分子是出来为政府办事，还是躲在家里不跟政府合作呢？这是个很复杂的命题，历史上的各种讨论不计其数。如果用“亦A亦B”来解答这个问题的话，答案不是不出不处，而是又出又处。但是，不是说每一天、每一件事情都要又出又处；而是说该出的时候出，该处的时候处。这是儒家一个很重要的观念。据说有一次，孟子的一个学生批评孟子说：您在这个地方是这样，到另外一个地方又是那样，您是怎么回事儿？孟子说：“此一时也，彼一时也。”要从大范围来看，而不要仅以一天、一事作为考察对象。在某种情况下，我帮政府做事；后来情况有变，我就不跟政府合作了。本来是出，后来不出了。为什么呢？“此一时也，彼一时也”。时间不同，情况变化了。在那个条件下，我可以出来；而在这个条件下，我就隐居了。所以，从大范围、长时段来看，就是“亦A亦B”。

再比如说，劳动和休息。我们说“有劳有逸”，意思是说该劳动的时候就劳动，该休息的时候就休息。在长时段里，这就构成了“亦A亦B”的状态。如果以“有劳有逸”为名，在劳动的时候磨洋工，说要有劳有逸，劳的时候逸，逸的时候劳。这就是从短时段来分析问题，恰恰搞错了。同样的，“不A不B”也应如此理解。这时候不A，那时候不B；此处不A，彼地不B，都是从长时段、大范围来作判断。我们说“能文能武”、“一张一弛”。该张的时候张，该弛的时候弛，该文的地方文，该武的地方武，也是从大范围来说的。此即中庸的第四种形式。

以上四种形式是我从逻辑上做出的划分。其实，只要有 A 和 B 对立的两方，根据逻辑排比，就可以得到这四种状态。其中，第三、四种状态可以合而为一：一个从正面论述；一个从反面说明。所以，实际上只有三种状态。数千年来，中国文化所提倡、追求的真善美大致也超不出这四种形式。当然，有时候它们的表现形式较为复杂，需要细致梳理才能明其所以。大家有时间的话，希望把《中庸》这本书找出来，认真分析一下“极高明而道中庸，致广大而尽精微，尊德性而道问学”这段话。

### 四、中庸与乡愿的区别：“反经而已矣”

下面我们分析中庸和折衷主义，或者说中庸与乡愿的关系。这个问题比较麻烦。在谈中庸的时候，孔子也好，孟子也好，都把中庸与乡愿作对比区分。什么叫“乡愿”呢？《孟子》上的论述比较详尽。我们就以之为基础进行分析。孟子在谈到孔子时说：“孔子曰：‘过我门而不入我室，我不憾焉者，其惟乡愿乎！’”孔子说，有一种人从我门前走过，却没有进来，而我丝毫不感到遗憾，为什么呢？因为这种人是乡愿，我不愿意跟他来往。后面接着说：“乡愿，德之贼也。”这句话很重，说乡愿是道德上的小偷。学生接着问，什么样的人是乡愿呢？孟子说，乡愿既批评狂者，又奚落狷者。有两种人，一种叫狂者，另一种叫狷者。孔子曾经说：“不得中行而与之，必也狂狷乎！狂者进取，狷者有所不为也。”孔子最希望看到的是符合中道的人，即中庸之人。如果做人不能遵循中庸之道，就会表现为或狂或狷的状态。“狂者进取”，“狷者有所不为”。狂者是激进主义者；狷者是洁身自好的保守主义者。孔子所赞赏的是中道；实在不行，就取狂；狂也做不到，就取狷；而他最厌恶的就是乡愿。乡愿是什么样的人呢？他既反对狂，又反对狷。他装着好像达到中道的样子，实际上离中道最远。

为什么叫乡愿呢？乡愿的字面意思是“一乡皆称愿人焉”。“愿”本来是个好词儿，是敦厚、谨慎的意思，或者说，是老实巴交的意思。“一乡皆称愿人焉”，就是所有人都说他是个老实巴交的人。其实却不是这样的。他的样子像是有德之人，实际上却是“德之贼”，偷了一些表面的东西。他似乎是儒家学说的信奉者，实际上却“过我门不入我室”，根本没有内心的体悟。这里的关键，就是对中庸的理解。正确地诠释就达到中庸，误读就成了乡愿。怎样才能正确把握呢？上文提及的四种形式仅仅是形式，最重要的内容仍在《孟子》里。孟子最后阐明他的原则说：“君子反经而已矣。”如果你不想变成乡愿，不想变成一个老好人，变成一个和稀泥的人，变成“一乡皆称愿人焉”的“德之贼”，那么最重要，最根本的就是“反经而已矣”。“反经”就是克己复礼的“复礼”。“反”就是复，回来；“经”就是常道，即标准性原则，绝对性的存在。“反经”就是回到常道上去，回到标准原则上来。这就是说，孟子认为，中庸做不好的话，就会变成乡愿。要想不变成乡愿，最重要的一点就是反经。以最高的、最美好的原则为行为标准。这样，即便做不到中庸也可为狂者，不成狂者也可作狷者，总比那个乡愿好一些。如果你做不到这些，又不“反经”，最后就沦为乡愿。

这就是中庸和折衷主义的差别。折衷主义是个现代词汇。“折衷”本来是褒意，就是找一个标准为依据。“折衷”的“衷”实际上也是“中”的一种，而且更强调心内之“中”。这个“衷”有衷心的意思，强调内心的状态，而不仅仅是外在的行为。“折衷”就是以这个“衷”为标准，来决定自己的行为，“折”于“衷”。折衷变成了主义，大概就成了乡愿。既不敢这样，也不敢那样，怕打了头，怕丢了脸。乡愿既不敢狂，也不敢狷。其实，孔子似乎更倾心于狂。这跟我们平常的理解不太一样。事实上，孔子这个人更多地接近于狂。他有一种“知其不可为而为之”的精神，明知道这件事情做不成，只要它符合道义，还是去做。为什么？因为“经”在那儿，原则在那儿，最高的标准在那儿。“发愤忘食，乐以忘忧，不知老之将至”，即便年老体衰也还是要做。所以说，孔子更近于狂。“不得中行而与之，必也狂狷乎”，“狂者进取”，也就是说，狂是不好里面的最佳状态。以上，我们厘清了中庸与狂狷，以及中庸跟乡愿的关系。这样，我们就能够更加全面地理解这个概念。中庸是儒家在修身养性、齐家治国方面的最核心的原则；我们甚至可以以之为方法来认识世界本体。